Francesca Scanagatta
Armis et Litteris!

Susanne Dobesch-Giese
Francesca Scanagatta
Armis et Litteris!

Verlag INNSALZ, Munderfing 2018
Titelbild: Portrait »Francesca Scanagatta«
Gesamtherstellung & Druck:
Aumayer Druck+Verlag Ges.m.b.H. & Co KG, Munderfing
Printed in The European Union

Dieses Werk einschließlich aller seiner Teile ist urheberrechtlich geschützt.
Jede Verwertung außerhalb der engen Grenzen des Urheberrechtsgesetzes
ist unzulässig und strafbar.

ISBN 978-3-903 154-66-7

www.innsalz.eu

Susanne Dobesch-Giese

Francesca Scanagatta
Armis et Litteris!

INNSALZ

Vorwort

Landeshauptfrau Johanna Mikl-Leitner

Landesausstellung wird von vielen Initiativen, Geschichten und Ideen getragen

Als Landeshauptfrau von Niederösterreich bin ich sehr stolz darauf, dass unsere Landesausstellungen seit Jahrzehnten einen Scheinwerfer auf die Kultur, Regionen und Geschichte unseres Landes richten. Sie stärken die kulturelle Identität der jeweiligen Region in einer lebendigen Form, die alle Menschen miteinbindet und so zu einem gemeinsamen und gestärkten Selbstbewusstsein führt.

Auch hier in Wiener Neustadt wurden alle bisherigen Etappen zur nunmehr 40. Niederösterreichischen Landesausstellung 2019 mit Bravour gemeistert. Viele Initiativen, Geschichten und Ideen wurden und werden rund um die Ausstellung zu einem großen Ganzen geformt, entwickelt und getragen durch die Menschen der Region, die sich mit diesem Projekt identifizieren und deren Begeisterung für die eigene Region und die eigene Heimat überall spürbar ist.

Eine dieser Geschichten, die in enger Verbindung mit der Theresianischen Militärakademie, neben den Kasematten, St. Peter an der Sperr und dem Neukloster einem der Herzstücke der Schau, steht, ist der Roman von Susanne Dobesch über Francesca Scanagatta, die in der zweiten Hälfte des 18. Jahrhunderts in einer klassischen Männerdomäne »ihren Mann« stellte, als Franz Scanagatta hier in Wiener Neustadt erfolgreich die Offiziersausbildung absolvierte und eine Reihe an Stationen als Offizier der k.k. Armee durchlief.

In diesem Sinne ist Susanne Dobeschs Buch ein wichtiger Beitrag im Sinne einer lebendigen Geschichtsvermittlung, nicht nur in Bezug auf die Rolle der Frau, sondern auch hinsichtlich der Historie des europäischen Kontinents, der Machtverschiebungen zwischen den einzelnen Ländern und des Spannungsfeldes zwischen Nationalstaaten und Staatenbündnissen.

So wünsche ich allen Leserinnen und Lesern ein ebenso spannendes wie aufschlussreiches Lesevergnügen, das so wunderbar nach Wiener Neustadt passt und perfekt auf die nächste Landesausstellung einstimmt.

Landeshauptfrau Johanna Mikl-Leitner

Auf den Tod der Kaiserin Maria Theresia!

Sie machte Frieden! Das ist mein Gedicht.

War ihres Volkes Lust und ihres Volkes Segen

Und ging getrost und voller Zuversicht Dem Tod als ihrem Freund entgegen Ein Welteroberer kann das nicht.

Sie machte Frieden! Das ist mein Gedicht.

Matthias Claudius

1

Nun bin ich eine sehr alte Frau und werde bald sterben.

Es wird kein großer Tag sein, wenn ich aus diesem Leben scheide, und der Stadtanzeiger wird mir einige gebührende Worte widmen, die meinen Angehörigen Trost spenden werden.

Mein Mann ist schon lange tot, und meine Kinder wissen um mein nahes Ende. Sie werden betrübt und gleichzeitig erleichtert sein, wenn es so weit ist, dass ich ihnen keine Last mehr bin. Mein Besitz ist gerecht verteilt, ich werde gut gepflegt und mir verbleiben wohl noch einige Wochen in diesem ausladenden Bett, bis ich mich endgültig verabschiede, Zeit, um mich noch einmal zu erinnern, vielleicht auch um die Erinnerung auszuschmücken, unterbrochen von tröstlichen Klistieren und heißen duftenden Bädern. Mein altes Tagebuch wird mir eine kleine Stütze sein, gegorener Honig und Wein werden mich dabei stärken. In letzter Zeit schließe ich meine Zigeuneraugen immer öfter, döse, schlafe und bin dann doch wieder hellwach.

Ich hatte alles, was man in einem Leben haben konnte, selbst als Frau. Freiheit, Wissen, Erfolg und Familie. Alles, was viele Frauen nicht haben, vielleicht nie haben werden. Ist es doch ihr gesellschaftliches Schicksal, demütig, aufopfernd und gefügig zu sein. Als Tochter, als Ehefrau und als Mutter. Es sei denn, sie sind Regentinnen oder einflussreiche Kurtisanen. Ich drehte den Spieß um, denn mein Vater stand mir bei und erkannte mein Potential.

Bevor ich noch so weit gediehen war, Europa und sein Schicksal mit meinen persönlichen Erfahrungen abzugleichen, waren der Weimarer Musenhof und mein Österreich ein Bollwerk gegen den Ehrgeiz Napoleons, der die Ideale der Französischen Revolution verriet, sie brutal gegen die Kaiserkrone tauschte, um sich und die Seinen aus der Bedeutungslosigkeit korsischer Niemande auf Kosten unzähliger Menschenleben aufzublähen. Ich war noch ein Kind, als Europas große Geschichte begann, und eine junge Frau, als ich mich unbedarft in die einmalige Gelegenheit begab, außerordentliche Abenteuer zu erleben, die allen anderen Frauen verwehrt waren, und mein Geschlecht gegen die Borniertheit der Gesellschaft und die Ausschließlichkeit der Rolle der Frau zu verleugnen.

Meine Erinnerungen sind untrennbar verwoben mit einem Mann, der Europa mit dem Schwert, der Phrase und einem fragwürdigen Ideal niederfegte, nicht auf Herzensmilde gegründet, um das Gute und Schöne zu fördern, sondern um sich aus Neid und Ehrgeiz an die Spitze eines Kontinents zu stellen, den er gewieft und strategisch planend an seinen Bruchstellen aushebelte, plünderte, der meinte, ein Werkzeug der Vorsehung zu sein.

Noch heute bewundere ich den Herzog und die Herzogin von Weimar dafür, dass sie sich niemals zu jener Unterwürfigkeit gegen Napoleon herbeiließen, durch die sich so viele, vor allem deutsche Fürsten erniedrigt haben. Ein winziges Fürstentum und ein Vielvölkerstaat, der schwächelte, zeigten ihm bis Jena die Stirn.

Der geheime Plan des Herzogs Karl August von Weimar ging dahin, seine bisherige Residenz als Angelpunkt der Kunst und der

Wissenschaft nun zur Zentrale der deutschen Freiheit zu machen, soweit die Verhältnisse es gestatteten. Von Weimar aus wurden bis 1813 die Schwachen ermutigt und der Hass gegen den Tyrannen geschürt.

Nicht ohne Stolz auf mein Geschlecht kann ich behaupten, dass auch wir Frauen keinen unerheblichen Anteil am Widerstand gegen den furiosen Korsen hatten. Sei es wie bei mir ein angeborener Abenteuerersinn oder wie bei der Herzogin Luise von Weimar, der Schiller seinen Posa von der Königin Elisabeth sagen lässt: »Gleich fern von Verwegenheit und Furcht, mit festen Heldenschritten wandelt sie die schmale Mittelbahn des Schicklichen.« Auch Goethe schuf im Tasso die Prinzessin, die er nach dem Bild der Herzogin formte. Klug, schlichtend, verzeihend in maßvoller Würdigkeit wirkend, verständnisvoll für die in diesen Kreisen durchaus suspekten Ideale der Französischen Revolution. Ohne Anmaßung und ohne Schwäche bewahrte sie diese Haltung auch in der kummervollen Zeit nach der Schlacht bei Jena. Alle waren aus Weimar geflohen, ihr Gatte bei der geschlagenen preußischen Armee, stand sie allein Napoleon gegenüber und blieb standhaft, ohne sich vor seinen 200 Kanonen zu fürchten.

Eine solche Haltung gefällt mir, da sie mein eigenes Engagement rechtfertigt und die vielen Frauen und Mädchen ermutigte, die im Namen des Widerstandes an der großen Sache ihren nicht unwesentlichen Beitrag leisteten.

Sie verließen ihren Haushalt, pflegten Verwundete in Lazaretten, kochten, flickten, beschafften Geld und gaben geheime Informationen weiter. Silber und Schmuck wurden verkauft, arme Mädchen gaben großzügig ihren Sparpfennig. Junge Frauen halfen im Schlachtengetümmel Schießbedarf zu organisieren oder griffen auch selbst zur Büchse und zum Säbel, um gegen den Feind zu kämpfen.

Die gefeierte Prohaska, wichtige Teilnehmerin in der Lützow'schen Freischar, erkannte man erst als Frau, nachdem sie 1813 in dem siegreichen Gefecht bei der Görde tödlich verwundet worden war. Dieses Schicksal blieb mir, Francesca Scanagatta, auch Franz Scanagatta genannt, erspart. Mir blieb die Schule des Unglücks fremd.

Wie Goethe anlässlich der jammervollen Flucht von Jena durch Berlin nach Königsberg sagte, »dass nur der Unglückliche die himmlischen Mächte kenne«, war es mir gegönnt fortzuschreiten und im persönlichen Glück durch nichts und niemanden überflügelt zu werden. Bei all meinem Glauben an unseren Herrn waren mir die himmlischen Mächte egal, wohl auch die ruhmreiche Bewährung des Glaubens. Ich glaubte im Grunde an mich, meinen Starrsinn und an sonst gar nichts.

So wie hier in meinen Aufzeichnungen von Helden und Heldinnen, von Ängstlichen und Angepassten die Rede ist, sei auch immer wieder des Mannes gedacht, den so manche deutsche Dame samt seinem Gefolge nicht ungerne sah, man hätte sich mit den Franzosen gar zu sehr amüsiert. Für mich als Mailänderin stellt diese Vorliebe adeliger deutscher Damen wie der Fürstin Pauline von Lippe-Detmold für die Bravour französischer Offiziere kein Mirakulum dar. Äußere Vorzüge und Charme gewinnen leichten Fußes gegen so manche deutsche Pseudowürdigkeit und Pseudoselbstbeherrschung. Trotz oder wegen verrotteter Staats- und Gesellschaftsmaximen war auch die europäische, vor allem aber die deutsche Weiblichkeit für oder gegen die Grande Nation und deren fesche Protagonisten.

Und wenn sie auch Gleichheit, Freiheit und Brüderlichkeit sangen, galten diese Werte im Grunde nur für den männlichen Teil der menschlichen Schöpfung, woran sich bis heute nichts geändert hat. Deshalb tat ich, was ich tun musste, um meine Natur nicht zu verleugnen, die ihren Anfang am ersten August 1776 in Mailand in der Lombardei nahm und mich in eine Welt warf, in der Frauen nach nichts anderem als Sitte zu streben haben.

Es war unerträglich heiß zwischen den zugezogenen grünsamtenen Vorhängen des Alkovens und zwischen den Schenkeln meiner armen Maman, die sich gerade den Monat für meine Niederkunft ausgesucht hatte, in dem jeder vernünftige Italiener auf dem Land Erholung und Erfrischung sucht. Als sie mich endlich ausspie wie eine überreife Feige, war ich das erste Kind des Senators Don Giuseppe Scanagatta und der Senatorin Donna Isabella, geborene Villata. Mein Geschrei übertönte die nahegelegenen Kirchenglocken und verstieß somit von Anfang an gegen jede sittliche Grazie, die es geboten hätte, mich lediglich als gesund und munter zu melden. Stattdessen machte ich mich im ganzen Viertel der senatorischen Wohnung bemerkbar, wenn auch ohne wirkliche Originalität.

Objektiv stellte ich mich der Welt völlig richtig entgegen, was man dem Weibe gewöhnlich abspricht, denn es war nicht einzusehen, einen kuscheligen Platz zu verlassen, um dann von Launen und Willkür umgeben zu sein und Jahre zu brauchen, um diesen Umstand zu ändern. Die Nonnas, Tanten und Freundinnen meiner Familie gaben sich dem schönen Sein hin und waren empfindlich gestört durch mein reflexartiges Gebrüll, meine rot angelaufenen Wangen, meine dunklen zornigen Augen. Das wird eine Zenobie, ein Teufelsbraten, bei dem Balg kann man einmal jede edle Weiblichkeit vergessen.

Maman und Papa hofften auf die Wunder einer standesgemäßen Erziehung und wagten sich an ein zweites Kind – meinen geliebten Bruder Giacomo, der von Anfang an all das erfüllte, was man von mir erwartet hätte. Er entsprach in allem und jedem der geläufigen französischen Bonnenerziehung, ohne wie ich ein schreckliches Brandmal, revolutionärer Most an Kraft zu sein, der offensichtlich nie zum edlen Wein mutieren würde.

Ich muss nun, da ich selbst Kinder habe, immer öfter daran denken, wie zutiefst genervt Maman mich zuweilen anblickte, wie sie sich die Haare raufte, bevor mein Name im Stakkato von ihren Lippen flog. F r a n c e s c a !!!!!

Ich roch ihren Atem von Anis und Minze und betete lautlos zu den himmlischen Heerscharen, mir beizustehen und ein ordentliches Schwert in die Hand zu drücken. Damit wollte ich keineswegs im Kreis meiner Familie wüten, ich wollte bloß groß, schwer und beeindruckend sein. Stattdessen war ich klein, schmal und sehnig. Seltsam, dass mir dieser Wunsch nach Kampf in Erfüllung ging und dass eine wie ich nach so viel Todesspektakel nun wohl bald wirklich sterben wird. Heute habe ich gut lachen nach so viel Peng und Blut, nach abgerissenen Armen und Lungendurchschussnarben so groß wie ein Taler.

Immer öfter benetzte ich meine verdorrten Lippen mit Wein und gedenke jener Sommer der Limonaden und Sonnenschirme zwischen Pinien und Blumenrabatten, wo wir alla grande aus dem Vollen schöpften.

Sonnenverbrannte Gräser knisterten unter den Sohlen, der Südwind blies die Saat aus dem Erdstaub. Gegossen wurde nur, was uns zur Erbauung diente. Unsere Bauern und Diener waren bloß Kerle, denen ich erst dann Beifall zollte, als ich ihresgleichen im Kampf zu schätzen lernte.

Alles sollte einem gelungenen Familiengemälde entsprechen und die verdorbenen Sitten der Vergangenheit ausradieren. Eine lebhaft gehegte Sehnsucht nach Um- und Neugestaltung ergriff unsere Kreise. Die tiefe Zerrüttung der Sitten im vorigen Jahrhundert sollte einer neu gestalteten familiären Noblesse weichen. Das hinderte die meisten Adeligen nicht daran, Gemeine in systematischer Vertierung zu halten. Papa war anders. Er behandelte niemanden wie ein Tier. Papa war gütig und streng. Daran waren keineswegs die katholische Durchdrungenheit und Betäubung meiner Lombardei schuld, ein bis zum Fetischismus und Zeremoniendienst verkommener Wahn. Doch im Unterschied zum pietistischen Norden war man nicht bescheiden und zurückgezogen, zimmerte auf, erweiterte und schlug den Mantel der Heuchelei im fossilen Dogmenungetüm elegant über die Schulter.

Man feierte gesellig mit Spiel, Musik und Tanz, genoss Theater und Oper und bejubelte dafür Sängerinnen und Schauspielerinnen, die zuchtlose Szenen und Arien, von denen die komischen Opern wimmelten, mit schamlosem Gebärdenspiel aufmotzten. Mailand hat, wenn ich mich nicht irre, an die zehn Theater, und das vorzüglichste ist das Teatro alla Scala, dort gelegen, wo früher die Kirche zur heiligen Maria stand. Die Scala ist von Beatrice della Scala, Gemahlin des Bernabò Visconti, errichtet worden, die beide gute Bekannte meiner Eltern waren. Sie wurde um 1778 mit all dem Prunk eröffnet, den die reiche Stadt zu bieten hatte, und Maman schwärmte ihr Leben lang von diesem Ereignis, denn das Theater gehört zu den ersten Bühnen der Welt. Papa nannte lange eine Loge, eine palachi, sein Eigen. Zwar nur in der zweiten Reihe, aber immerhin. Ich behielt sie so lange, als ich Freude und Kraft zum Besuch hatte, und gab sie vor einigen Jahren an meine Tochter weiter. Die schönsten Opern werden im Herbst und im Karneval gegeben. Maman legte dann ihren prunkvollsten Schmuck und ihre schönsten Kleider an und gab der Würde unseres Hauses das erwartete Ansehen. Ich spare mir die Aufzählung aller Theater Mailands, die ich erst als verheiratete Frau besuchte, und erwähne nur eine merkwürdige Mailänder Besonderheit: unser Amphitheater, das wegen seiner Bauart, seiner Größe und seines geschichtlichen Wertes von besonderer Andersartigkeit ist. Dorthin nahm Papa mich entgegen jedem Anstand mit. Wir bestaunten Wettläufe zu Fuß und zu Pferd, Karussele, Wasserkünste, Turniere, Gefechte, Feuerwerke, das Aufsteigen von Luftballonen, Schlachten, Pantomimen und gymnastische Spiele. In der inneren Rundung der eigentlichen Arena befand sich ein gut gefüllter Wassergraben. Hoch oben standen dichte Platanen und vermittelten den Eindruck eines gewaltigen Gartens. Es erschien mir wie ein Zeichen Gottes, all diese Herrlichkeiten zu sehen, und mein Jubelgeschrei vermischte sich mit dem der anderen Besucher. Glühende Begeisterungstränen rollten mir von den Backen, wenn ich abends Gertrude, meinem deutschen Fräulein, flüsternd vom verbotenen Genuss erzählte. Nein, die Ewigkeit hatte keinen Rand und Papa war mein bester Freund.

Maman verbot mir dezidiert den Theaterbesuch wegen der grob burlesken, zotigen Hanswursterei, die immer wieder zum Besten gegeben wurde. Hanswursterei, wie man sie auch in Wien gerne sieht. Wien, Österreich, mein Stichwort.

Papa war Habsburg treu bis in die Knochen, das einzige Erziehungsziel, das ihm bei mir außer Sport und Körperertüchtigung gelang, die ihn zwar persönlich erfreuten, im Allgemeinen, vor allem in der guten Gesellschaft, aber als sehr unschicklich galten. Von klein auf fühlte ich mich im Herzen zwar als Lombardin, im übergeordneten Sinn aber als Österreicherin. Er schätzte sich glücklich, Teil der alten Monarchie zu sein, sprach aber kein Wort Deutsch. Als Kaufmann beherrschte er Englisch, Französisch, natürlich Italienisch und ein wenig Latein. Seine Sprache war getragen und emphatisch wie das Präludium zu einem Drama.

Diebisch erfreute er sich insgeheim auch meines Rebellentums und ritt mit mir unter den Wipfeln von Kiefern und Zypressen um die Wette, feuerte mich an und lächelte stolz, je besser meine Reitkünste wurden. Wir verneigten uns nicht einmal vor dem

Mistral und gaben dem Leben einen trotzigen Heldensinn, indem er mir vielleicht ungewollt all jene Werte des Mannseins beibrachte, die der weiblichen Sprache als Drohgebärde erscheinen mussten. Was Giacomo nicht erfüllte, zeigte er mir als Vorhimmel, Zuflucht und Lustgarten männlicher Tugenden und meiner ureigensten Freuden, die so gar nicht weiblich waren. Er befreite mich für kurze Zeit aus den mütterlichen Ecken, Kanten und Schubladen, beseelt vom schlechten Gewissen, Mamans Erziehung zu torpedieren. Doch wie fühlte ich mich als gegängeltes Mädchen, wenn die weibliche Hand mit aller Härte durchgriff und mir das Frausein einbleuen wollte. Giftigen Schlangen und Skorpionen glich das drohende Erziehungsziel, solange Papa mich nicht mit Luft und Abenteuer sättigte und sich doch nicht sicher war, ob das, was er mit mir machte, ein nicht wiedergutzumachendes gesellschaftliches Abenteuer war.

Da Giacomo kein Interesse an männlichen Tugenden hatte, war ich ihm wohl der Sohn, den er gerne gehabt hätte. Der nachgeborene kleine Guido war noch zu klein, um in Vaters Blickfeld zu rücken.

Meine englischen und französischen Erzieherinnen brachten mir ihre Sprachen spielerisch bei, Gertrude, auf die ich noch kommen werde, lehrte mich Deutsch auf dramatische Weise, was dieser Sprache wohl anstand und mir später im Leben noch sehr nützlich werden sollte, wie auch sie, die mir eine lebenslange Freundin blieb. Fürwahr, ansonsten verliefen meine ersten zehn Lebensjahre bereits so turbulent, dass meine arme Mama von einem hysterischen Anfall in den nächsten fiel.

Sie wollten mich glauben machen, dass ein Mädchen sittsam, ruhig und häuslich zu sein habe. Dass es nicht erwünscht sei, in Unterhosen auf Bäume zu klettern, Mäuse und Fledermäuse zu jagen, Kaninchen zu schießen. Wenn sie mich dabei erwischten, kreischten sie vor Aufregung. Kurz gesagt: Ich verachtete sie wegen ihres Unvermögens, unbändige Freude am Leben zu haben. Maman wiederum verzweifelte ob der missratenen Tochter an meiner

Maßlosigkeit im Sport, meinem Widersinn in den vier Wänden. Sticken, Stricken und Stopfen, Haareflechten und Kleiderverschönern versetzten mich in Entsetzen und verstärkten meine Ungeschicklichkeit in diesen Aufgaben. Ein weiblicher Haushalt versuchte mich in femininen Tugenden zu erziehen und scheiterte regelmäßig an mir. Pah. Ich triumphierte, wenn ich es fertigbrachte, mich aus dem Haus zu stehlen und mit den Gassenjungen des Viertels um die Wette zu laufen. Eine Scanagatta, und noch dazu ein Mädchen. Dafür gab es Ohrfeigen und Karzer.

Ein beliebtes Spiel war es, an den Wächtern vorbei durch die Tore Mailands zu laufen. Der Eintritt in die alte Langobardenresidenz durch die Porta Orientale konnte einem schon mächtig Eindruck machen, gefällige Häuser und Meisterwerke der Architektur blendeten den Blick. So wuchs ich mit Schönheit und Ästhetik heran. Die Reinheit des Stils, die meisterhafte Ausführung von Ornamenten, Basisreliefs und wertvollen Statuen prägten meinen Geschmack schon in jungen Jahren.

Eine beliebte Mutprobe war, behände über ein geschmiedetes hohes Tor zu klettern und sich das Gewand dabei aufzureißen. Nach vielen schlaflosen Nächten gewöhnte ich mich an den Gedanken, niemals in den Himmel zu kommen und nicht zu heiraten, weil man dann doch sticken und nähen können musste. Und weil mich das mit Angst erfüllte, schlug ich regelmäßig mein Kreuz und betete zur Madonna, sie möge mir beistehen. Vor Gott sind doch alle gleich und der Allmächtige müsste doch verstehen, dass ich wie ein Junge leben wollte und nicht wie eine aufgezogene Spielpuppe.

Tagtäglich stellte die Mutter die Kinderfrauen dazu ab, jeden Ausbruch aus dem elterlichen Gefängnis zu vereiteln, da ich stets die Neigung hatte, mich in die ehemals kleinen Gässchen davonzustehlen. Ich wusste sehr wohl, dass man, während ich auf Entdeckungsreisen war, nach mir suchen würde. Die Corsia dei Servi del Giordano war schnurgerade und lebhaft und lud zum Wettrennen mit gemächlichen Kutschen und Straßenbuben ein. War nicht die Welt außerhalb von Etikette und Anstand ein Abenteuer, eine Verlockung, eine Verheißung, die mir auf immer verborgen blieb, wenn ich sie mir nicht eroberte? Am liebsten wäre ich entlang der grandiosen Ausfallstraßen nach Bergamo, Lodi, Pavia, Bussalora, Varese oder Como in die große Freiheit gelaufen. Meine Beine waren stark und sehnig, mein Temperament ungezügelt, mein Geist wollte die Welt erfassen.

Da ich so intimen Verkehr mit dem Bösen hatte, lebte ich in zwiespältigen Nuancen und Abstufungen, die es mit sich brachten, dass ich mich zwar hin und wieder bemühte, brav zu sein, dann aber oft wieder alle guten Vorsätze über Bord warf. Ich war weder brav noch schlecht, beging eine Menge Fehler und Mama betete regelmäßig für mich. Meine Cousinen und die Töchter der Freundinnen meiner Mama würden wohl alle in den Himmel kommen. Manche Menschen sollte ich lieben und wertschätzen, sie wurden aber von meinen Eltern in verschiedenen Belangen missbilligt; und dennoch pflegten sie regelmäßig Verkehr. Das war im Grunde sehr verwirrend und trug nicht dazu bei, einen gewissen Seelenfrieden zu erreichen. Mama, Papa und meine kleinen Brüder waren trotz allem meine heiß geliebten Halbgottheiten, obwohl sie einen dichten Kordon bildeten.

Gertrude war die große Ausnahme. Sie entzündete meine Phantasie auf vielerlei Weise.

Einem weißen Fass gleich schob sie ihre hoch aufgetürmte Frisur durch unsere Gemächer und schneiderte für Giacomo, mich und den nachgeborenen Guido Traumgewänder, die wir heimlich wie scheue Tiere bei geheimen Aufführungen triumphaler Theaterstücke trugen. Helden und Heldinnen erwachten unter Gertrudes geduldiger Anleitung zum Leben. Man hätte mich prügeln können und ich hätte geschwiegen, geschwiegen über die aufgerissenen Augen, die Nebelschleier des Kostümierens, die teigverklebten Nudelhölzer, die uns als Requisiten dienten.

Gertrude bestärkte meine Träume, mich als Ritter mit geschwungenem Schwert am Schimmel zu sehen, bestärkte meine Vorstellung von einem Leben voller Abenteuer. Meine feurige Einbildungskraft schweifte in den Bahnen der Heldinnen Europas. Phantasietrunken lief ich dann in den Garten und verbrachte atemlose Minuten unter dem Mandelbaum, um mich zu sammeln und in die Realität zurückzukehren. Stimmen, Feuer, Wölfe mussten erst verdaut und dann vergegenwärtigt werden. So säugte uns Gertrude an ihren weichen Brüsten mit der Milch der Phantasie, bis die Asche von der Glut fiel und wir uns wieder fassten. Gertrude! Nichts blieb mir an ihr verborgen, nicht ihre gepuderte Haut, das verdächtige Rot ihrer Lippen und Wangen, ihr schweißfeuchter mit Blut gemischter Geruch, der sich mit dem Duft von Patschuli mengte.

Ich aber hatte doch ein Anrecht auf jedes Geheimnis, jede Schlingelei, solange ich meinen Kopf durchsetzen konnte. Sie wiederum setzten alle Insignien ihrer Macht ein, aus mir ein braves, musizierendes, stickendes Etwas zu machen: Zimmerarrest, verlängerte Musikstunden, Knien auf einem Holzscheit. Sie taten alles, um mir das barbarische Joch des Frauseins umzuhängen. Ihre Nerven lagen blank, wenn sie mich in den Hosen meines Bruders erwischten, die Knie blutig aufgeschlagen, und sie ihre beringten Hände nach meinen Ohren ausfuhren. Zur Strafe gab es nur Polenta zu essen. Davor ekelte ich mich und ich kotzte alles raus, ehe sie im Magen gelandet war.

Früh lernte ich schwimmen in den Kanälen der Stadt, am liebsten in der Martesana. Dort trafen sich die Jungs und heckten Streiche aus und bauten kleine Flöße, die Gassenjungen ließen mich, das wilde kleine Ding, großzügig an ihrem Unsinn teilhaben.

Besonders liebte ich Giacomo. Giacomo, der mir im Grunde hätte fremd sein müssen, der mir aber dennoch so nahe war. Ihm kroch die Glut nie unter den Schädel. Er würde nie ein Messer zücken, nie ein Pferd bändigen, nie auch nur das Blut eines Huhnes vergießen. Giacomo war eben Giacomo. Sanft und schön und ach … Ich beherrschte und liebte ihn gleichzeitig, und er ließ es sich gefallen. Wenn mir der Teufel keine Ruhe ließ, schien er bei den Engelschören zu ruhen. Aber Giacomo gelang es, dem Spinette mehr als nur ein paar erstickte Töne zu entlocken, Giacomo gelang es, nächtens beim Schein einer Kerze meine miserable Stickarbeit aufzutrennen und sorgsam zu erneuern. Wir konnten einander keine Bitte abschlagen und hielten in Ehren, was dem anderen heilig war. Mit ihm gemeinsam konnte ich mir Glück und Geborgenheit schaffen. Er akzeptierte mich so, wie ich war, und zeigte mir stets seine Zuneigung. Ich aber setzte alles daran, ihm meine Liebe zu beweisen, überschwänglich, blindwütig in Güte und Wut. Wir küssten uns und wischten uns den Dreck von den Backen, wenn wir heimlich Beeren aßen, den ersten Rotwein verkosteten oder verbotenerweise dampfende Mandeltorten in der Küche anschnitten.

Wenn ich flink lief, schritt er gemächlich, während ein Sommergewitter dumpf abzog und das Himmelsgewölbe über uns in tausend Farben strahlte. Dann hielt er meine Hand und vier Augen staunten zum Himmel, der uns endlos schien.

Im Frühsommer durchquerten wir den hüfthohen Weizen,

Giacomo immer ein Stück hinter mir, während mich meine Beine flink trugen, ließ er sich erschöpft in das Bett des Brotes fallen. Ja, ich würde alles tun, um Giacomo immer zu beschützen.

Die Provinz Bergamo, wo wir unser Landhaus besaßen, ist wohl eine der herrlichsten und schönsten der Lombardei. Wohin man auch blickt, ist der Boden mit Gemüse, Wein, Getreide bebaut. Strahlend bunte Wiesen leuchteten im Sonnenschein, saftige Tristen, grüne weinbepflanzte Hügel verbreiten ihr strahlendes Licht.

Nichts war fahl oder verkommen. Maulbeerbäume trugen ihre buschigen Kronen zur Schau. Zur Annehmlichkeit des Bodens dieser Provinz trägt auch die Gebirgskette bei, die sie in verwunschen Partien durchzieht und ihr einen eigenartigen, ausdrucksvollen Charakter verleiht. Freundliche Hügel, vom Fuß bis zum Gipfel mit Fleiß und Geduld kultiviert, durchbrochen von pittoresken Gruppen schroffer Felswände, harmonisch und verschieden zugleich: Das malerische Tal der Adda, dahinter das Hügelland Brianza, die wohl schönste und lieblichste Landschaft, die ich je gesehen habe. Hier spreizte sich die Menschheit stolz und stark, über sich Sonne und Wolken, und gütige Engel hielten ihre Hand schützend über das Land. Das reizende Bergamo gehörte bis 1796 zu Venedig. Auf meinen ausgedehnten Ritten in Begleitung meines Papas erblickten wir die Stadt schon von Weitem. Sie liegt teils am Hang eines Hügels, teils tiefer unten im Tal. Wenn wir guter Laune waren, ritten wir die prächtige Straße entlang bis Bergamo. Durch Obstgärten, niedliche Ortschaften, Weingärten und über grüne Fluren. Die Stadt war noch von alters her befestigt. Dann machten wir in einer Schenke Rast, gaben den Tieren zu trinken und ließen uns den Roten schmecken.

Zuweilen überredete ich Papa, mit mir die Oberstadt zu besteigen, ihn neckend, ob es ihm an Luft mangelte oder ob er schon zu alt für solche Strapazen sei. Das ließ er nicht auf sich sitzen und folgte mir brummend und keuchend in die Stätte des Reichtums, des Kunstsinns und des Handels. Ich verbrachte eine herrliche zwiegespaltene Kindheit und Jugend in meiner geliebten Lombardei und fühlte doch immer, dass es mein Innerstes war, das mich von hier wegführen würde. Bei all der Schönheit, dem Glanz und dem Kunstsinn wollte ich nicht für immer verweilen. Das Leben war doch weiter, größer und herausfordernder als der Luxus meines Daseins. Ich wollte mich auch dem Totentanz der Erde stellen. Mit finsteren Engeln kämpfen, in den Rand der Ewigkeit blicken und nicht im Schweigen all der Schönheit ein Abbild meiner Mutter werden.

Freude und Unruhe verzehrten mich, selbst wenn die Abende voller Gold waren. In meiner Seele stürmte es zuweilen so arg, dass auch die Morgenstille sehnsuchtsschwer auf mir lag.

Wie wird man ein Bub, fragte mich mein Bruder, und ich antwortete: Indem man durch den Regenbogen läuft.

So wurde ich, wenn ich nicht mit Papa unterwegs war, ständig getadelt, wenn ich fluchte, in der Nase bohrte, ausspuckte und all das tat, was ich mir von den Gassenjungen Mailands abguckte, die mir stark und bewundernswert vorkamen. Denen ich nacheiferte, nachlief und deren Bewunderung ich zu erhaschen trachtete. Bloß pinkeln konnte ich nicht im hohen Bogen, was mir zur Schande gereichte. Daheim wurde ich mit Elogen und Etikette gequält. Sie haben mich aufrecht stehen lassen, mit einem Buch auf dem Kopf durch den Garten gescheucht, mich abgezirkelt, eingerahmt, kurz: Sie taten alles, um aus mir eine junge Dame, einen weiblichen dressierten Affen zu machen. Ein familiäres Feuerschwert trennte das Gute vom Bösen, das Männliche vom Weiblichen erst recht, wenn die Stimme Mamas hart wurde. Aus ihrer Empörung, ihrem lautstarken italienischen Zorn erriet ich, dass sie mir zuweilen eine pechschwarze Seele zubilligte. Böse waren für mich nur der Teufel, die böse Fee und die Fratzen am Dom. Und das Böse wollte doch ich mit dem Schwert bekämpfen, keineswegs mit stundenlangen Gebeten, die mir in ihrer abstrakten Form ein Symbol ihrer Wirkungslosigkeit schienen. Meine Cousins, acht an der Zahl zwischen fünf und 17 Jahren, bewarfen Hunde mit Steinen und ertränkten junge Kätzchen. Diese Absonderlichkeiten machten mich stutzig, kamen mir aber doch harmlos vor. Ich entdeckte darin noch nicht die wirkliche Schwärze des Lebens, die tiefe Schwärze des Bösen, und spielte zwischen Hortensienbüschen mit Glasmurmeln.

Für Giacomo war das Leben ein Traum voll tiefer Gefühle und bevor er noch richtig ausgelaufen war, fand er schon seinen Hafen: Friede und die Begeisterung für alles, was schön war. Der meine war ungewiss. Was sollte aus einer wie mir schon werden? Auf keinen Fall eine Ehefrau, wie man selbstverständlich für mich plante und was für mich wie eine Kriegserklärung tönte. Ich konnte mir eben mein Leben nicht als Hausfrau und Mutter vorstellen, eingezwängt in die Regeln eines gut geführten Haushaltes, bevormundet von einem zweifelsfrei vertrottelten Ehemann, denn wer sagte mir schon, dass ich einen Mann wie Papa bekommen würde? Fallweise trottete ich in die Kirche S.Ambrogio, nahe unserem Palazzo gelegen, die älteste in ganz Mailand, die der Legende nach auf einem Minerventempel steht, schlich mich in die uralte dunkle Vorhalle, die zu dieser Kirche führt, und versuchte die antiken Zeichen, Schriften und Bilder zu entziffern. Die fromme Einfalt unserer Vorväter konnte ich mangels Lateinkenntnissen, die mir erst später zuteilwurden, an den Gräbern nicht entziffern. Doch spürte ich in dieser Halle einen gewissen Geist an Frieden, Ruhe und Geborgenheit. In späteren Jahren übersetzte ich und sah meine Meinung bestätigt. In gut 1000 Jahren hatte sich am realen Frauenbild nicht viel verändert.

Hier ruht, teuer dem Herrn, treu und ergeben ihrem Gemahle, Erzieherin und Erhalterin der Familie, gegen alle freundlich und wohltätig, reinen Herzens, gut gegen die Armen – in allem bedächtig – ach, sie ist gestorben! Nur 29 Jahre zählte sie. Der Name war unleserlich. Das waren eindeutig meine Mama, meine Tanten, schlichtweg alle Frauen aus unseren Kreisen, die ich kannte. So lebten sie damals und so leben sie heute. Nichts hatte sich geändert. Das soziale Gefüge der Frauen war in Stein gemeißelt. Doch damals bestaunte ich nur die lange Säulenreihe korinthischer Ordnung und die symbolischen Freskogemälde am Eingang.

Unsere entschlossene Auflehnung, unser Mangel, dieses Manko, den Erwartungen der Welt zu entsprechen, schmiedete Giacomo und mich umso enger zusammen. Und der Glanz der elterlichen Augen verblasste Jahr um Jahr, bis sie sich entschlossen, mich in eine Klosterschule zu stecken. Zu den *dame della visitazione*, einer äußerst frommen und berühmten Anstalt, die man heute unter dem Namen Kloster der heiligen Sophia kennt.

Die Farbe der Trennung von Giacomo war Dunkelgrau bis Schwarz.

Man steckte mich in schwarzblauen Samt und schnürte meine zu groß geratenen Füße in zu enge Stiefeletten, denn hinter Klostermauern würde ich kein Gras mehr unter den nackten Sohlen verspüren. Die nächsten Jahre beschnitt man mir die Zunge, raubte mir den Atem, amputierte man mir Arme und Beine. Die Stimmen der Nonnen klingen wie ein Stakkato im Trommelfell.

Zuweilen beschlich mich ein leiser Zweifel, ob ich noch ich war, und ich begann umso heftiger meiner wahren Natur anzuhängen, je länger mein Aufenthalt bei den Nonnen dauerte. Die Oberin besah mich wie die Königin der Seeschlangen, befand mich in ihrem Inneren aber wohl als übermütig, lebensvoll, stark und unantastbar, denn sie war keine dumme Frau. Und wenn auch der Boden unter meinen Füßen schwankte, machten mir harte Schläge und hartes Brot nichts aus. Ich zögerte keinen Augenblick, ihre Dogmen und Werturteile als Blödsinn abzutun, wenn ich keinen vernünftigen Sinn darin erblicken konnte. Wenn sie meiner Ausgelassenheit, die sie in diesen Mauern noch mehr in mir entzündet hatte, endgültig überdrüssig geworden war, wurden ihre Hände nervös, ihr Mund zuckte, sie griff sich an den rebellierenden Magen. Sie überspielte ihre Unsicherheit mir gegenüber mit einstudierter Härte und zog ihren Stolz wie einen neuen Habit an. Mir war es Genugtuung, sie manchmal morgens abgeschlafft und krumm, schlaftrunken im nachlässig zugeknöpften Habit zur Frühmesse eilen zu sehen. Mir konnte sie nichts vormachen, auch sie war ein Opfer der Gesellschaft, der Religion und der Männer. Ich murrte, schmollte und schwieg zu allem, was man mir als geistliche Übungen aufgab, blieb aber unberührt, wenn man mich zur Strafe einsperrte, mir die Mahlzeiten verweigerte oder die Gerte zum Einsatz kam.

Übermut tut selten gut, mahnten die geistlichen Schwestern. Mir schon. Was kümmerten mich die Schwächen der Anmaßung in diesen Mauern? Ich hielt mich körperlich stark, indem ich mich nachts im Schlafsaal der Elevinnen mit Liegestützen stählte und unzählige Kniebeugen machte. Es war wohl der mädchenhaften Verlegenheit meiner Mitschülerinnen zu verdanken, dass mein lächerliches Spreizen, Dehnen und Drücken den Nonnen nicht zu Ohren kam.

Aber die Patina des Widerstandes wurde ich nicht los. Umso mehr als die lächerlichen Verliebtheiten der Mädchen untereinander mein Missfallen erregten. Mir war schon immer ein jungenhafter Umgang mit Männern lieber und ich verfolgte die Geheimnisse des Geschlechts unter den jungen Mädchen mit Misstrauen.

Ihre reifenden, schwellenden Körper bescherten ihnen unerwartete Belästigungen, und das Unaussprechliche der ersten
Menstruation besiegelte ihr Schicksal. Die Nonnen bereiteten uns in keiner Weise darauf vor, die Verhaltensmaßregeln waren mir als sportlicher, reinlicher Person äußerst seltsam. Wir sollten in dieser Zeit unsere Strümpfe nicht wechseln und uns nur vorsichtig waschen. Es herrschte ein unangenehmer weiblicher Korpsgeist in diesem Kloster, von den sittlichen Ermahnungen gar nicht zu reden.

Marietta und Gina verliebten sich in eine junge hübsche Nonne, was zu erbitterter Rivalität zwischen diesen beiden Mädchen führte. Einer Rivalität, die völlig grotesk anmutete. Mir nahm man übel, dass ich fürchterlich gescheit sei, obwohl ich zu alledem so viel Abstand hielt wie nur möglich. Die Mädchen gingen händchenhaltend durch die Gänge und den Garten des Klosters, es gab Umarmungen und geflüsterte Geständnisse. So manche schlüpfte zu einer anderen ins Bett. Ich hielt körperlich und emotional Distanz und hatte für den erotischen Reiz meiner Mitschülerinnen nichts übrig. Der weibliche Körper erschien mir minderwertig und schwächlich. Heiße, tränennasse Wangen, Betteleien um Küsse stießen mich ab und verstärkten meine Sehnsucht nach Reiten, Jagen und Fischen. Wurden die Eifersüchteleien und Streitigkeiten gar zu schlimm, fand ein internes Ehrengericht statt, im Seitenchor der Kirche, wo im Halbdunkel des Gotteshauses eine Delinquentin als treulos und flatterhaft verurteilt wurde. Am nächsten Tag versöhnte man sich unter einem geweihten Platz im Angesicht des Herrn. Doch es gab auch die mystisch Versunkenen, die sich mit Askese und Selbstbestrafung in wahnhafte Gefühle steigerten. Elisabetta legte sich gar auf spitze Steine, um Gott so näherzukommen. Doch in diesen Mauern war ein Thema zentral: der Verrat. Eine Heldin hatte im kleistischen

Sinn, den wir damals noch gar nicht kannten, wahrhaft, tapfer, demütig und opferbereit zu sein.

Ich lernte gut und leicht und war dennoch meinem Ziel, durch Nachgiebigkeit, Fleiß und Demut eine gute Partie einzugehen, weit entfernt. Und nur aus diesem Grund hatte man mich in diese Anstalt gesteckt.

Wirkliche Bildung erhielt ich erst später, dort, wo ich hinwollte und das Schicksal mich hinflog, denn die Reise, die mich einst erwarten würde, stand unter keinem guten Stern. Allein gnädigen Engeln mit ihren Schwingen war es zu verdanken, dass sie mich zu jenem Ort brachten, wo ich meine volle Erfüllung und geistige Nahrung fand.

Bis die große Bewegung auch die Frauen etwas emporzog, war es mit der weiblichen Ausbildung in unseren Kreisen nicht weit her. Nein, man plapperte bloß ein wenig Französisch, übte sich in einer Spinetttastenschlägerei oder etwas italienischem Ariengedudel. Aber mich interessierten die Mathematik und die Geometrie und Latein, das wir im Kloster nur oberflächlich lernten.

Ich hasste die italienischen Mauern, die mich umgaben wie ein Fort, aus denen es kein Entrinnen gab, und machte mir einen Spaß daraus, alles, was ich heimlich in Papas Bibliothek zu Zeiten meiner Heimaturlaube las, den Schwestern im Unterricht an den Kopf zu werfen. Seine auf Reisen gesammelten Schriften, Pamphlete, Zeitungen und Artikel verschlang ich dann im Kerzenschein in meiner Stube. Verwirrt, errötend und nachdenklich, und wurde dafür geprügelt. Schlag für Schlag für Voltaire, Diderot, Holbach. Es herrschte in gewissen dubiosen Kreisen der Geist der Aufklärung, und der war des Teufels. Warum aber sammelte Papa diese Schriften, wenn ich dafür geschlagen wurde? Voltaire glaubte an Gott, Diderot und Holbach waren Atheisten, und ich, ich war im Kloster. Ich reagierte dann mit Fieber, verweigerte das Essen, denn mir wurde übel, aber keiner dieser Umstände konnte mich vor dem Kloster bewahren. Warum verstanden sie nicht, dass jeder nach seiner Façon glücklich werden sollte?

Francesca ohne Land und Château, Königin von Gnaden des Gâteau, spottete ich, wenn mir Mama die Weihen des Kochens beizubringen versuchte. Ich durchlebte eine persönlich schwierige und ruhelose Phase, zweifelte an mir, meinen Wünschen und an meiner Umgebung. Wie sollte ich die Unsicherheit meines Lebens bewerten? Von diesen Problemen fand ich nichts bei den Philosophen. Auch sie ließen Frauen, die sich bewähren wollten, außen vor. Gesellschaftlicher Ruhm und Schicksal waren den Männern vorbehalten. Das Erkennen der menschlichen Natur war eine Erkenntnis von Männern für Männer. Frauen existierten für sie nur als Musen und Haushälterinnen.

Meine Phantasie war besonders ausgeprägt und mein »kleiner Teufel« ließ mir keine Ruhe.

Auch politisch machte ich mir meine Gedanken. Was war die Lombardei schon ohne Österreich? Was war Italien im Gegensatz zu Frankreich? Ein katholisches Gefängnis enger Kleinstaaterei.

Ich war ein verstörter, heranwachsender Balg und suchte Klarheit über die Zustände, die für mein Dafürhalten herhalten mussten, dass ich dort so litt, wohin man mich gebracht hatte. Als Italienerin gehörte ich zu den Erstgeborenen unter den Völkern Europas. Doch Österreich stand spätestens seit Kaiserin Maria Theresia und Joseph II. für eine straffe Verwaltung, ein gut aufgestelltes Heer und Gerechtigkeit gegenüber seinen Bürgern. Es gab Schulen und Spitäler und man trotzte Frankreichs einzigartigem Aufstieg. Und ich fühlte es, die Welt war im Wandel, alles bewegte und veränderte sich, während ich bei den Schwestern eingesperrt war an einem Ort, wo Mythen und Klischees verbreitet wurden und nicht die Wahrheit. In diesen Mauern gab es nur Verräter,

Abtrünnige und Märtyrer. Verrückt überzogene Hirngespinste eingesperrter junger Mädchen.

Italien – das Vorbild einer hochgespannten Lebendigkeit – mein Kloster, ein Kerker.
Italien – einst das Land des Handels, der Entdeckungen und des Geldes – mein Kloster, ein Kerker.
Italien – einst Macht, Reichtum und Kultur – mein Kloster, ein Kerker.
Alles vorbei.

Italien hatte sich auf ein Kloster reduziert. Für mich und wohl auch für das Land. Und daran waren auch die Franzosen schuld. Wortreich und klug packten sie das Glück am Schopf und wurden das führende Volk Europas. Frankreich nutzte die Gunst seiner geographischen Lage, ordnete die Kirche dem Staate unter, entmachtete den Adel, zentralisierte, besiegte den englischen König als Lehensträger der französischen Krone und richtete seine Kräfte gegen Österreich.
Gegen die habsburgische Weltmacht. Geschichte wäre ein weiteres Lieblingsfach gewesen, wenn es nur ordentlich unterrichtet worden wäre.
Du wärst besser tot, als dass du solches Zeug liest. Das ist unweiblich! Fraaaancesca! Maman entriss mir meine Schriften.
Was soll nur aus diesem Kind werden! Senatore, so helfen Sie mir doch. Nicht einmal die Klostererziehung ändert Francesca.
Ich lag, trotzig wie ein unbeugsamer Feigenbaum, in meinem Bett, eine Zornläuferin von unstillbarer Lebensgier und Wissensdrang. Wie war das wohl mit der Aufklärung, mit der Unabhängigkeitserklärung der Vereinigten Staaten zum Zeitpunkt meiner Geburt? Ach könnte ich doch auch um Unabhängigkeit kämpfen.

Könnte ich doch nur alleine auf die Straße treten, ich liefe für immer fort. Alle Menschen sind gleich, mit gewissen unveräußerlichen Rechten ausgestattet, dem Leben, der Freiheit und dem Streben nach Glück. Was war mit meiner Freiheit, mit meinem Glück? Das galt doch alles nur für Männer. »Nicht so schnell, das geziemt sich nicht, kleinere Schritte, das wirkt graziöser. Herrje, sie ist doch hübsch und gerade gewachsen, muss sie mir die Angst ins Herz drücken? Sie wird nie einen Mann finden, sie hat einen Körper wie ein Knabe.«

Sommers war ich zu Hause in unserem Landhaus nahe den Weingebirgen, die sich entlang der staubigen Straßen dahinzogen, während sich das Auge zur Rechten an fruchtbaren, von Gräben und Wasserleitungen durchschnittenen Feldern erheiterte. Wenn es regnete, lief ich in der Nacht in den dampfenden Duft der Kräuter, unbemerkt von meinen Aufpassern, ohne Mieder und Korsett. Das ungesattelte Pferd trug mich über mausgraue Felder, durch Alleen und Nadelblätterdächer. Nur die Blätter raschelten, die Stille war dunkel, das Licht am Firmament kaum zu hören. Mein Körper hob und senkte sich, der Schweiß rann zwischen meinen Brüsten, die Nacht war fahl und schwül.

Die grauen Umrisse unseres Landhauses lagen im Dunst des Regens. Es war gewiss – ich führte ein Doppelleben in einer prächtigen Villa nahe berühmten Mineralquellen und Bädern mit allen Bequemlichkeiten meines Standes. Und so wie die Heilwässer innerlich und äußerlich diverse Krankheiten mit bewährtem Nutzen linderten, hatten sie doch einen fauligen Geschmack, schwefelig und salzig. So kam mir mein Leben vor. Bequem und gleichzeitig widerlich.

2

Ich war ein Kind des späten Rokoko, wie man es später nannte. Ein Kind, eine Inkarnation dieser Zeit.

In meinem Blut lagen wohl mühlsteinherzige Selbstsucht, Geheimtreppenpolitik, Oubletten, Dolche, Geheimbünde, aber auch die Freiheit und die Humanität dieser Epoche. Voltaire, Rousseau, Schiller, Goethe, aber auch Cagliostro und Casanova. Viele Ströme zwängten sich durch Europa, bevor die napoleonischen Kriege dem Kontinent den Atem raubten. Eine Zeit großer Gedanken und großer Menschen. Was das 16. Jahrhundert vermachte, das 17.

Jahrhundert unterschlagen hatte, löste das 18. Jahrhundert ein. Es gebar die Freiheit der Männer. Zumindest auf dem Papier, in Amerika und in Frankreich zum Teil auch ganz real.

Selbst der reaktionäre Kaiser Franz von Österreich begriff mit der Zeit, dass die Völker auch etwas wert waren. Österreich ist mehr als ein versteinerter Monarch – ich kann es bis zu meinem letzten Atemzug bezeugen!

Der Siebenjährige Krieg war der letzte Kabinettskrieg großen Stils und steckte dem deutschen Gedanken an Einheit neue Ziele. Ab dann entstanden große Heere, große Schlachten und ein großer Nationalismus.

Doch noch saß ich an der Gartenmauer meiner Klosterschule und vernahm das Kratzen der Katzen an den Holzverstrebungen, das Heulen des Windes, das Stimmengewirr meiner mir so fremden Mitzöglinge. Verweichlichte Banausen nannte ich sie, die unsere umständlichen Kleider, ihre helle Haut ängstlich vor der Sonne schützend, beim Spaziergang im Garten mit lächerlichen Schirmchen bedeckten. Reifröcke, Stelzschuhe und gepuderte Steckfrisuren geisterten in ihren hohlen Köpfchen, bauschige Halstücher in Verbindung mit Drahtgestellen wurden benutzt, um eine nicht vorhandene Busenfülle zu erkünsteln. Die Französische Revolution hatte schon neue Moden kreiert, wie die *chemise grecque*, den Verlust der Schnürbrust eingeführt, diese wurde aber meist in Paris und in Berlin getragen.

Ich erfreute mich am Duft von Salbei und Lavendel und überlegte, wie ich mich sattgehört hatte an all den Ermahnungen der Schwestern, niemals auch nur etwas allein zu unternehmen. Kein Besuch eines Ladens ohne Dienerin, kein Spaziergang ohne Begleitung, kein Theater. Bla, bla, bla. Bald war ich hier raus. Bald war ich 17. Bald würde dieser Albtraum zu Ende sein, bald würde ich mein Lachen wiederfinden, bald würde ich es diesen eingesperrten Idiotinnen zeigen, dass man als Frau auch anders leben konnte. Bald würde ich mich einschiffen und nach Amerika auswandern, um dort Hosen zu tragen, zu reiten und zu jagen.

1860 schreiben wir nun und ich würde in einigen Jahren auf die 90 zugehen. Ich gleiche einem halbtoten Seepferdchen, bei dessen Anblick meine Familie heimliche Entsetzensschreie ausstößt, die ich dennoch bemerke. Ich fühle es. Ich fahre mir hilflos durchs schüttere Haar und spüre das Leichengift langsam in mir aufsteigen. In mir klagt nichts mehr, meine Seele ruht wie in einem Daunenkissen, meine Greisenhand hält das Glas kaum mehr. Fern meinem Gatten, der schon lange verschieden ist, fröstelt es mich, manchmal sehe ich die Totenscharen an meinem Alkoven vorbeiziehen. Bar aller Anmut, bar aller Trauer habe ich sie alle überlebt, die ihr letztes Lächeln dem großen Kampf gaben und allem, was dann noch folgte. Die bleichen Helden der Vergangenheit stützen sich auf ihre gebrochenen Schwerter. Die Kriegsgewinnler und Großganoven erlagen ihren satanischen Gelüsten des Hochmuts. Das sündige Menschentum wird weiter die Welt durchirren.

Mein Blut umsorgt mich fürsorglich, bald werde ich mich zur ewigen Mittagsruhe begeben.

Mein Schoß war fruchtbar, und ich habe meine Kinder nicht auf dem Feld, sondern im Alkoven geboren. Bei all dem Blut, das ich vergoss, am Schlachtfeld und im Wochenbett, kein Heldenblut. Das lag mir nie. Ich wollte stets weder Trost noch Beifall. Nicht als sie mich mit Blei durchsiebten und auch nicht dann, als ich mich schützend vor die Kameraden warf, nicht als es mir zwischen den Schenkeln quoll, um dem Blutzoll der Menschwerdung gerecht zu werden. Der alte Mandelbaum treibt keine Blüten mehr. Der Duft des Rosmarins weht wie ein Todeshauch. In manchen Nächten finde ich keinen Schlaf und zerfalle in meine Teile. Die großen Mysterien der Religion sind mir zu abstrakt, um mich zu beeindrucken, wenn auch meine Tochter für mich völlig unverständlich den Schleier genommen hat.

Heute beschäftigt mich das Mysterium des Friedens, die Frage, wie man Kriege verhindern kann, wie man den Menschen Stolz und Würde belässt und ihnen nicht Dinge vorgaukelt, die sie gar nicht betreffen. In meinen Erinnerungen gibt es viele schwarze Flecken, und so versuche ich das, was blieb, so gut es geht, zu deuten. Erinnerung, trügerische Schwester der Wahrheit, ich bemühe mich.

Sie köpften das Königspaar in Frankreich, machten Revolution, gebaren Ideen von Weltgeltung, brachten Krieg und Verwüstung. Sie durchbrachen den alten europäischen Rahmen. Sie wollten die ganze Menschheit erfassen. Leibniz, Voltaire und Herder, Fürsten, Denker, Wissenschafter. Und so wie ich mich aus meiner Kultur hinaussehnte und nach Amerika strebte, mich dem täglichen Kampf mit den Elementen stellen wollte, so ging es wohl vielen in unserem alten Europa. Aber unsere Errungenschaften führten uns nicht zum irdischen Glück. Viele waren Anhänger Rousseaus, dessen Bücher und Ideen eines einfachen Lebens Eindruck machten. Viele nannten sich ‚Generation Wissenschaft', andere waren die ‚Generation Krieg'. Nun haben wir uns fast die gesamte Erde erschlossen, technisch, politisch und mit Waffen. Glücklicher sind wir dadurch auch nicht geworden. Viel Menschliches wird nun verachtet.

Nun, da meine geliebte Lombardei wieder österreichisch ist, es aber bald nicht mehr sein wird, vermisse ich umso mehr die schon so lange verstorbene Kaiserin Maria Theresia, ihre menschlichen Gedanken und ihr Tun, ihre Völker als ihre Kinder zu sehen, als Landesmutter Fürsorge zu tragen, auch wenn ich sie nicht erleben durfte. Sie lebt in vielem spürbar weiter und war eine gütige Despotin. Franz Joseph trägt ein schweres Erbe. Maria Theresia, ihre Intentionen, Reformen und ihre Akademie, meine Akademie, meine Schule fürs Leben. Ach, wie profitierten die österreichischen Länder von ihrer Verwaltungsvereinfachung durch die Konzentration der verschiedenen Ämter. Noch bevor ich geboren wurde, richtete sie eine oberste Justizbehörde ein, einen obersten Gerichtshof und eine Verwaltungsbehörde, die auch die Finanzen ordnete. Moderne Beamte wurden eingestellt und das Unterrichtswesen erneuert. Der Bürger konnte ruhig schlafen. Das bekam auch meiner Lombardei und den Nachfolgern der Kaiserin. Behutsam führte sie mit klugen Beratern den Absolutismus in die oktroyierte Aufklärung, die mit ihren Ideen der Vernunft und der Natur in Frankreich direkt in die Französische Revolution mündete und in einem riesigen Blutbad kulminierte. Das wiederum stärkte in meinem Österreich die Reaktion und Franz

Joseph wird es schwer haben, seine Völker so undemokratisch zusammenzuhalten, die nur ihn als einendes Bindeglied sehen und alle selbständige Nationen werden wollen.

Immer wieder schweife ich in Gedanken ab und verliere mich in einer Vergangenheit, die Gutes und Schlechtes säte und deren Ernte schlussendlich England einfuhr. Das britische Empire wurde Weltgeschichte, mein Österreich war der Verlierer im Wettkampf zwischen England und Frankreich.

Als ich das Kloster endlich überstanden hatte und mich zu Hause wieder dem Rhythmus des Alltages hingab – sprich, ich ritt und jagte, wann immer ich dazu Gelegenheit fand –, ereilte mich mein weibliches Schicksal wieder in vielen Facetten.

»Was denkst du dir eigentlich, wenn du schweigst? Willst du es mir nicht sagen? Sprich, Kind, ich warte.« Maman, ein Donnerblick, die Hände zuerst himmelwärts geworfen, dann ratlos empört in die Hüften gestützt.

»Doch, ich will, aber ich kann nicht. Amerika …« Das Mädchen zupfte an den Teppichfransen, Maman öffnete die Fenster. »Dein Vater, ich, wir … also …«, sie steckte ihre Frisur mit fahrigen Fingern zurecht.

»An dir ist alles schief und unerquicklich … Du machst nichts aus deinen gottgegebenen Reizen. Jede Stallmagd ist weiblicher als du. Du bringst mich noch ins Grab. Wer wird dich nehmen? Keiner! Keiner! Mamma mia! Als Ehefrau und Hausfrau bist du völlig ungeeignet.« Es ist nichts, nichts. Nichts? Schweigen, ab und zu Hufgetrappel von der Straße.

»Also bei den Nonnen hier hat es nicht geklappt.«

Gestehen, ich will ihr alles gestehen, die Wahrheit liegt mir auf der Zunge, aber der Kamin raucht und hüllt mein Schweigen ein.

»Schlag dreimal das Kreuz und bete einen Rosenkranz.« Wie lebt es sich leichter?

3

Ein böser Geist würgte meine Kehle, der mir meine Kraft und meine Stärke neidete. Der

Flaum über meinen Lippen verdichtet sich, das Herz klopft unter einer runden Büste, mein Haar ist lang und ich vergieße mein Blut monatlich mit dem Mond. Ich bin eine Frau! Könnte ich doch nur stillhalten wie die Spinnen im Keller. Unerschütterlich versucht sie mich anzuleiten, auszubessern, in stickigen Ritualen zu unterweisen. Mama bemüht sich, sich ihre Bitterkeit über mein Unvermögen nicht ansehen zu lassen, aber ihre Wutausbrüche lassen mich um ihr Leben fürchten. Nichts mache ich recht. Selbst Papa sagt: »In dir hat sich die Natur geirrt.« Ich reite mit Giacomo im Umland, kein Zaun ist mir zu hoch, und nehme die ständigen Ermahnungen in Kauf, weil doch in Wirklichkeit nichts geschehen ist. Will man mir die Vernunft absprechen, weil ich eine Frau mit Ambitionen bin? Eine Frau, die denkt, die lernen will. Dann könnten sie mich doch gleich ins Irrenhaus nach Bergamo schicken. Auch meine Vernuft lehrt mich den Gebrauch meiner Sinne, der Erkenntnis und einen möglichen Wirkungskreis, den man mir nicht gestattet. Was immer ich unternahm, wurde mir als Bösartigkeit ausgelegt. Der blühende Garten meiner Heimat wurde mir zum rohen Felsboden, die Liebe meiner Maman zum Gefängnis. Manchmal dachte ich mir, dass die beglückenden Gaben unseres Lichtes auf mein Leben tiefe Schatten warfen.

Tante Lara ist am Schlag gestorben. Was ist, wenn ich sie so aufrege, dass auch Maman zu Tode fällt? Könnte ich mir jemals verzeihen, dass ich mein Glück auf ihrem Unglück gebaut habe?

Der Leichenschmaus in Tantes Haus neben dem Dom:
Frauen mit schweren Brüsten, dicken Hinterteilen in schwarzer Kleidung. Spitze, Samt, Hüte,
    Fächer, süßliches Parfum. Die Wohnung war mit Trauerflor geschmückt und in der stickigen Luft hing ein Duft von Kerzen und Blumen. Die Sandelholzfächer tanzten rhythmisch auf und ab. Das Ach und Weh der Klageweiber vermischte sich mit fetten Saucen und schwerem Fleisch.

Ich würge und würge beklommen an diesem Grenzposten zu einer anderen Welt und hoffe auf einen Übertritt in eine bessere. Das konnte doch nicht meine Zukunft sein. Dümmliches Geplaudere mit dümmlichen Damen, deren Horizont nicht über Kinder und Familie reichte. Feste und Geselligkeiten, die einem den Atem raubten in ihrer Gesittetheit und Langeweile. Nie im Leben könnte ich so tun, als ob mich das erfüllte, dass das der Sinn meines Lebens wäre. In dieser Stimmung verschlug es mir die Sprache. Warum nur, warum legte ich einen solchen Wert auf meine Unabhängigkeit? Und wenn ich schon jemals heiraten würde, würde, würde …, dann nur jemanden, ja gewiss nur jemanden, der mein Doppelgänger wäre. Der mich leben ließe, wie es mir gegeben war, der die versteckte Riesin in mir erkannte.

Genua hat etwas Magisches an sich. Weg von den weichen Matten, auf denen mein Busen schlummern sollte. Von dort ginge es in die raue Freiheit. Dann würde mein Körper wachsen und meine Seele erblühen. Weg von der Enge Mailands. Gertrud zog mich zur Seite und tröstete mich. Gertrud verstand mich, ihr brauchte ich mich nicht zu erklären, war sie doch selbst eine Weltenbummlerin. Ihre Zeit der Kastagnetten und blutroten Ideale war geschwunden, doch sie hatte die Zeit ihrer Herrlichkeit und Freiheit nie vergessen. Sie blieb mir mein Leben lang eine treue Gefährtin, egal ob das Schicksal uns trennte oder zusammenführte. Ein Schiff, guter Wind und frische Gesichter, das wäre mein Traumziel gewesen, um in die Staaten zu kommen und ein freies Leben zu leben. Kurz schluchzte ich an Gertruds Busen, aber nicht wegen Tantchens Dahinscheiden, sondern wegen der Unmöglichkeit, meine Pläne zu verwirklichen. Sie schwieg verständnisvoll und ich schlummerte an ihrer Brust, als ob ich Beistand in der Trauer suchen wollte. Doch wer nach Amerika wollte, musste die Passage auch bezahlen. Mir ging es gut, und es mangelte mir an nichts, aber Geld hatte ich keines. ‚Vom Vaterland in die Neue Welt', spukte es in meinem Kopf. Ich starrte auf die aufgebahrte Tante, die wächsern und bleich aufgeputzt, ihr welkes Fleisch in schwarzem Samt verborgen, im Schlafzimmer lag. Eine furchtbare Verwirrung erfasste mich. In der Stunde ihrer Schlussabrechnung war für mich nur ein Ruf zu hören: Amerika.

Ich versank in tiefes Grübeln, überlegte, wie ich mich als Schiffsjunge verkleiden wollte, da ich die Passage nicht bezahlen konnte und deshalb anheuern müsste. Wink, Wink und ein letztes Adieu, ein Ciao, ein Geh mit Gott, Francesca rufen. Ich war so in Gedanken versunken, dass nicht einmal Maman es wagte, mich zu stören. Vermutlich dachte sie, ich sei so sehr vom Schmerz überwältigt.

Doch wie es so ist, schien der Teufel meine Angelegenheiten zu lenken. Pater Domenico schritt auf mich zu, sein eichhörnchenfarbenes spärliches Haar, im fahlen Licht nahm er meine Hände in die seinen, die zu allem Unglück noch schweißverklebt waren, und flüsterte mir mit heiserer Stimme zu, während ein perfides Lächeln seine Augen verengte:

»Deine Tante wäre sehr glücklich gewesen, hätte sie erlebt, wie du zu den Salesianerinnen nach Wien kommst. Die gute fromme Frau, sie reiste zu früh ab.«

Pater Domenico, der Beichtvater der Familie, riss mich unerwartet aus meinen Träumen, in denen ich Jungenkleidung trug, eine Seemannspfeife rauchte und an Tauen kletterte.

Ich stand im spärlichen Schein eines Handleuchters und traute meinen Ohren nicht. Sie planten, mich wieder ins Kloster zu stecken. Und da ich schon fast 18 Jahre alt war, wäre dies vielleicht meine endgültige Berufung! Mit einem Mal wäre es weg, das Bild, das ich mir von meiner Zukunft machte. Das Ideal dessen, was ich werden wollte. Frei, gebildet, stark und unabhängig. Ich hörte die Glocken läuten und fühlte, wie sich mir der Magen umdrehte. Wie nahm ich es allen furchtbar übel, dass sie mir von diesen Plänen bis jetzt nichts gesagt hatten! So verharrte ich in eisiger Starre und überspielte meine Verunsicherung mit linkischem Charme und hisste innerlich trotzig die Flagge.

Jeden Abend, wenn ich die Glocken hörte, klopfte mir das Herz so heftig, dass ich wie erstickt verharrte. Wenn ich dann die rauschenden Röcke Mamans auf der Treppe hörte, zürnte ich ihr sehr. Dann stützte ich mich auf die Sessellehne, schloss die Augen und kämpfte gegen die Enttäuschung meines Lebens an. Manchmal packte mich eine wilde Melancholie. Nur mit größter Anstrengung konnte ich meine Seufzer unterdrücken, während mir die Kehle schwoll. Aber allmählich begann das »Böse«, das sich wie eine Schlange zusammengerollt hatte, ja sich tot gestellt hatte, wieder den Kopf zu heben und erneut auf mich einzudringen. Dann begann ich mich über meine Eltern zu ärgern, fand sie albern. »Mein Gott, Mädchen, was hast du nur?«, rief meine Mutter, während ich so gut wie nichts aß. Dies und Anfälle düsterer Schwermut bewirkten, dass sie meinte, ich würde zur Vogelscheuche, über die man sich wütend ärgern konnte.

4

Sie sind verrückt, dachte ich mir. Was denken sie sich bloß? Schon wieder ein Kloster! Mein Mut blieb ungebrochen. Kloster hin, Kloster her. Ohne mich! Ich wollte mir die Welt aneignen und nicht starr auf eine Stickerei blicken, eingesperrt sein. »Du musst dich selbst überwinden, sonst bleibst du allein in dieser Welt.«

»Ja, Maman, ja.«

Doch ich dachte anders. Ich wollte keine fade Hausfrau werden, die ohne Lust liebte, ohne Witz plauderte, sich gemächlich bewegte, sich vorsichtig setzte und bei nichts wirklich zupacken konnte. Eher würde ich verrecken. Ich fühlte mich wie ein blinder Hahn im Kampf und würde so lange rebellieren, bis ich gewonnen hätte.

Obwohl es weit entfernt war, konnte ich das Meer riechen. Genua war mein nächstgelegener Sehnsuchtsort. In den Wochen vorher hatte ich gegrübelt und geschmollt und hatte minutiös geplant, wie ich meinem lächerlichen Leben, meinem sinnlosen weiblichen Dasein, entgehen konnte. Ich plante, es rigoros zu ändern. Wochenlang bestimmten diese Gedanken meine Träumereien und vagen Planungen.

Es war eine dunkle Nacht, ganz still, wie erkaltete Asche. Ich schlich mich zu Giacomo, weckte ihn und teilte ihm meinen Entschluss mit.

»Francesca, das kannst du nicht machen.«

»Doch, das kann ich.« Breitbeinig stand ich in seinen eigenen

Hosen vor ihm und schnitt mir mit hektischen Bewegungen die Haare ab.

»Francesca, was machst du da?! Dein schönes Haar!«

»Behalte es als Erinnerung.«

Giacomo blinzelte. »Du hast kein Geld, keinen Mann. Francesca!! Und du hast Brüste!«

»Soll ich sie mir abschneiden wie die Amazonen?«

»Bist du verrückt?«

Sie sagten mir mit Nachdruck, was ich sagen sollte, schüttelten und beutelten mich, aber ich brach mein Schweigen nicht. Meine Wirklichkeit war eine andere als die ihre. Sie wollten in meinen Kopf schauen wie in einen aufgeplatzten Granatapfel und versuchten mir die Stummheit aus dem Leib zu prügeln. Ich betete, es lebe die Freiheit, während meine Brüder verängstigt in die Ruinen der seelischen Verfassung meiner Eltern blickten.

Ich spielte fürwahr kein Spielchen mit ihnen, weil ich mir selbst das Wort gegeben hatte, nachdem meine Flucht gescheitert war, Giacomo nicht zu verraten, der mein stummer Mitwisser war. Also schwieg ich verstockt.

List und Kühnheit hatten mich bis Genua gebracht, zu Pferde, zu Fuß auf alten Eselskarren, und doch war ich Pater Domenico in die Arme gelaufen, der sich einzuschiffen gedachte, um nach Spanien zu reisen. Wer da? Es war ich, die darauf hoffte, ins Meer zu springen, zu dem ersehnten Schiff zu schwimmen, um von Italien wegzudriften. Er packte mich wie eine streunende Katze, rief nach zwei Wachleuten, achtete nicht auf mein Schreien und Toben, dass eine Verwechslung vorliege.

»Wer ist der Pater, ich kenne ihn nicht. Zu Hilfe, er ist verrückt!« Sie fragten nicht lange und brachten mich heim nach Mailand und ich gedenke der Panik, die mich schwitzen ließ, als ich mich vor Zorn wimmernd am Marmorboden wälzte, als ränge ich mit dem Tod. Mein Traum war wohl nun ausgeträumt, aber ich wurde den Grünspan der Rebellion nicht los. So knapp war ich am Ziel meiner Hoffnung gewesen. Wie sollten sie auch verstehen, dass ich den Glanz meines fürstlichen Bettes mit einer engen Koje unter lauter Jungen tauschen wollte? Wie sollten sie verstehen, dass ich ihre Liebe und Fürsorge nicht brauchte, sondern mich selbst verwirklichen wollte? Ich war allein, ich war gerne allein, man ist immer allein, warum verstanden sie das nicht?

Überwinde den Satan, empfahl sich Pater Domenico und fügte ein »Ich gratuliere!« in Richtung Maman hinzu, deren Gesichtsfarbe dunkelrot anlief bei seinen Worten. Ich floh in mein Zimmer, entledigte mich meiner Hosen und war ziemlich ratlos. So ein Halunke, sagte ich mir zornig, um in einen tiefen Fieberschlaf zu fallen, der offensichtlich so lange andauerte, bis Mama und Papa sich wieder etwas beruhigt hatten.

Rückblickend muss ich sagen, dass meine armen Eltern sich wohl nie ganz an meine impulsiven Handlungen gewöhnten.

»Achte doch auf das, was du tust!«, sagte Papa, »denn wenn du dich wieder verlierst, sind wir alle gesellschaftlich verloren.«

Niemand in meiner Familie war für solche Krisenzeiten geeigneter als Giacomo.

Gefällig, geduldig, stoisch. Doch auch ihn packte die schlaflose Verzweiflung, als er einige Wochen nach meinem Eklat morgens von Papa persönlich geweckt wurde, um ein wichtiges Schreiben zu lesen, das er am liebsten im Müll entsorgt hätte. Es war das Empfehlungsschreiben eines befreundeten Generals an den Leiter einer der berühmtesten Militärakademien Europas, zugleich die erste meines teuren Österreichs, in der man Unterricht in den Kriegswissenschaften erhielt. Dieses Schreiben drückte Respekt und Bewunderung aus sowohl für die Anstalt als auch für die Ehre meiner Familie. Doch Giacomo war nicht der Eleve, den sich der General vielleicht erträumt hatte, denn das Kriegshandwerk ängstigte ihn, wohingegen er sich freudig den musischen Dingen des Lebens widmete. Die Hetzjagd auf uns hatte begonnen, denn es dauerte nicht lange, bis ein weiteres Schreiben im senatorischen Haushalt eintraf, das nun mein Unglück besiegelte. Es war von den Wiener Nonnen, die mich im Namen Jesu erwarteten. Giacomo und ich kamen uns vor wie junge Kätzchen, die man einem Hirtenhund vor die Läufe legt.

Eine Ironie des Schicksals, zwei Welten nebeneinander, wie Tag und Nacht, wie Himmel und Hölle. Nur eben für den Falschen. Mich aber reizte diese Akademie mit allen meinen Sinnen. Wie gerne wäre ich Giacomo gewesen, an seiner statt wäre ich dorthin geflogen. Dort würde es mir gelingen zu erlernen, was der Menschheit Ehre macht, doch hatte ich keinerlei Aussicht auf diese Ausbildung. Dieser Triumph war nicht nur einem adelsstolzen Fräulein, sondern jeder Frau, wie so vieles andere, verwehrt.

Eine Kruste von Angst legte sich auf unsere Herzen, es war Herbst und die Laken kalt und feucht wie unser Gemüt. Wir würden die nächsten Forsythien und Rosen nicht mehr sehen, die prallen Früchte unserer Kirschbäume nicht schmecken, den Markt mit seinen Früchten, Gewürzen, dem türkischen Honig, den Fischen und Krabbentieren vermissen. Unsere Haut würde darüber käsig wie die eines frisch gerupften Huhnes. Giacomo begann zu husten. Und dann bestätigte sich das Unglück unserer Abreise. Der Termin war gewiss und der elterliche Wille unbesiegbar. Mein Kopf schmerzte, jeder Bissen schmeckte bitter, zuweilen hatte ich das Gefühl, von einem Turm zu stürzen.

Giacomos Husten wurde nicht besser und die Dienstboten brachten Töpfe mit kochendem
Wasser mit aromatischen Blättern in sein Zimmer, deren

Dämpfe er in regelmäßigen Abständen inhalierte. Giacomo schien keine genaue Vorstellung von seinem Reiseziel zu haben. Eine kleine Stadt im Norden, kalt im Winterregen, kalt im Sommerregen. Von Hochmut und Kraft berauschte Männer, die ihm nie Freunde werden konnten. Der Ton der Stille in unseren weitläufigen Hallen brach uns den allerletzten Nerv. Was mich erwartete, war unzweifelhaft, den Klosterklatsch kannte ich zur Genüge.

Wir vertrieben uns die Zeit mit Kartenspielen hinter zugezogenen Vorhängen und trüben Kerzen. Giacomo hatte die Geduld eines guten Spielers und nahm es gelassen, wenn ich mit Trick und Tücke gewann. Dennoch war er angespannt, seine weichen Lippen wurden hart und bleich und seine eingesunkenen Augen vermissten den sanften Blick vergangener Zeiten. Sein bösartiger Husten störte seine Konzentration.

Vater hatte noch kaufmännische Angelegenheiten in der Serenissima zu erledigen. Dort würden wir wohl Station machen, ein kleiner Aufschub bis zur Vollendung unseres Unglücks. Ein langes Schweigen breitete sich zwischen uns aus, von einer kaltfeuchten Brise durchzogen; von den einst glühenden Tälern wehte ein frostiger Wind. Wir gingen zu Bett und während Giacomos Atem immer lauter und rauer wurde, tauchte ich in den Waschzuber ein, wusch meine kurzen Haare und zitterte bis ins Mark; ich zitterte vor Wut und Empörung, mein geliebter Bruder nebenan vor Angst.

Über den Alpen wohnen nur Barbaren; Don Giuseppe rang die Hände. In der Lethargie der Siesta schallten seine besorgten Worte wie dunkle Seufzer durch den Palazzo. Der Senatore versank in einer schwarzen Wolke gründlicher Bedenken. Nach dreitägigen Befürchtungen und selbstquälerischen Überlegungen kam er zum Schluss, meine so geliebte Jungenkleidung wäre vielleicht doch der beste Schutz gegen unerwünschte Annäherungen an seine kleine Cara. Aus Francesca wurde nun ein Sohn der väterlichen Besorgnis: ein Francesco. Dies war eindeutig ein Gradmesser seiner Zuneigung und Vorsicht.

Don Giuseppes besorgter Blick schlängelte sich zwar in das innere Feuer seiner trotz des Ungehorsams geliebten Tochter, versagte jedoch kläglich bei seinem ältesten Sohn. Giacomos Seelenleben zu erkunden missglückte ihm gründlich. Und dass sein Zweitgeborener seit dem unsäglichen Schreiben des Generals nicht den Mut aufbrachte, von der Angst zu sprechen, die dieses Schreiben in ihm ausgelöst hatte, beindruckte ihn keineswegs. Giacomo, der nur dachte, träumte und empfand, aber sich nicht tatkräftig sträubte, verschwieg beharrlich seine Ängste.

Ja, so war es damals. Wir sollten das Land des Lichts gegen das Land des Nebels tauschen. Giacomo, der einst, wenn er die Akademie absolviert haben mochte, ein Berufsrisiko eingehen, Gefechtslinien führen, sich im gegnerischen Feuer bewegen und so tun musste, als hielte er sich für unverletzbar. Aufgeschreckt von dem Gespenst dieser Zukunft, verschlechterte sich sein Gesundheitszustand erheblich und ständig.

Bei Einbruch der Nacht vor unserer Abreise schlich er in mein Zimmer, ein ungewöhnlich heftiges Gewitter mit Blitz und Donner schien seine Unruhe zu verstärken, setzte sich an den Rand meines Bettes und hielt verzweifelt meine Hand so fest, dass es schon weh tat. »Francesca, Francesca, was soll ich nur machen?« Er schwitzte, hustete und warf sich weinend auf mein Bett.

»Lieber bleibe ich in den matschigen Straßen eines Vorortes, in einer kleinen Keusche oder in einem Stall, als dass ich Soldat werde«, schluchzte er.

Er zeigte mir stockend, durch lange Pausen unterbrochen, den Bodensatz seiner Seele, der mir vertraut war, den ich nicht ändern konnte.

»Dieses ganze Kriegführen, dieser Tanz von Verrückten, dieser Kampf gegen die Revolutionen, was soll einer wie ich damit anfangen?«

In unserer Jugend waren Väter selten tolerant. Unsere Gedanken waren frei, nicht so die Taten. Uns erschienen die Forderungen unseres Elternhauses tyrannisch.

Er hatte schon recht, mein sanfter Bruder. Wenn auch der österreichische Offiziersstand zur damaligen Zeit nicht der Verludertheit der Preußen huldigte, der Preußen, die sich dem Müßiggang hingaben, den Wissenschaften entfremdet waren und nur Erfüllung in der Genussfertigkeit fanden, so waren ihm dennoch Stand und Tugend der österreichischen Offiziere kaum Grund, sich diesem blutigen Handwerk hinzugeben. Es schien ihm zu wild und zu brutal. Wir fühlten uns beide als Opfer einer Ungerechtigkeit, was meinen Groll noch in heftige Rebellion verwandeln sollte.

Es hätte auch geradezu wunderbar zugehen müssen, wenn meine schwachen Überredungskünste Giacomo überzeugen hätten können.

Ich richtete meinen Blick auf den Boden und biss mir fast die Zunge ab. Ich konnte mir außer in Amerika kein besseres Leben denken als das eines Offiziers der k.u.k. Armee.

Ich dachte nicht an Tod und Gefahr und dass man den Verstorbenen eine leichte Erde wünschte, nicht an die vorwurfsvolle Trauer der Zurückgebliebenen; ich dachte an ein Spiel, ein Theaterstück mit Auszeichnungen und Tapferkeitsorden, getrübt durch einen gläsernen verklärten Blick, dem die Schärfe noch fehlte. Ich lebte in einem heftigen Traum, ohne das echte Trauerspiel des Krieges zu kennen. Doch eines wusste ich ganz genau: Ich wollte kein bloßes Objekt sein.

Gemeinsam lagen Giacomo und ich wach, weil sich die Stunden unheilvoll streckten. Der folgende Tag sollte der Tag der Abreise sein, ein Albtraum. Giacomo, der Bleichgesichtige, weinte, sprang auf und lief rastlos im Zimmer umher. Ich drückte ihn an meine Brust und tröstete ihn, so gut es ging. Wie gut man daran täte, alles für seine Begabung zu geben und nicht den Vorstellungen der Familie zu entsprechen. Aber das durften wir nicht. Wir waren völlig am Boden zerstört. Der Kerzenschein sendete einen Strahl ins Freie und glitzerte verheißungsvoll in eine Freiheit, die wir nicht hatten, Giacomo atmete schwer. Die Entscheidung war getroffen.

Wir gingen in die Ställe, es war eine seltsame Nacht und eine noch seltsamere Entscheidung, sattelten die Pferde und ritten in die fauligen Düfte des Moders und des Regens. Giacomo war bloß im Hemd, ich zog mir eine Jacke an. Wir ritten bis zum Morgengrauen ohne Pause und schürten die Glut seines Lungenleidens. Giacomo hielt sich krampfhaft im Sattel, weil er nie Krieg führen wollte, weil er nicht auf diese Akademie wollte, weil er seinen Neigungen nachgehen wollte. Weder auf dem Papier noch auf dem Schlachtfeld wollte er Offizier sein, wollte den Schrecken der Explosion einer Kanone nicht hören und sich nicht an den Pulvergeruch gewöhnen oder lernen, wie man vom Pferd fällt, um sich tot zu stellen.

Als schon der Morgen graute, stiegen wir ab, ich striegelte die verschwitzten Leiber der Tiere; Giacomo sah mich sanft und erschöpft an, wankte und hielt sich an der Stalltüre fest.

»Stütze mich«, flüsterte er.

Im Haus bereitete die Köchin die morgendliche Schokolade. Der Duft von Feingebäck zog durch die Hallen. Wir schlichen auf unsere Zimmer und legten die eisigen Abendnebel ab wie einen überflüssigen Handschuh. In einer Nacht wie dieser waren uns unsere Jugend und unsere Wünsche in aller Klarheit bewusst geworden. Wir würden nie und nimmer an uns selbst Verrat üben. Dann gingen wir zur Frühmesse. Der Pfarrer brummelte das Evangelium verschlafen, schlug das Kreuz über dem Messbuch, bekreuzigte sich selbst und wandte sein zerknittertes Gesicht der versammelten Gemeinde zu, sprach das »dominus vobiscum«. Giacomo und ich waren wohl sehr blass. Ausnahmsweise kniete ich im Verlauf der Messe in Ekstase und bat Gott, die Jungfrau und die Heiligen um Unterstützung meiner Pläne. Ich würde zum letzten Mal in meinem schwarzen Seidenkleid stecken und schloss für einen Moment die Augen. Eine eigentümliche Kraft erfasste mich, ein Selbstvertrauen, ein Gottvertrauen, ein Schicksalsvertrauen, als der Pfarrer die Linke auf die Brust legte, die Rechte gegen die Gemeinde ausstreckte und das »benedicat vos« rief. Ich vermeinte Gottes Segen für meine Pläne zu spüren, ein zarter Hauch küsste meine Stirne, während die Männer der Vorstadt mit ihren Quittenstöcken vor den vergoldeten Reliquienschreinen standen und vielleicht auch ihre unerfüllten Träume hatten. Nach Beendigung der Messe regnete es. Wir warteten das Ende des Schlechtwetters ab.

Zu Hause:
Giacomo rasierte seinen Schnurrbart mit viel Seife ab und ich wählte ein Mieder, das meine Brüste verbarg. Ich kürzte mein Haar auf die Länge, wie Giacomo es trug, und färbte den Flaum über meinen Lippen mit Schuhwichse und Asche. Unterstützt wurde ich von Gertrud, der diese Verwandlung eine besondere Freude, einen theatralischen Scherz bereitete. Fesch bist du als Mann, sagte sie mir auf Deutsch, schneidig, schlank und hochgewachsen. Viel schöner als die jungen fettgefressenen Damen der Gesellschaft, denen das Mieder die Speckrollen unters Kinn schiebt.

Ich musste lachen. Gertrud, ich liebe dich, du bist die Einzige, der ich so gefallen werde. Was wird Maman dazu sagen? Wenig später schlüpfte ich in Männerkleidung, um zumindest äußerlich in Windeseile meine Mädchenzeit hinter mir zu lassen.

Unsere Diener und Dienerinnen versanken in Trauer, als sie mich so sahen, und Mama musste ihre gallige Bitterkeit über meinen Anblick Tropfen für Tropfen destillieren. »Sie gleicht einer Katze beim Mäusefest«, lachte Papa und war sich nun sicher, mich in dieser Aufmachung heil über die Alpen zu bringen.

Giacomo fühlte sich wie ein toter Fisch. Die brutale Kur hatte ihre Wirkung gezeigt, er hielt sich kaum aufrecht. Er fieberte hoch und sein Husten war herzzerreißend. Dennoch hielt er sich fieberschaudernd und schwach auf den Beinen. Wenn es ihm nur gelänge, bis Venedig aufrecht zu bleiben! Unser Geheimnis trieb ihn an, die Kraft, unser Leben zu führen, wie wir es wünschten.

»Ist schon gut, mache dir keine Sorgen. Ich bin bald wieder gesund«, tröstete er Mama, die Bedenken äußerte, ihn in einer derartigen Verfassung den Strapazen einer langen und unbequemen Reise zu überlassen. Unsere Herzen pochten voll schlechten Gewissens in der Gewissheit, einen gefährlichen Betrug zu begehen.

Mama drückte Giacomo theatralisch an sich und weinte in einem fort.

»Mein Sohn, du bist für höhere Ziele bestimmt. Zeig dich deiner Aufgabe gewachsen und mache uns keine Schande.«

Dann drückte sie mich zärtlich und sanft, und ich fühlte ihre große Liebe zu mir, ihre Verzweiflung und ihre Hoffnung. Die Starrheit ihrer Überzeugungen verbot ihr das kleinste Zugeständnis für eine eigenständige Zukunft. So hatte sie es gelernt, so hatte es ihre Mutter gelernt und deren Mutter und so weiter. Sie blickte mir forschend in die Augen.

»Francesca, du musst nur wollen, wollen, wollen! Man kann alles, wenn man nur will«, kam es sentimental über ihre Lippen.

Das schlechte Gewissen plagte mich wieder, und ich entwand mich ihrer Umarmung. »Was spricht sie da, warum tut sie mir mit solchen Worten Gewalt an? Worte, die nur Lügen meinerseits nach sich ziehen konnten«, dachte ich mir. Sie kannte mich und meine Wünsche doch in der Tiefe ihres Herzens.

So spielten wir um unsere Seelen, das schwere Gewissen drückte wie ein Bergwerk auf unser Innerstes, aber unser Plan war gefasst. Meine Antwort war ein Schweigen wie ein Stoßgebet.

Dann ging es weg von zu Hause in unserer besten, glänzend polierten Reisekutsche, der nervös aufgebrachten Maman ein letztes Mal winkend. Nie werde ich ihre Tränen vergessen, ihre hilflose Geste, mit der sie ihr Taschentuch zum Abschied zögerlich hob. Als hätte sie geahnt, dass alles ganz anders verlaufen würde, als Sitte und Tradition es verlangten. Ich war froh, dass Gertrud uns begleitete, vor ihrem Witz waren alle gleich.

5

Napoleon, der große Weltenherrscher für so lange Zeit, hatte nie und niemals ein Gefühl für das Lächerliche, dass so mancher an ihm bemerkte, denn er sah in der Macht eine sehr ernste Angelegenheit. Ich aber fühlte auf dem Weg nach Venedig, was Machtlosigkeit bedeutet, diese böse Verwalterin unseres Geschickes. Verfrachtet in eine Kutsche, um ein Leben zu führen, das ich nicht wollte. Später erkannte ich, dass Macht eine Schimäre auf Zeit ist und ein geglücktes Leben im Respekt vor dem Du liegt. Ich phantasierte, der Krieg würde mir Sicherheit geben, ohne mich aus meiner Gesellschaftsschicht zu entführen. Er würde mir eine neue Identität verschaffen und mir die Möglichkeit auftun, aufrichtig zu mir selbst zu sein. In meinen Gedanken und Wünschen war ich kindhaft und malte mir im Gemüt einen Heldenhimmel aus, ein paradiesisches Idyll, in dem die Kanonen donnerten, die Schwerter aufeinanderkrachten und ich eine wichtige Rolle spielte. Mich hielten Sinnsprüche meiner Heimat aufrecht wie »Neues Jahr, neues Leben« oder »Selbst getan ist bald getan« oder »Suche nicht die Sense, wenn schon Zeit zum Mähen ist«. Jedenfalls lebte ich damals vor allem nach dem Motto: Man weiß nichts, man stellt sich alles vor. Und das entsprach meinem ungewissen und verwegenen Plan.

Wir erreichten die Serenissima am 20. November unter kläglichen Wetterverhältnissen.

Dicker Nebel versteckte die Kanäle und Bauwerke, die Feuchtigkeit drang in unsere Kleidung, ein Schauer nach dem anderen durchzog unsere Glieder und Giacomo hustete sich das Leben aus den Lungen. Ich begann mich um ihn zu ängstigen und verurteilte mich dafür, ihn auf den vermaledeiten Ausritt mitgenommen zu haben. Was wäre, wenn er plötzlich aufhören würde zu husten, keine Luft mehr bekäme und den üblichen plötzlichen Komplikationen erläge? Ich war dumm und egoistisch gewesen, nun von Schuld geplagt, und würde es mir nie verzeihen, wenn Giacomo Schaden davontrüge. Wenn Giacomo stürbe, mein geliebter Giacomo. Könnte ich jemals mit dieser Schuld glücklich werden, wieder lachen, ein Dîner genießen, lernen, das Leben bewältigen?

Es war irrsinnig kalt und nebelig in Venedig, und wir konnten vor Müdigkeit keinen klaren Gedanken fassen. In der Kutsche hatten sowohl mein Bruder als auch ich wirr, frierend und schwitzend geträumt trotz der beißenden Kälte. Da halfen auch die heißen Ziegel unter unseren Füßen nicht.

Giacomo war ruhig und gewiss, sein Unbill zu überstehen. Ihm war alles recht, solange er kein Soldat werden musste. Stirn und Hände waren schmierig feucht, die Lunge rasselte. Er schleppte sich unter Aufbietung aller Kraft in den Palazzo eines Freundes von Papa, des Marchese Friulani, und bezog zitternd vor Schwäche sein Bett, umgeben von Kohlebecken, heißen Ziegeln und feuchten Tüchern. Wir verantwortungslosen Dummerchen hatten mit dem Kopf in den Wolken agiert, ohne die Füße zu sehen. Dumme Gedanken, so sagt man, zahlen keine Steuern, und Verantwortung war uns in unserer Jugend noch kein Begriff. Aber zwischen Wollen und Tun liegt das unendliche Meer der Gedankenlosigkeit und vager Hoffnungen. Wie würde das Schicksal nun mit uns verfahren, würde Papa, unser geliebter Senatore, einen ungeplanten Schritt tun, der uns unserem Ziel ein Stück näher brachte? Wir hofften darauf.

Die Stadt stand satt und trotzend vor unserem Palazzo, eine Stadt der Tollkühnen und Mutlosen, die alten Paläste schwankten im Glockengeläute, das aus ihren Tiefen drang.

Gesegnete Augen, die diese verwitterte Pracht schauen! Diese Stadt ist eine Insel, eine andere Welt, in der man träumt, die man liebt in ihrer Zauberei, in der Zerrspiegel und Vorspiegelung den Ton angeben. Hier fühle ich die Unwirklichkeit meines Daseins noch mehr als zu Hause. Diese Stadt berückt die Seele in ihrem Mythos und ihrem Reiz. Ich sehe lachende Junge auf ihren Gondeln, hinfällige Alte, die um ein Almosen betteln, aufgedunsene Wasserleichen in der Lagune und die strahlenden Lichter in den Kanälen und Palästen.

Ich pomadisierte mein Haar und hörte Eulen aus einem Armenhaus klagen, die mir geradezu melodiös erschienen.

Papa aber hoffte auf den Beistand der heiligen Jungfrau und nutzte unseren Aufenthalt, um am nächsten Tag, es war der 21. November, bei der Prozession zur Erinnerung an die Pest Fürbitte um die Gesundheit seines Sohnes zu leisten, einzutauchen in eines der größten Feste Venedigs, bitten und beten für die Gesundung Giacomos, für seine baldige Genesung. Doppelt gebetet schien ihm doppelt erstrebenswert, weshalb ich ihn begleiten sollte, während sich die Marchesa und Gertrude um Giacomo kümmerten.

Also pilgerten wir den kurzen Weg zur Basilika Santa Maria della Salute, querten die hölzerne Brücke über den Canal Grande, die die Punta della Dogana mit der Kirche Santa Maria del Giglio verbindet. Unzählige Menschen wallfahrten hier jährlich, edel herausgeputzt in Samt und Seide, porzellanene Masken vor dem Gesicht. Die Kinder sprangen fröhlich und erfreuten sich an Zuckerwatte, Honiggebäck, Spielzeug und Marzipan, die entlang der Prozession von Händlern feilgehalten wurden. Die Menschen feierten und lachten, keiner dachte mehr an die Pest oder gar daran, dass auch die Fische des Dogen Gräten haben. Man feierte nach dem Motto »Wer schon frühmorgens schlechte Laune hat, behält sie den ganzen Tag!«, und das wollte niemand riskieren. Tausende bekreuzigten sich glücklich, und ein schmaler Streifen Sonne durchdrang die Düsternis des Novembertages. Orgelklang und engelhafte Stimmen berauschten das Ohr, ein überirdisches Funkeln und Flammen der Kerzen erhellte das Grau der Jahreszeit, feine Herren zeigten sich im Zobelpelz, die Damen in sündhaft teuren Roben. Eine überbordende Lebensfreude, Religiosität und Romantik erfasste alle, die an der Prozession teilnahmen. Jung und Alt, Reich und Arm, ein jeder wankte sinnestrunken in dem langen Zug. Die Ärmsten der Armen vergaßen ihre ungeheizten Kellerlöcher und die Heuschober, in denen sie nächtigten, die Wagenremisen und Scheunen, in denen sie kärglich hausten. Heute musste gefeiert werden. So manche Liebschaft bahnte sich an und fand ihr glückliches Ende nächtens in mit Lampions beleuchteten Gondeln, die wie Glühwürmchen auf den Kanälen tanzten. Man speiste und lachte, trank und sang, man servierte Fisch und Castradina. Und wir wankten erschöpft zu unseren Gastgebern, übervoll mit den vielfältigen Eindrücken, bang, wie es Giacomo wohl gehen würde. Ein Arzt musste her, was angesichts des hohen Feiertages nicht leicht war.

Doch der Marchese führte uns durch dunkle enge Gassen abseits des Festes. Sturmböen rissen den nächtlichen Himmel auf, wechselten sich mit Regengüssen von solcher Heftigkeit ab, dass ein Schornstein vor uns zusammenbrach und im aufgepeitschten Wasser hunderte Gondeln untergingen. Wir kämpften uns durch Morast und Brackwasser und erreichten endlich das Innere eines kleinen, schäbigen Hauses, erleuchtet von zwei zu einem schmalen Kanal hin offenen Fenstern, in denen Kerzen brannten. Ein Blick genügte. Wir befanden uns in einem Museum der Medizin.

Der Raum, in den man uns führte, war von balsamischen Düften erfüllt, die unseren Glauben an die Effizienz der Medizin förderten. In der Mitte des Zimmers befanden sich ein großer Schreibtisch, penibel aufgeräumt, und eine Vitrine voll mit Porzellantiegeln an der linken Wand. Unzählige lateinische Bücher standen in einem verstaubten Glaskasten oder lagen lose gestapelt auf dem Boden. Der Arzt bewegte sich durch die Hohlwege aus Papier wie ein Eber durch ein Rosenbeet. Drei schlafende Katzen beanspruchten die schweren Sessel für sich, woraufhin wir im Stehen mit dem Medikus sprechen mussten. Nach kurzer Überlegung bot er uns einen Kräutersud an und schärfte Papa ein, Giacomo noch einige Wochen ruhen zu lassen, der Sud und ausreichend Ruhe würden ihn genesen lassen. Erleichtert und voll Hoffnung machten wir uns auf den Heimweg zu Giacomo.

Dieser schlief einen unruhigen Traum in schwerem Fieber und lag dumpf darnieder. Wir flößten ihm vorsichtig die mitgebrachte übelriechende Medizin ein und begruben auf Anweisung des Medikus seinen Kopf in einem Eisbeutel. Von draußen drang festliche Musik in den Palazzo. Eine kalte Bora wühlte das Meer und die Lagune auf, wie auch unsere Seelen aufgewühlt waren.

Venedig bestahl durch eine lange Zeit seine Konkurrenten und wird wohl nun bald selbst von Napoleon bestohlen werden. Vorbei die Zeiten, als hier die Metropole der Dukaten und Zechinen war, afrikanisches Gold die Lust auf mehr steigerte, ein dunkler Ort der Drogen, ein Eldorado der Seide, die Kapitale der Baumwolle, Riesenballen, ganze Schiffe füllend, aus Syrien, und man sperrte die gierigen deutschen Kaufleute ins Fondaco dei Tedeschi, um sie unter Kontrolle zu halten, sie von den ertragreichen Geschäften mit der Levante fernzuhalten. Süßweine gab es von den griechischen Inseln, Öl aus Apulien, Getreide aus Neapel, schwere Weine für die Franzosen und Italiener, die leichten aus Istrien tranken die

Deutschen, Salz aus Zypern und aus der Adria und und ...

Im luxuriösen Salon des Hauses erinnerten grüne Wandmalereien an prächtige Gärten, schwere Möbel, mit kirschrotem Samt überzogen, luden zum Verweilen und Teetrinken ein, Teppiche mit goldenen Laubblättern lagen auf dem Fußboden und dämpften jeden Schritt. Ein weiterer Salon war weiß tapeziert, große Rosenblätter blühten auf dem Grund der Tapeten, goldene Leisten hielten alles zusammen. In den Fußboden waren kunstvolle Steinornamente eingelassen. Schwere Vorhänge verbannten das Leben und den Gestank der Kanäle aus dem eleganten Ambiente.

Der Marchese Friulani konnte bei aller Hilfsbereitschaft recht brutal sein und war deshalb ein guter Geschäftspartner meines Vaters. Sie handelten beide mit Glas aus Murano.

Beatrice, sein einziges Kind, begrüßte mich freundlich. Ihr Vater hatte sie ebenfalls in einer Klosterschule erziehen lassen. Sie machte mir große dunkle Augen, ein junger Mann war willkommen, ohne zu bemerken, dass ich ein Mädchen war. Meine Verkleidung war also vollkommen, niemand erkannte mein wahres Geschlecht. Ich wurde mir in meiner Rolle immer sicherer und schnürte mein Brustmieder immer enger, wichste meinen Oberlippenflaum immer dunkler. Meine Verkleidung war so perfekt wie die Masken Venedigs. Beatrice errötete verschämt, wenn sie mich sah, ich aber winkte mit gespielter Großmut ab.

Der Marchese ignorierte seine Frau bei jeder Gelegenheit, erzählte aber, dass er die Sommer mit seiner Tochter in den Hügeln des Veneto verbrachte. Friulanis Manieren waren hervorragend. Er behandelte uns mit ausgesuchter Freundlichkeit. Wir wurden mit venezianischen Köstlichkeiten wie einer delikaten Leber verwöhnt, die Diener waren stets zu Diensten.

Der Zufall, mein Freund, ergab, dass ein mit meinem Papa befreundeter Sekretär sich in Venedig langweilte, er war offensichtlich kein Romantiker. Während eines Besuches beim Marchese deutete er meinem Papa an, dass er von Herzen gerne eine Reise nach Wien unternehmen würde, gerne auch in unserer Gesellschaft, da er ja wusste, dass Papa mit seinen beiden Söhnen eine solche im Begriffe war zu unternehmen:

Lasst uns zusammen reisen, Senatore, eine solche Reise ist langwierig, mühsam und langweilig. Gemeinsam werden wir uns besser amüsieren.

Die Saat der Freude drückte sich in mein Herz, da ich wusste, dass Papa Giacomo in Venedig belassen musste, ihn nicht allein zurücklassen wollte und ich der Dinge erwartungsvoll harrte, die ich erhoffte und heimlich geplant hatte. Dass mir das Schicksal den Sekretär vor die Füße werfen würde, konnte ich nicht ahnen, doch hatte mein Glauben an eine unerwartete Wendung der Pläne des Senatore offensichtlich Berge versetzt.

»Ach, besser die Kinder sind schlimm, als sie liegen zu Bette«, stöhnte Papa. »Besser wir bleiben hier, als dass Giacomo stirbt.« Und da Blut nicht Wasser war, das Leben Giacomos stockte und der Wolkenhimmel nichts Gutes verhieß, war es beschlossene Sache, mich, den Sohn Francesco, mit dem Ehepaar Giuliani nach Norden reisen zu lassen, da mein Papa unser Geheimnis selbst vor den Giulianis streng hütete und mein wahres Geschlecht nicht verriet. Die Freude füllte mich, während sich die Abendstille über die Lagune legte, völlig aus. Mein Gemüt war dieser Begeisterung fast nicht gewachsen.

Die Nacht verbrachte ich in einem prächtigen Bett mit Gertrud, die mir liebevoll die Hände hielt, mein Haar krauste und meine Füße massierte. »Schau, mein Kind«, sagte sie zu mir, »das Glück und die Götter betrügen wie große Schurken, die sie auch sind. Deine Pläne sind mir nicht fremd. Ich hoffe, sie stehen dir zur Seite.«

6

Mein Herz rutschte mir vor Freude in die Magengrube und zuckte wie ein wild gewordenes Kaninchen, meine Schläfen pochten. Alles surrte und flirrte, ich hätte vor Freude schreien können.

»Giacomo, mein Liebster, alles ist perfekt. Du kannst hierbleiben und ich werde mit dem Sekretär und seiner Frau nach Wiener Neustadt fahren. Und natürlich mit Gertrud. Oder sollte sie nicht lieber dableiben und dich pflegen?« Giacomo hob abwehrend die Hand. »Lass sie bei dir. Du kannst sie noch brauchen. Sie ist deine größte Stütze.«

Giacomo flüsterte heiser: »Cara, pass auf dich auf, gib acht. Ich weiß nicht, wie du das alles anstellen willst, mit den Giulianis nach Wiener Neustadt, … du, eine Frau, ach Cara, aber dir wird es gelingen.«

Ich verbiss mir die Frage nach seinem Befinden, küsste seine heiße Stirne und packte meine Koffer. Der Schatten seiner Krankheit lastete auf meinem Glück.

Des Abends saßen Vater, Gertrude und ich mit unseren Gastgebern zu Tisch, Vater war mürrisch und besorgt. Ich wagte ihn kaum anzusehen, auf dass er es sich nicht anders überlegte. Wir hörten Giacomos Husten aus dem Nebenraum und flüsterten nur. Der Senatore hüllte sich ab dem Dessert in Schweigen, schloss mit Grandezza die Augen und bedeckte sie mit seinen Händen, als könnte er damit alles Unbill von sich ablenken. Selbst der Marchese und Giuliani verstummten zusehends und zogen sich dann zum Kartenspiel zurück, dem Papa fernblieb.

Wir zogen es beide vor, an Giacomos Lager Wache zu halten, und hofften auf das Wunder der Medizin. Dann war es so weit. Der Tag der Abreise war gekommen.

Ich verließ die fiebrige Luft der Lagune, den Todeswind und die Erhabenheit der Trostlosigkeit. Aber ich verließ auch den Malvasierwein, die Komödianten, die Musiker, die leichten Mädchen, die Akrobaten, die Gondolieri, die Stückeschreiber, Musiker, Sänger, die Theater, die Oper und all ihre Schutzheiligen. Bonaparte würde bald auch diese wunderbare Stadt zur Sklavin herabwürdigen.

Bald schon stellte es sich heraus, dass die Giulianis äußerst angenehme Reisegefährten waren. Nachdem ich mich von unseren Gastgebern und Papa verabschiedet hatte, Giacomo schlief noch, bestieg ich mit dem Ehepaar und Gertrud die Kutsche.

Der Sekretär war ein untersetzter Herr im mittleren Alter mit angegrautem Haar und einem weichlichen Doppelkinn, die Gattin eine kleine runde Venezianerin, immer fröhlich und arglos. Sie trug ein besonders schönes Kruzifix auf der Brust und verwendete viel Sorgfalt auf ihre üppigen rotblonden Haare. Beide waren in keiner Weise misstrauisch. Sie stellten mir nur die üblichen Fragen und gaben sich mit einfachen Antworten zufrieden. Ja, ich bin der älteste Sohn des Senatore, ich würde die Akademie in Wiener Neustadt besuchen, für mich habe Papa den Soldatenberuf gewählt. Zart und jung sehe ich aus, war das Einzige, was Signora Giuliani feststellte, und ich sollte auf meine Gesundheit achten. »Der Schutzgenius Mailands soll Francesco mit einem Ehrenkranz bekränzen«, warf Gertrud in schlechtem Italienisch ein und alle lachten. Wenn wir in kleinen Gasthöfen übernachteten und die Signora mit mir in allerengste Berührung geriet, griff ich in

Besorgnis nach dem Schlagwerk meiner Brust und hoffte, nicht im Hemd überrascht zu werden. Also beschloss ich, das Mieder auch nachts zu tragen, und redete mir ein, dass die Schwellung meiner Büste nur durch ein Versehen zu Tage treten würde. Also hieß es gut aufpassen. Tage und Wochen vergingen, in denen ich meine Stimme möglichst dunkel erklingen ließ, was mir leichtfiel, weil ich ein dunkler Alt war. Die Signora kicherte und schnatterte und zeigte stolz mit einem Anflug von Verführungskunst ihre wie Hefeteig aufgequollenen Brüste in engen Miedern. Ich lächelte unverbindlich und dachte an meinen Körper, der durchtrainiert und schlank war. Aber ich konnte nicht im Stehen pinkeln. Eine Herausforderung im Zusammenleben mit dem Sekretär, der sich mir des Öfteren anschließen wollte, wenn ich den Abort aufsuchte oder hinter einem Heuschober mein Geschäft verrichten musste. Und erst das Blut, das regelmäßig nachts kam, einem angeborenen Gesetz folgend, wie Rosenblätter auf spätem Schnee. In den nächsten Jahren musste ich lernen, wie durch Zauberhand unzählige Laken zum Verschwinden zu bringen.

Wetterbedingt nahmen wir die Route Gemona, Tarvisio, Villach, Judenburg, Leoben, Bruck an der Mur und dann den Semmering. Dann hatten wir die lachenden Fluren hinter uns gelassen und waren wir im stillen, ernsten Österreich angekommen.

Stundenlang nur das holpernde Geräusch der Räder, dann und wann eine Pause, schweißnasse Nächte, wenn mein Frauesein tags zuvor fast aufgeflogen wäre. Doch alles blieb glücklicherweise verborgen, alles blieb geheim, ich gewann an Sicherheit und Gertrud half stets. Sie ließ es sich nicht nehmen zu erzählen, wie mutig ihr kleiner Francesco schon immer war und dass mir bestimmt eine ehrenvolle Karriere im Dienst des Kaisers bevorstand. Dabei schmunzelte sie und drückte mich fest. Alles war mir recht, was mich nicht wieder hinter Klostermauern brachte. Meine Angst vor den Salesianerinnen verlor mit jeder Station in Richtung Wiener Neustadt an Bedrängnis. Mit Schaudern dachte ich jedoch nächtens daran, hinter diesen Mauern zu verrotten, dachte an die Schatten in den Korridoren, an ersticktes Gemurmel und verdeckte Hast. Auf unserer langen Reise wurde mir das Herz oft bang, wenn ich an das Klosterleben dachte und inständig hoffte, in die Akademie aufgenommen zu werden, die Giulianis davon zu überzeugen, mich nicht nach Wien, sondern nach Wiener Neustadt zu bringen.

Die Giulianis lösten bei mir widerstrebende Gefühle aus. Einerseits waren sie freundliche, unterhaltsame Reisebegleiter, andererseits verbrachten wir viel Zeit auf engstem Raum zusammen. Ich kam nicht zur Ruhe und war stets auf der Hut. Die Vorsicht schloss ein, dass ich mir angewöhnte, in einen Napf zu spucken und von Zeit zu Zeit eine Prise Schnupftabak zu nehmen.

Gertrude fluchte, dass man auf dieser verdammten Reise von Flöhen aufgefressen werde. Obendrein gab es in den Gastwirtschaften auch Mücken und Wanzen. Mit ihrer Gesundheit stand es nicht zum Besten, aber sie jammerte nur in Maßen: ‚Herrgott, diese Nahrung, diese Luft, außerdem verliere ich einen Zahn. Dem allen habe ich nichts zu entgegnen und werde schweigen.' Was ihr nicht schwerfiel, denn die Giulianis verstanden kein Wort Deutsch.

In Villach, einem verschlafenen Ort, begaben wir uns in das beste Haus am Platz, bezogen unsere Zimmer und suchten dann die von Rauch dunkel gefärbte Stube mit dem offenen Kamin auf. Wir fanden uns in einer Gruppe von Schaustellern wieder, die landauf, landab Possen und Stegreifspiele zum Besten gaben. Ich witterte Gefahr, denn diese Menschen waren des Verstellens mächtig, und ich traute ihnen zu, meine Maskerade zu durchschauen.

Der Prinzipal war offensichtlich schlecht bei Kasse und überredete den Sekretär und mich, einige Runden Würfel zu spielen, in der Hoffnung, auf diese Weise zu etwas Geld zu kommen. Er sah in uns wohl tölpelhafte Opfer seiner Durchtriebenheit. Der Sekretär schützte nach dem Abendbrot Müdigkeit vor, mir ließ der Prinzipal diese Ausrede nicht gelten und er knöpfte mir einen Batzen Gulden ab. Wütend wollte ich mich zu Bett begeben, da ich ihn verdächtigte, gemogelt zu haben, da nahm er meine Hand, betrachtete sie lange und gab mir verschmitzt den Tipp, doch Handschuhe zu tragen, da sie ein untrügliches Zeichen meiner Weiblichkeit wären. Da er mich nicht weiter belästigte, nahm ich mir diesen Hinweis in Zukunft zu Herzen, trainierte meine Hände, um sie muskulöser werden zu lassen, und trug, wo immer es schicklich war, Handschuhe.

Am nächsten Tag setzten wir unsere Reise fort und durchquerten dunkle Wälder, befuhren einsame Straßen, kamen an kleinen, kargen Gehöften vorbei und näherten uns schließlich Wiener Neustadt. Mir wurde vage klar, warum die Anfänge der Zivilisation im vorderen Orient lagen. Hier musste man mit Mühe Fruchtbarkeit erwirtschaften und die Kälte im Winter tat ihr Übriges. Gebeugte Menschen traten aus gebeugten Hütten und beäugten unsere Kutsche.

Und dann, ein früher Nachmittag an einem engen Pass, der sich Semmering nennt, riss die Wolkendecke auf und ein tiefblauer Himmel spannte sich über den Horizont. Armselige Häuser, Keuschen und Bäume warfen ihren Schatten bald nach Mittag, der Wald war eine fahl beschienene undeutliche Masse. Dann: Stimmen wie ein heiserer Jupiter. Halb verhungerte Gesellen in zerlumpter Kleidung, drei morsche Stämme quer über den engen Weg. Die Signora schrie, der Sekretär griff zur Pistole, der Kutscher suchte nach seinem Gewehr. Eine Flucht war unmöglich, der Pass war zu schmal und unsere Pferde scheuten. Die Signora und Gertrude kreischten, während ich aufgeregt schwitzend die Situation verfolgte. Einige Schüsse fielen, die mageren Gestalten drohten und schrien Unverständliches. Aber unsere Gegner verfügten nicht über bemerkenswerte physische Kräfte.

Bedrängt und aufgeregt erkannten wir jäh unsere kritische Situation und die Brüchigkeit des irdischen Daseins. Der Sekretär und der Kutscher feuerten chaotisch auf die dunklen Gesellen. An der Vaterschaft unseres unerwarteten Erfolges war wohl die Armut unserer Wegelagerer beteiligt, die, wie es schien, mit nur einer einzigen rostigen Pistole Beute machen wollten. Das Ergebnis dieses Anschauungsunterrichtes war ein voller Erfolg unseres Widerstandes. Die zerlumpten Kerle trollten sich wie eine Schar von Narren, die ihr sinnloses Spektakel konfus verließen. Vor diesen Donnerkeilen einer gefährlichen Reise hatte Papa den Sekretär gewarnt, ihm eine funkelnagelneue Pistole mitgegeben und uns immer wieder daran erinnert, dass wir zerbrechlich sind wie Glas, wenn wir die uns beschützenden Städte verlassen.

Als wir das Abenteuer überstanden hatten, war ich erstmals erfüllt von der drängenden Gier des Lebens und bemerkte auf dem schmalen Pfad eine Lache von Blut.

Sie sind des Teufels, diese Wegelagerer, keuchte der Sekretär aufgeregt. Eine Pest für anständige Reisende.

Doch dieses zerlumpte Pack war eine Wahrheit, die den Mächtigen wohl kaum in den Kram passte. Während wir Privilegierte ein Leben in Wohlstand und Zeremonien führten, gab es eben auch diese bedauernswerte Seite der menschlichen Existenz. Die Mehrheit der Bevölkerung war bitterarm und konnte von der Arbeit ihrer Hände kaum leben. Die Mächtigen, Erfolgreichen verwalten ihre Länder wie große Landgüter, holen heraus, was herauszuholen ist, und treiben zuweilen auch Raubbau und Plünderung, um ihren Lebensstil zu finanzieren. Damals wie heute wird es immer wieder Elend, Verbrechen und Unterdrückung geben. Die Macht, die Gier und die Prunksucht sind böse Schwestern, denen beizukommen eine ewige Aufgabe bleibt. Eine Tatsache, die ernsteres Nachdenken verdient und wohl auch tief in der menschlichen Existenz verwurzelt ist. Wenn die gelehrten und aufgeklärten Herren auch erkannten, dass die Besitzlosen wohl kaum alleine aus ihrem misslichen Geschick emporsteigen konnten, verdächtigte ich sie doch immer wieder selbst, bloß Aufsteiger zu sein, die nach Geld und Ansehen strebten, um sich dem Adel gleichzustellen. Doch dann dachte ich wieder an mich, den Krieg, an Napoleon und an meinen heißen Wunsch, für Österreich zu kämpfen und möglichst schnell nach Wiener Neustadt zu gelangen.

Müde bin ich alte Frau nun in meinem Bett und lächle zuweilen über das junge Mädchen, das ich einst war. Ungestüm und zornig, mit einem ausgeprägten Gerechtigkeitssinn. Die politisch-militärischen Umstände waren so undurchschaubar, wechselhaft und grausam, dass auch mein kluger Papa oft zögerte, eine eindeutige Meinung zu artikulieren.

Später in meinem Leben erkannte ich, dass Napoleon, unser Feind und Antagonist, wahrscheinlich, wie er selbst sagte, zu spät geboren wurde. Immer mehr Menschen dachten frei und selbständig und wünschten echte soziale Verbesserungen und keine leeren Versprechungen. Ein Alexander ließ sich noch Sohn Gottes nennen, was heute jeden zum Lachen bringen würde. Kann denn ein Herrscher heute noch Großes leisten? Nein. Erasmus, Pascal, Voltaire untergruben das Vertrauen der Menschen in die Unfehlbarkeit Gottes und seiner königlichen Stellvertreter. Das macht die Herrschenden ratlos. Der französische Sonnenkönig vergrößerte Frankreichs Besitz noch wesentlich, während Napoleon Frankreich kleiner zurückließ, als er es vorgefunden hatte, und obendrein zum großen Schaden für seinen Ruhm nicht einmal Handlanger wie Molière und Racine zu seinen Verehren zählen konnte. Dafür hatte Napoleon allerdings Goethe zum Verehrer.

Heute als alte Frau frage ich mich: War die Revolution das Werk entarteter Menschen? Ich weiß es nicht. Ich habe viel erlebt, aber nicht alles verstanden. Die berühmtesten Helden der Revolution waren, grob gesagt, kindisch oder hassenswert. Ihre großen Gedanken waren vielleicht läppisch und ihre Hoffnungen kümmerlich. Ihr Gesellschaftsvertrag war ein Gefängnis für die weiterhin unterdrückten Massen, die hochtönende Beredsamkeit bestand aus Lügen. Ihre Versprechungen waren ein Schwindel. Die Girondisten – kleine Spießer. Die Bergpartei – Menschen ohne Leben. Danton war käuflich, Robespierre ein Scheusal. Die anderen schwitzten vor Angst oder wurden grausam vor Angst. Gewaltsame Revolutionen fordern unbarmherzig ihren Blutzoll. Doch der Mann von Granit, wie Goethe Napoleon nannte, machte mit alledem Schluss. Die Franzosen dankten es ihm vorerst ergeben. Im Land herrschten wieder Friede und Ordnung, das Blut floss jenseits der eigenen Grenzen. Aber er erschuf auch den modernen bürgernahen Codex, der wohl bleiben wird. Leider legte dieses an sich so wünschenswerte Gesetzeswerk im Namen der Natur die absolute Überlegenheit des Mannes in der Ehe und des Vaters in der Familie fest, während er die Frau und Mutter juristisch handlungsunfähig ließ. Die Frau war nach der Verheiratung kein verantwortlicher Mensch mehr. Voilà, das war die große Befreiung für die Hälfte der Bevölkerung. Mit der Eheschließung wurde die *femme* vollends rechtlos.

Altes Geld wurde gegen neues getauscht und die Armen blieben Kanonenfutter für Napoleons Geltungsdrang und Hunger nach Thronen.

Doch zurück zu meiner Fahrt nach Wiener Neustadt.

Den ärmlichen Lumpenkerlen waren wir entgangen und wir setzten unseren Weg klopfenden Herzens fort. Wie durch einen Türspalt konnte ich Wiener Neustadt sehen, einer verbotenen Kammer gleich in den sich lichtenden lilafarbenen Wolken. Die Düfte der Föhrenwälder rochen mir ungewöhnlich. Wohin man sah, waren trockene Böden, Heideland, Sand und Schotter. Vereinzelt entdeckten wir Rübenfelder und Weingärten. Die Signora, die bis jetzt verängstigt geschwiegen hatte, meinte, dies alles hier sehe doch recht dürftig aus. Ich widersprach ihr heftig, als ich westlich der Stadt meiner Träume – völlig unerwartet in dieser weitläufigen Ebene – ein markantes Bergmassiv entdeckte, mit mehreren sehr hohen Gipfeln und steilen Bergflanken, dann ein tiefes Tal und einen weiteren hohen Berg, ebenfalls mit Schnee bedeckt.

»Verehrteste, seht Euch doch diese gewaltigen Berge an, welch ein Wunder. Sie stehen hier wie aus dem Nichts.« Diese Berge würde ich bei Gelegenheit besteigen, nahm ich mir heimlich vor, was ich dann auch später wirklich tat; südseitig bestieg ich den Hengst, den Fadenstein und den Kaiserstein. Ich erschloss mir in den folgenden Jahren das Höllental und den Schneidergraben. Glück, Staunen, Träumen. Alles war zum Greifen nah. Die Berge, die Akademie, die guten Reitgelegenheiten. Alles, wonach ich mich so viele Jahre gesehnt hatte, bot sich mir verführerisch an. Bis jetzt war alles ein Spiel. Doch nun sollte es ernst werden, sie rückte näher: die Wiener Neustädter Burg und die Theresianische Militärakademie.

Herzog Leopold von Österreich gründete diese kleine Stadt unweit von Wien, weshalb sie auch Wiener Neustadt genannt wurde, mit dem Beinamen der »Allzeit Getreuen«. Die Stadt bewährte sich stets mutvoll für ihren Landesherrn, heißt es.

Während wir uns diesem geschichtsträchtigen Boden näherten, sahen wir einen herrenlosen Jagdhund, der zwischen Hecken Wachteln aufstöberte. Wir hielten kurz an und pfiffen nach dem Tier, das auf der Stelle stehen blieb. Ich streichelte ihm das ruppige Fell, der Hund beschnüffelte mich gründlich, dann schaute er mir mit seinen goldenen Augen in die meinen, knurrte misstrauisch und floh entsetzt. Kurz überlegte ich, ob ich ihm folgen sollte, ließ aber dann davon ab. Ich wollte immer gerne einen Hund haben, doch nun wäre mir ein solcher ungelegen gewesen.

Wir setzten unsere Reise in den matschigen Straßen eine Vorortes zwischen Lehmhäusern und roten Ziegeldächern fort. Man roch den Dunst von Melken und Schweinemist. Plötzlich hörten wir einen Ruf: »Franzel!« Es blieb uns keine Zeit, einem Kuhfladen auszuweichen, der aus einem Stall wohl irrtümlich auf die geöffnete Kutsche geworfen worden war und mich mitten im Gesicht traf. Ein weiteres Geschoß platzte direkt auf die Brust der Signora Giuliani. Das weckte das Ehepaar aus seiner Betäubung, in der es sich seit dem Überfall befand, und die Signora ließ einen Schwall venezianischer Schimpfworte hören. Wir stiegen aus der Kutsche und reinigten uns an einem kleinen Bach, so gut es ging, wobei ich darauf achten musste, mein Oberlippenbärtchen nicht zu entfernen. Da sich weder der ruhmlose Werfer noch der ominöse Franzel zeigten, bestiegen wir unser Gefährt wieder und fuhren unter dem Gelächter der Bauersleute davon.

Noch morgen verlasse ich diesen unmöglichen Landstrich, empörte sich die Giuliani und hatte es dann am nächsten Tag sehr eilig, mich bei Doktor Haller, meinem Quartiergeber, abzusetzen und schleunigst nach Wien weiterzufahren.

Das kam mir sehr entgegen. Am nächsten Vormittag, im Gasthof zur blauen Gans, hatten die beiden Giulianis ihre Fassung wiedergewonnen, diktierten ein kurzes Schreiben an den ehrenwerten Herrn Haller und übergaben mich damit ohne Weiteres seiner Fürsorge. Francesco Scanagatta sollte das Ehrenkleid des Soldaten anziehen, sich in den Kriegswissenschaften ausbilden und dann militärische Rangstufen erklimmen.

Ich ordnete noch im Gasthof meine wenigen Wertsachen, ordnete Halsketten und Ringe, die bis jetzt in einem samtenen Beutel verstaut waren, Kleider und Frauentand, Erinnerungen an die verschwenderischen Tage des Luxus und des Frauseins in Mailand. Ich trennte mich leichten Herzens von Samt und Seide, Gold und Edelsteinen und verschenkte das Bündel an Gertrude, die es für ihre weiteren Unternehmungen gut brauchen konnte.

»Nun heißt es Abschied nehmen«, seufzte die Signora, drückte und herzte mich, während der Sekretär mir kräftig auf die Schulter schlug. Wie war ich glücklich, dass sie mich in Wiener Neustadt absetzten! Gertrude küsste mich auch augenzwinkernd und begab sich unverzüglich in einer alten Postkutsche auf einen Besuch in ihre bayrische Heimat, die sie schon lange nicht mehr gesehen hatte.

Doktor Haller empfing mich überaus freundlich und gleich zum Essen; und wie jeder galante Europäer sprach er zuerst auch über kulinarische Angelegenheiten, dass Fleisch frisch und rot und Wildgeflügel nicht zu lange abgehangen sein sollte und Obst und Gemüse täglich am Speiseplan zu stehen hätten. Dabei lächelte er und machte einen durchaus zufriedenen Eindruck. Er freute sich über meine guten Deutschkenntnisse und schöpfte, was das Wichtigste war, keinerlei Verdacht. Immerhin war er Arzt; somit traute ich ihm zu, meinen Schwindel zu entlarven.

Haller musste sich hier bei der Akademie nicht den Entbehrungen des Feldlebens anpassen, dennoch war er, obwohl er um die Künste und Verführungen von Keller und Küche wusste, eigentlich fast ein Asket im Essen und Trinken.

Er trank ein Glas ungarischen Rotweins, bediente sich maßvoll an einem Wildgericht und empfahl seinem Schützling, schimmerndes Fleisch zu essen, um groß und stark zu werden. Er erzählte mir, dass mein verehrter Herr Papa, der Senatore aus Mailand, ein guter Freund eines seiner Wiener Freunde sei, mehrere Briefe hätten deshalb den Weg über die Alpen genommen und endlich seien beide über die Bedingungen meines Aufenthaltes völlig ins Reine gekommen. Es war noch nicht Winter, das Wetter strahlend kalt und für einen Spaziergang in der weitläufigen Anlage der Theresianischen Militärakademie wie geschaffen.

Im weitläufigen Park befanden sich Kugeln gewaltigen Ausmaßes, die ich mir nicht erklären konnte.

Doktor Haller nutzte die Gelegenheit, seinem neuen Schützling allerlei über die Geschichte und die Besonderheiten der Akademie nahezubringen.

Die untersten Räume der Burg dürften schon in frühester Zeit zur Unterbringung von Gefangenen gedient haben. Jedenfalls befanden sich dort, wo heute Wohnungen zu finden sind, bis zum Erdbeben von 1768 Gefängnisse und Verliese. In diesen Gefängnissen lagen große steinerne Kugeln, an welchen die Ketten für die Gefangenen befestigt waren. Graf Kinsky, der Direktor der Akademie, den ich noch bald kennenlernen würde, er sei gerade in Wien, habe diese Kugeln im Park aufstellen lassen und damit auch die Mauerbrüstungen verziert, erzählte er nicht ohne Stolz.

Bevor ich mir noch mehr anschauen konnte, wurde der Arzt, mein Quartiergeber, an das Lager eines Kadetten gerufen, der von einem Hund gebissen worden war. Er schüttelte den Kopf über den volkstümlichen Aberglauben, dass die Tollwütigen sich schließlich dem Tier anglichen, von dem sie gebissen worden waren. Er stellte fest, dass der junge Mann fieberte, und es gebe nur ein Mittel: Warten.

»Ist das alles, was man tun kann?«, fragte ich.

»Die Wissenschaft gibt nicht mehr her«, erwiderte Haller mit Bitterkeit. »Man kann nur auf Gott vertrauen.«

Ich vertraute nicht nur auf Gott, sondern, wie es meine Art war, immer auf alles, was irgendwie Hoffnung zu machen vermochte. In der Stadt gab es noch einen Arzt, einen Apotheker, fünf Barbiere, die zur Ader ließen, aber auch durchziehende Wunderheiler und Hexenmeister, wie Haller mir erzählte. Blutegel anzulegen war ein probates Mittel, doch Doktor Haller ging sparsam damit um. Er hoffte, die unreinen Leibessäfte des jungen Rekruten würden sich aus der Wunde ableiten lassen, und vertrieb einen Bader, der eilig herbeigeholt worden war und die Blessur mit seinem eigenen Urin reinigen wollte. Er verschrieb dem Unglücksraben zwei lösende Einläufe und hoffte darauf, dass das Fieber zurückgehen würde. Tage später ging es dem armen Wurm so schlecht, dass sich feurige

Geschwüre an den Knöcheln gebildet hatten, die Haut war von Senfumschlägen und Blasenpflastern wund, die ihm Rekrutenkollegen aufgelegt hatten, sein Magen war wie saures Fleisch verdorben. Er litt an Schwindel, Konvulsionen, Krämpfen, hatte Schaum in den Mundwinkeln und wälzte sich vor Schmerz jaulend am Boden. Haller schüttelte bedauernd den Kopf und erklärte mir, die Wissenschaft sei eben noch nicht so weit, derartige Erkrankungen zu heilen. Alle anderen Anwendungen seien blanke Scharlatanerie. Der junge Mann schlug heftig um sich, sein kupferrotes Haar stand ihm verschwitzt zu Berge. Das war sein Ende, und das zeigte mir deutlich die Grenzen der medizinischen Kunst.

Derweilen ich die Unbill des Lebens hier so plötzlich und vor allem sein Ende so dramatisch kennenlernte, konnte ich es mir im Haller'schen Haushalt recht angenehm gestalten, bevor ich Kinsky kennenlernte und meine Ausbildung antrat.

Haller hatte eine reizende Gattin und zwei fast erwachsene

Töchter, die hier in diesem keinesfalls mondänen Ort ein bodenständiges friedliches Dasein lebten. Ansässige Handwerker erzeugten, was sie brauchten, wurden von kleinen, aber gediegenen Geschäften beliefert und bezogen reichlich frisches Obst und Gemüse aus dem westungarischen Umland, desgleichen vollmundigen Wein. Man gab mir ein reizendes Zimmer mit Alkoven, das glücklicherweise von den Räumen der Familie etwas separiert gelegen war. In der lärmenden

Küche werkte eine junge ungarische Frau namens Agnes und sprach ein entzückendes Kauderwelsch aus Ungarisch und Deutsch. Da niemand genau wusste, aus welchem westungarischen Dorf sie eigentlich stammte, stellte auch niemand entsprechende Fragen. Agnes schlachtete alle Wochen einen Ziegenbock, der sich stets zu sterben wehrte und dennoch seinem Schicksal nicht entging. Sie stach ihm die Augen aus und schnitt ihm die Hoden ab, diese Stücke schmeckten ihr selbst am besten. Die Magyaren waren wohl ein martialisches Volk. Bei ihrer Arbeit sang sie ungarische Volkslieder und obwohl wir sie nicht verstanden, hörten wir hingerissen ihrem klaren Sopran zu.

Frau Haller war eine schwerfällige, gutmütige Dame mit blasser Haut und blonden Haaren. Ihr Gesicht war von kleinen Warzen übersät und ihre Hände von dunklen Flecken. Sie spielte das Spinett auf reizende Weise und war die gute Seele des Hauses. Der tüchtige Haller fand bei ihr Rückhalt, die prunkfreudigen Töchter ihr einfühlsames Verständnis.

Ich aber dachte an die Salesianerinnen in Wien und zweifelte nicht daran, dass sie meinen Papa bald davon verständigen würden, dass ich erwartet worden, aber nicht angekommen sei. Seine Reaktion war voraussehbar. Der Skandal auch. Doch vorerst war ich dort, wo ich sein wollte, und harrte der Dinge, die auf mich zukamen. So trug ich auch schon stolz meine Kadettenuniform, die mir prächtig stand und die ich schon vor meiner endgültigen Einschulung anzog, um mich im Städtchen adäquat zu präsentieren. Ich durchschritt die Anlage wie ein Gockel und gefiel mir in der Anerkennung, die mir von der Bevölkerung zuteilwurde. Doktor Haller überließ mir freundlicherweise auch sein Reitpferd, einen Falben, und ich sah mich im weitläufigen Park der Akademie um. Friedrich III. hatte diesen angelegt und er bestand aus Wald, Wiese und dem Kehrbach, wo sich auch in alten Zeiten überall Damwild aufgehalten hatte. Historisch gab es eine Mauer um den Park mit den Initialen AEIOU über dem Einfahrtstor. Es gab das Ungartor und den Neuklostergarten und einen Füllenhof. Am Ende der verlängerten Allee war die Reiherbeize in einem ausladenden Eichenwald. Des Weiteren gab es eine Sommerreitschule, Spielplätze für die älteren Zöglinge, eine englische Reitschule, ein großes Rondeau und beim Bach eine Fleche. Auch fand sich eine Sternschanze, in welcher im September die Artillerieübungen abgehalten wurden. Jenseits der Sternschanze lagen die sogenannten italienischen Wiesen, die der Direktor, um ausreichend Heu zu gewinnen, bewässern ließ. Links von den Spielalleen waren botanische Anlagen mit inländischen und exotischen Baumpflanzungen mit blechernen Namen der Bäume versehen. Rechts von der großen Promenade erstreckte sich das Mailspiel, eine lange Kugelbahn. Des Weiteren befand sich auf dem Gelände das Havannahaus mit einem angeblich unverbrennbaren Dach. In diesem Haus befand sich eine Seidenwürmerzucht, die von einem Offizier beaufsichtigt wurde. Die Seidenwürmer wurden auf zwei Hurden mit Maulbeerblättern genährt, worauf die Kokons dann in Kesseln gebrüht wurden und die Seide abgewunden wurde. Ich staunte. Zahlreiche Brunnen sollten uns Zöglingen die Hydraulik nahebringen. Rechts von der Parkallee waren auf der Schusswiese Scheiben zum Kanonenschießen samt Schulterwehr und Zielerhütte. Auf der nach dem Maierhofe führenden Straße war rechts der zum Schwimmen, Schwemmen, Schifffahren und Eislaufen bestimmte große Teich, durch eine aus großen Quadern gebaute und mit zwei Toren geschlossene englische Schleusenkammer in Verbindung. Sonnenuhren, Schmelzofen und Artillerielaboratorium fanden sich ebenfalls auf dem Gelände. Über einem Dünghaufen entdeckte ich Stege zur Übung der Zöglinge. Kesselbatterien und Spielplatz zur Erbauung der Zöglinge fanden sich ebenfalls. Die mittlere Querallee wurde von Maximilian angelegt, durch die man damals zur Winterreitschule gelangte. Graf Kinksky legte die feuchten Wiesen trocken und pflegte Wildvögel und Wild. Mein Herz lachte. Ich war im Paradies gelandet. Beim Abendessen sagte ich Haller, wie ich die Bemühungen Kinskys schätzte, welches Wunderland er seinen Rekruten schenkte. Noch nach Jahrzehnten war mir bewusst, welches Privileg ich genossen hatte, dort ausgebildet zu werden.

Doch vorerst verbitterte mir eine noch zu erwartende Prüfung mein Glück. Papa hatte geschrieben und sein Ankommen angekündigt, während ich mit meinen Mitkadetten, ohne noch aufgenommen zu sein, mit Pistolen auf Scheiben schoss.

Der Dom war das geistliche Zentrum der Stadt, das die Gläubigen mit Ehrfurcht besuchten. Das Hochamt liebten sie von Herzen und hofften immer darauf, dem Bischof zu begegnen, der mit seiner Leibesfülle, ausgehöhlt von bösartigem Asthma, nur kurze Predigten zum Besten gab. Bei zahlreichen offiziellen Feiertagen, bei denen seine Abwesenheit undenkbar schien, schleppte er sich an die Stätte seines Wirkens und hielt dennoch Distanz, was ihn zu einem überirdischen Wesen machte.

Doch nun war es für mich an der Zeit, mich mit der Gründung dieser ehrwürdigen Akademie zu befassen, bevor ich meinem Leiter, dem Grafen Kinsky, gegenübertreten sollte. Doktor

Haller zeigte mir einen Handzettel Maria Theresias aus dem Jahr 1751, auf welchem sie ihre Absicht zur Installierung eines adeligen Kadettenhauses darlegte. Fürst Eszterházy wird darin befohlen, Graf Daun abzustellen, den sie als ersten Direktor vorgesehen hatte. Zwei Jahre später wurde südlich der Burg eine Zentralakademie neu errichtet, jedoch mangels Geld wurde der Bau dann wieder eingestellt. Die St. Georgskapelle mit ihren beindruckenden Fensterscheiben und den Kreuzen des Maria-Theresien-Ordens sollte ich noch oft mit meinen Mitkadetten aufsuchen und bewundern.

Nun war ich, nachdem mich Kinsky kurz beäugt und nach einigen harmlosen körperlichen Übungen für gut befunden hatte, vorläufiger Externist, wohnte bei Hallers und kam nur zum Unterricht in die Burg.

Der Graf war ein ruhiger, überlegter Mann mit einer Aura natürlicher Autorität und widmete mir nicht mehr Zeit, als ihm notwendig erschien. Ich war glücklich, denn auch ihm fiel nicht auf, dass ich ein Mädchen war. Nun, er bemerkte meinen zarten Körperbau und spielte kurz darauf an, meinte aber, die gute Küche der Frau Haller würde mich schon etwas kräftiger werden lassen. Ich nahm mit Demut seine aufmunternden Worte an und vermied es, die Augenlider wie ein Mädchen schamhaft zu senken. Die leichte Röte, die mir ins Gesicht schoss, versuchte ich durch eine besonders gerade Haltung zu kompensieren. Kinskys fast priesterliche Würde verfehlte bei mir keine Wirkung. Barmherziger Gott im Himmel, betete ich, lass mich hierbleiben. Lieber falle ich tot um, als zu den Nonnen zu gehen. Tagelang verbarg ich vor der Ankunft meines Vaters, meines rächenden Beschützergottes, vor den Hallers und den Kadetten meine Befürchtungen, bewegte lautlos im Gebet meine Lippen und lächelte reflexhaft mit großen Pupillen.

Ein harter Winter war da. Schnee erstickte Park, Burg und Stadt, das Land lag wie in einem Sarg eingeschlossen. Unsere Ausbildung fand, abgesehen von reizenden Schlittschuhfahrten auf dem Teich, in den Räumlichkeiten der Burg statt. Zuvor hatte ich noch eine Aufnahmsprüfung zu bestehen: Reiten, Schießen, Geometrie, Mathematik, o süße Pfänder meines Glücks – ich bestand vorzüglich. Ein Geschmack von Verbitterung war nicht zu tilgen, wie würde Papa mit Haller und Kinsky unter Aufbringung bester Manieren das Missgeschick der Verwechslung dartun? Mein Schicksal schien nach einigen glücklichen Wochen wieder einmal besiegelt. Währenddessen stieg meine Anerkennung für Doktor Haller, der ein besonders freundlicher Mann und wissenschaftlich geschulter Arzt war.

»Die Patienten überlassen uns Ärzten ihre Körper«, sagte er, »aber nicht ihre Seele. Uns geht es wie dem Teufel, der sie Gott streitig machen will.«

Haller war Freigeist wie Kinsky und mit dem berühmten Sonnenfels ebenso befreundet. Ich war erst einige Wochen bei den Hallers zu Gast, als er uns besuchte, um mit seinem Freund die höchste akademische Ehre – er wurde Rector magnificus der Universität Wien – zu feiern. Bei Tisch durfte ich dabei sein, ohne mich aber am Gespräch zu beteiligen, ich Grünschnabel wäre mir nur vorlaut vorgekommen. Die Herren sprachen über die innere Staatsverwaltung, das neue Strafgesetz, über den Tatbestand des Hochverrats, der über dem Land wie eine Geißel lag, Aufwieglerei und Aufruhr. Sie sprachen von der Zeit der großen Erwartungen in diesem Land, einer Dekade der ständigen Morgenröte. Mit einem Ausdruck von Wehmut erinnerten sie sich an die Pressefreiheit, dass die Leibeigenschaft aufgehoben worden war und jedermann seine Religion ausüben konnte. In Wien gab es überall Kaffeehäuser und Zeitungen aus dem Ausland, und bei einem

Kaffee um zwei Kreuzer debattierten die Herren mit gepudertem Haar über Gott und die Welt. Doch wie immer gab es auch Übertreibungen und Schattenseiten dieser neu gewonnenen Freiheit. Sonnenfels lachte und erinnerte sich:

Wien wurde von einem Taumel der Schreibwut ergriffen, das lang gehemmte Mitteilungsbedürfnis brach sich seine Bahn. Partisanen der Aufklärung stürmten vor, um für die kirchenreformatorischen Bemühungen des Kaisers eine Lanze zu brechen. Ihnen zur Seite sprang aber allerlei Kläfferzeug, das auch die ernstesten Fragen skurril abhandelte. Ätzende Nörgelei und skandalträchtige Gassenbubenfreude überschrien sich gegenseitig. Haller schüttelte bedauernd den Kopf. »Nun ist alles anders, nun herrscht Angst vor dem Pöbel und der Revolution.« »So ist es«, sagte Sonnenfels, »und mit jedem Sieg der Franzosen wird die Angst größer. Wo Angst herrscht, hat es die Vernunft schwer.«

Ich lauschte dem Gespräch mit Neugier und Wissbegier und schenkte den Herren regelmäßig vom Roten ein. Agnes servierte Kalbsbraten, Karotten und Erbsen mit linkischen Bewegungen und verschüttete die Suppe zu Beginn des Dîners zu ihrem Entsetzen auf dem damastenen Tischtuch. Frau Haller hatte sie gewarnt, ruhig und umsichtig zu sein und die Herren nicht zu stören, nun hatte sie das Gefühl, ein Verbrechen begangen zu haben, obwohl Haller und Sonnenfels milde lächelten und das Malheur nicht beanstandeten. Aber die Bewegungen von Agnes wurden noch hektischer, bis sie weinend in der Küche saß und Frau Haller die Bewirtung übernahm. Derweilen ging das Gespräch der Herren ruhig weiter.

»Was macht die kleine Greiner?«, fragte Haller Sonnenfels. »Sie entwickelt sich gut, sie hat Talent, zu schreiben, und ist vielseitig interessiert.«

»Gut, dass du sie protegierst. Frauen lässt man selten an die

Feder.« Frau Haller brachte eine mächtige Torte als Dessert und Doktor Haller holte eine Flasche Süßwein aus dem Keller. Donnerwetter, dachte ich mir, in Wien gibt es Männer, die Frauen fördern.

Dann wurde noch angeregt über die Wiener Salons geplaudert, vor allem über den der Fanny von Arnstein. So erfuhr ich peu à peu ein wenig über das Geistesleben und über die Gesellschaft von Wien. Später hinterbrachte man mir, dass der charmante und kluge Sonnenfels auch viele Feinde hatte, die ihm die Ehre abzuschneiden versuchten, was ihnen aber nicht gelang. Zu groß waren seine Verdienste unter der Kaiserin gewesen.

»Mein Gott, immer versucht man mich als Illuminaten darzustellen, was ich doch nun wirklich nicht bin. Ich bin bloß gegen die Rotte der Vernunftantipoden«, sagte Sonnenfels. »Jedenfalls freue ich mich immer in Wiener Neustadt zu sein, zumal ich hier auch gerne wohnte, als man mich in Wien nicht gerne sah.«

»Kein Wunder«, lachte Haller, »du warst auch rechtschaffen radikal in deinen Forderungen.« »Was heißt hier radikal? Unsere Reformen waren fortschrittlich und hätten auch in Frankreich jede Revolution verhindert. Bei uns gibt es eben kein Frankreich. Bei uns gab es die Abschaffung der Folter und der Todesstrafe. Meine Ideen gefielen Maria Theresia und Joseph. Nach ihrem bedauerlichen Hinscheiden kam ich in arge Nöte. Das höfischkirchliche Kreuzfeuer erwischte mich voll und ganz. Der Chotek und der Migazzi haben mich als Nikolsburger Juden verunglimpft. Da kann man wie ich dreimal getauft sein.«

»Aber bist du nicht ein wenig weit gegangen, dagegen zu polemisieren, dass die Kirche durch das Beichtgeheimnis Mörder in Schutz nimmt?«

»Mir ging es um das kirchliche Asyl und nicht um das Beichtgeheimnis«, meinte Sonnenfels, »aber lassen wir es gut sein. Die

Zeiten haben sich geändert. Jetzt gibt es einen jungen Helden namens Napoleon, der noch auf der Kriegsschule sagte: Ich werde den Franzosen so viel Schaden tun als nur möglich. Er kann immer noch nicht lupenrein Französisch parlieren und verwechselt die Wörter, aber nun scheint er eine Kehrtwende gemacht zu haben. Die Franzosen vergöttern ihn, und er hat wohl die Zeit der Demütigungen auf der Kriegsschule hinter sich gelassen.«

Haller wusste über Napoleon weniger Bescheid als Sonnenfels, doch hatte er einen Geistesblitz.

»Tja, niemand hat den Deutschen bis jetzt so geschadet wie Friedrich der Große. Er hatte eine starke Abneigung gegen alles Deutsche, wohl seit den Prügeln von seinem deutschtümelnden Vater. Friedrichs Widerstand gegen alles Deutsche kam auch in kleinen Dingen zum Ausdruck.«

So plauderten sie über die Großen der Welt, während ich immer wieder daran dachte, dass ich bald wieder im Kloster sitzen und keine klugen Tischgespräche mehr hören würde.

Jaja, Sonnenfels war damals um die 60 Jahre alt, gegen mich uralte Person heute ein junger Spund, und soll noch nach dem Ende des Wiener Kongresses im Juli 1815 vom Kaiser zu seiner Kommissionsarbeit befragt worden sein und einen Arbeitsbericht vorgelegt haben. Was er bei uns am Tisch noch nicht wusste: dass sein großer Plan einer Verbindung von Kameralwissenschaft und politischer Gesetzgebung endgültig scheitern würde. Ich habe es in den politischen Journalen verfolgt.

Doch damals, als die Herren Haller und Sonnenfels den Tisch aufhoben, ging auch ich zu Bett, während der Mond bleich schien; und es war mir klar, dass ich noch eine Menge zu lernen hatte. Und ich hoffte wider alle Vernunft, dass mir diese Gnade zuteilwerden würde.

Frau Haller wusste von dem, was die Herren besprachen, wenig und hielt sich diskret im Hintergrund. Sie litt an der fliegenden Hitze und hatte die Angewohnheit, nachts aufzuwachen, ihr schweißgetränktes Nachthemd zu wechseln und bis zum Morgengrauen nackt durch das Haus zu wandeln. Sie war leicht zu erregen, flatterte dann aufgeregt durch Zimmer und Flure, war aber ansonsten von mütterlicher Güte. An ihre nächtlichen Ausflüge gewöhnte ich mich rasch und vermied es tunlichst, mein Zimmer zu verlassen.

Mir aber hatte das Leben bis jetzt hinreichend Anlass gegeben für die Erkenntnis, dass kein Sieg endgültig und keine Niederlage die letzte ist. Sonnenfels hatte es so treffend ausgedrückt.

Mit Erstaunen stellte ich im Haller'schen Haushalt fest, dass Bürger im Unterschied zu Aristokraten stets um gesellschaftliche Behauptung kämpfen. Als Aristokrat kam man mit der damit verbundenen Würde zur Welt, und damit basta. Mit diesem Selbstbewusstsein schloss man, wenn es schlecht herging, auch verarmt und krank die Augen.

Das machte vor allem Frau Haller zu schaffen. Ein Tee hier, eine Einladung zum Sticken dort, und all das mit stockendem Atem, ob die Einladung auch von einer Nobilität ausgesprochen worden war. Und werden die Eingeladenen, die Wichtigen, erscheinen und Glanz in die Hütte bringen? Hochmut, Minderwertigkeit, Angst und Misstrauen regierten. Die wichtigste Dame führte das Wort, sie saß am Ehrenplatz und die anderen nickten stumm, alle redeten respektvoll mit ihr. Dann das höfliche ängstliche Verstummen, der gesenkte Blick. Eine Zeitlang fragte ich mich, ob dies eine österreichische Eigenschaft oder die im Bürger angelegte Natur war. Derlei war uns Aristokraten fremd. Auch bei uns gab es Rituale, aber über die Rituale der Bürgerlichen musste ich manchmal lachen. Man hörte nie ein lautes Wort, für mich als Italienerin ein wahres Wunder. Eine unverständliche emotionale

Beschränkung. Was gab es Schöneres, als seinem Temperament freien Lauf zu lassen, wie es meine Mama so gerne tat?

Mein Lieber, worauf hättest du Lust? Meine Teuere, was kann ich für dich tun?

Man war ein wenig stolz, und man war ein wenig eitel. Es herrschten Verantwortungsgefühl und Zurückhaltung. Sie lebten und sie liebten sich und nahmen mich freundlichst auf, als wären sie Zelebranten eines überpersönlichen Rituals. Alles war Ritual: Das frühe Frühstück, denn Haller musste in die Akademie, das dreigängige Mittagessen, das etwas kargere Abendessen, das Gesellschaftsleben, der Kontakt zwischen Kindern und Eltern, alles war geregelt durch unabänderliche Rituale. Als hätte der Herrgott persönlich ihnen aufgetragen, ständig Rechenschaft über alles und nichts abzulegen. Mir schien, als ob alle diese Rituale, die Arbeit, die Ehe, der Tod, eine tiefere Bedeutung hätten als in unseren Kreisen, die wir eine gewisse Leichtigkeit des Seins an den Tag legten. Sie waren die typischen Vertreter einer neuen Klasse, die nichts falsch machen wollten. Sie verrichteten in gewisser Weise eine verfeinerte Zwangsarbeit des Zusammenlebens.

Das Haller'sche Haus war zwar viel kleiner als unseres in Mailand, aber gepflegt und modern eingerichtet; der schöne Lebensmodus in einer Kleinstadt, der verantwortungsvolle Beruf Hallers, alles musste einer tieferen Bedeutung und einem höheren Befehl entsprungen sein.

Man stemmte sich gegen die plebejischen Kräfte der Welt, erst recht nach der großen Revolution in Frankreich, die das Selbstgefühl verderben mochte und zu dubiosen Freiheiten verlocken konnte. Dennoch war Haller Freigeist in dem Sinn, dass er seinen Verstand und sein Mitgefühl gegenüber uns Zöglingen auch im Interesse des selbständig denkenden Kinsky gebrauchte. Das Leben da draußen außerhalb der geschützten kleinen Stadt war verdächtig und gefährlich. Widerstand war gefährlich. Die geopolitische Situation war gefährlich. Man passte sowohl im Haus als auch in der Akademie auf das ungestörte Funktionieren heikler und grausamer Gesellschaftsmaschinerien auf, man fertigte Sehnsüchte ab, disziplinierte die menschlichen Triebe. Ich hatte damit keine Probleme und sah in dieser rigiden Ordnung als Betrügerin widerspruchslos meine Möglichkeit, Soldat zu werden, wenn mir Papa keinen Strich durch die Rechnung machte.

In der Nacht vor der Ankunft meines Papas kam das Bild, das ich mir immer von ihm gemacht hatte, wiederholt ins Wanken; ich spielte das kommende Drama im Kopf durch und hoffte auf die Überzeugungskraft meines italienischen Wesens; überdies machte mir die schöne Agnes in der Blüte ihrer Jugend seltsam liebliche Augen, die ich mit einem sphinxhaften Lächeln parierte, während ich mit meinen Dämonen in dieser kleinen Stadt im Schatten der mächtigen Berge rang.

Als reinigendes Opfer gegen meine Betrügerei besuchte ich täglich gewissenhaft die Frühmesse in der Sankt Georgskapelle und war mir wohl bewusst, dass ich hätte beichten sollen, welche Ungeheuerlichkeit ich da eingefädelt hatte. So verbarg ich meine Verzweiflung vor allen Kadetten, Lehrern und den Hallers und setzte wie immer auf die Allmacht der Hoffnung, des Glaubens und der Liebe. In besagter Nacht vor Papas Ankunft schwitzte auch ich schlaflos und war in meinen schwärzesten Momenten davon überzeugt, dass keine Ozeane oder Gebirge, keine irdischen oder himmlischen Gesetze, keine Höllenmacht mich retten konnte. Meine ins Maßlose gesteigerte Schwärmerei für alles Kriegerische hatte mich bis hierher gebracht und mich vor der Pforte des Klosters gerettet. Bis jetzt. Hatte ich meinen Traum, meine Berufung bald ausgeträumt? Agnes hatte mir einen Tunnel gezeigt, der das

Haller'sche Haus mit der Burg verband, und in den beabsichtigte ich zu flüchten, wenn mein Schicksal besiegelt sein sollte. Was ich dort machen sollte, wusste ich noch nicht. Ich schüttelte den Kopf. Auch wenn man mich totschlägt, ich gehe nicht ins Kloster! Im Morgengrauen befand ich mich jenseits dieser peinigenden Angst, mein Puls wurde ruhiger, mein Atem langsamer. In zwei Stunden würde Papa eintreffen, und wenn ich die Augen schloss, sah ich seine silberne Perücke und seinen schimmernden Rock. Und so wie Öl und Docht das Licht in meiner Kammer nährten, so nährte meine Liebe zu Papa meine Hoffnung, ihn umstimmen zu können.

7

Ich hörte noch aus dem Arbeitszimmer Doktor Hallers »puella mia filia Francesca« im unbeholfenen Latein des Senatore. »Francesco puer est«, replizierte Doktor Haller darauf und riss verwundert die Augen auf. So ging ein im schlechten Latein geführtes Gespräch zwischen diesen beiden Männern hin und her, das mich trotz heilloser Angst in unerklärliche Heiterkeit versetzte, denn die beiden redeten auf drolligste Weise aneinander vorbei. Doktor Haller nahm an, dass Papa die männlichen und weiblichen Formen durcheinanderwarf, der Senatore konnte sich nicht verständlich erklären. Vorerst war ich entzückt, wie ich da versteckt hinter der Tür lauerte und das seltsame Gespräch belauschte. Doch dann riss Papa der Geduldsfaden und seine donnernde Stimme rief laut nach mir. Kleinlaut erschien ich in meiner weißen Uniform und spürte den eisigen Schweiß an meinen Haaren kleben. Ich hielt vor Angst bebend seinem Blick stand. Sein vertrautes Gesicht war unfassbar verändert, als wären alle Züge ineinandergeronnen und hätten sich zu einer fremden Fratze neu geformt. Um ihn schienen viele Fuß Luft, die man nicht durchdringen konnte. Sein Gesicht war hager vor Anstrengung und Aufregung und seine Augen funkelten wütend. Oh Gott, wie sehr hatte ich mich schuldig gemacht. Das Strafgericht würde nicht lange auf mich warten.

Er nahm mich an der Hand und zerrte mich ins Städtchen, wo er gewiss war, dass uns niemand kannte, und blickte mich böse an.

»Ich bin schon fast ein alter Mann und fürchte die Falten auf meiner Stirn. Und was machst du? Du zerstörst meinen Lebensabend, die Ehre meines Namens und das Glück deiner Mutter.«

Erbarmungslos packte er meinen Arm und schlug auf meine Uniform.

Porca miseria, was hast du dir dabei nur gedacht?«

Und ohne der Panik Zeit zu gewähren, brach ich in wohlkalkulierte Tränen aus, die kein Ende nahmen und Papa in einen Zustand der Fassungslosigkeit versetzten. Ich gab mich meinen tiefsten Gefühlen hin, tremolierte nach Lust und Laune mein Geschluchze und beherrschte Papas Herz mit einer solch italienischen Wucht, dass es seinen Verstand mit der Zeit vernebelte. Mein Vater war ein Mann von Dramatik, aber auch von Prinzipien. In seinen offenen Augen schimmerte die Klarheit des Kaufmannes und aus der Ernsthaftigkeit, mit der er die Dinge des Lebens betrieb, stammte auch die Klarheit der Liebe zu seiner Tochter. Offensichtlich war ich derart dramatisch, dass sein Zorn verebbte und seine Züge immer milder wurden. Hatte mein Wille den Sieg errungen?

In den folgenden Stunden fanden wir beide zu einer Art von Ruhe, die es uns erlaubte, ehrlich und aufrichtig miteinander zu reden.

Papa erkannte, dass mein leidenschaftlicher Ausbruch ein Liebesbeweis war, dass ich einen klaren Willen besaß, und er sammelte die Scherben seiner inneren Verfasstheit mit der ihm eigenen Grandezza ein.

»Cara, wenn du hierbleibst, dann musst du auf deine Jungfräulichkeit achten.« »Ich weiß, Papa.«

»Du musst dich immer gut verkleiden, auf Anstand und Sitte achten und dich mit niemandem gemein machen.«

»Ja, Papa.«

»Was auch immer in dir stecken mag«, seufzte er, »versprich mir, dereinst zu heiraten.« Ich hätte alles versprochen.

»Ja, Papa.«

Es war ein Sonntag und ich hatte keine Schule. Während wir am Domplatz standen, wurde der Bischof im großen Ornat in einer Sänfte zur Stätte seines Wirkens getragen. Man hörte die Bässe der Orgel aus dem Dom hallen.

Dann setzte eine absolute Stille ein, wie das Präludium zu einem Wunder. Wir setzten uns in die letzte Reihe der Gläubigen, hielten uns verstohlen an der Hand und eine gesungene Messe ließ keinen Raum für neue Überlegungen. Als der Bischof den Mund öffnete, erstarb ihm die Luft in seiner Brust und er schaffte es nicht auszuatmen. Er fiel mit dem Kopf vornüber auf den Boden und schnappte wie ein Fisch am Land nach Luft. Das Hochamt war beendet, meine Zeit bei den Nonnen auch. Die Diskussion war beendet und in die für mich richtige Richtung gelaufen.

»Ich werde dich vermissen und kein Tag wird vergehen, an dem ich mir um dich keine Sorgen machen werde.«

»Papa, ich liebe dich und ich danke dir. Sprich mit niemandem darüber, außer vielleicht mit Mama und den Brüdern«, wobei ich ihm verschwieg, dass mein Bruder bereits mein Mitwisser war.

»Wir schreiben uns regelmäßig.«

»Ja, das werden wir tun.« Das taten wir auch wöchentlich. Aber was Papa mir von zu Hause berichtete, erfüllte mich mit Sorgen. Im Lauf der Zeit schrieb er mir, dass das Volk und die Noblen sowohl gegen die Österreicher als auch gegen die Franzosen opponierten. Viele erhofften sich eine Einheit Italiens, wurden aber von Napoleon enttäuscht, der auch die Wirtschaftskraft des Landes schwächte, unser Land ausbeutete. Der junge kleine Zwerg aus Korsika, der Außenseiter, der Geächtete ... Als Adelige trug ich wohl mehr Humanität in meinem Herzen als dieser Niemand mit seinem großen Talent.

Es bilden sich Geheimbünde in Mailand, schrieb mir der Senatore, die Jakobiner, die Freimaurer, christlich konservative Bünde und die süditalienischen Carbonari. Napoleon presste die Lombardei mit Steuern und Zöllen aus, woraufhin die berühmte Tuchindustrie fast bankrottging. Kirche, Händler, Bauern und Volk waren gegen die Franzosen. Der Unmut wurde so groß, dass der französische Finanzminister gelyncht wurde. Doch vorerst schloss mich Papa in Wiener Neustadt beim Abschied in die Arme, seufzte, schloss mich wieder in die Arme und sagte: Ich kann es mir kaum erklären, aber ich bin auch stolz auf dich. Da Giacomo krank ist und kein Talent zum Offizier zeigt, halte doch wenigstens ich die Familienehre hoch. Guido macht mir Sorgen.« Ich fragte nach, er schüttelte lediglich traurig den Kopf.

Als ich wieder in meiner Kammer war, lächelte ich erleichtert und bewegte lautlos meine Lippen vor Freude, denn ich wollte niemandem in diesem stillen gesitteten Haus Anlass zum Misstrauen geben. Diese Nacht lag ich vor Freude wach und bedachte nach allen Seiten, was es bedeutete, als einzige Frau auf einer Kriegsschule zu sein. Es war ein Wunder, es war unglaublich, einzigartig, vielleicht auch abartig in den Augen der Menschen, aber ich war glücklich, dass ich mich auch daran erinnerte, wie sehr ich meine Familie liebte, dass mein geliebter Bruder bei unserem Onkel auf dem Land wieder gesundete. Wie leicht es doch fällt, Abwesende zu lieben. Mein Herz taute wie der Schnee, der späte und unerwartete. Was über den schwermütigen Winter vereist gewesen war, taute wie mein Gemüt. Das welke Gras, die Rossknödel, das abfallende Laub, Mäuse, Ratten und Vögel, Unrat, Pferdekadaver, alles stank und verweste, um dann wieder die Düfte des Frühlings sich entfalten zu lassen.

Wir Zöglinge waren winterblass, die Lippen rau, sodass uns Doktor Haller Lebertran verschrieb und Winteräpfel in rostige Nägel steckte.

Agnes erzählte und plapperte, genierte sich nicht zu offenbaren, wie sie vom Stallknecht entjungfert worden war und dass sich ihre beiden Brüder auf einem Dachboden in der Heimat erhängt hätten. In ihrer Welt gab es keine Sünden und keine Reue, beichten ging sie nur, wenn sie bei der Agape fette Kringeln zu essen bekam; und wenn ihr doch ein paar Tränen über die Backen rannen, wanderte sie stets wieder froh einen schmutzigen Pfad zu ihrem Liebsten.

Mal zog der Teufel ihre Fäden, mal betete sie versunken zur Jungfrau. Agnes war keine Frucht zu dürr, sie nicht auszupressen, kein Knochen zu kahl, ihn nicht abzunagen. Sie behandelte mich, wie die jungen hübschen Dienstboten die männliche Herrschaft so gerne umgarnen, um einer Vergünstigung wegen oder aus purer Lust. Unsicher, kokett, etwas linkisch. Als westungarische Bauerntochter hatte sie viel zu lernen und büffelte den vermeintlichen Reichtum Hallers wie den Katechismus, den sie nur mit Mühe buchstabieren

konnte. Wo sie herkam, hatte man nur ein Kleidungsstück, hier fanden sich ganze Sammlungen von Kleidern, Röcken, Blusen, Schürzen, Unterröcken, Miedern und dergleichen noch viel mehr. In ihren Augen sammelten die Reichen alles. Nicht nur Kleidung, auch Möbel, Tischwäsche, Silber, Bücher, Teppiche und vielerlei nutzloser Kram befanden sich im Haller'schen Haushalt so wie in allen Bürgerhäusern.

»Das Ganze nur gut für Handwerker und Verkäufer«, meinte sie. »Doktor Haller hart arbeiten muss dafür. Warum?«

Sie kannte nur gestampften Lehmboden, hier wurde der schöne Holzboden gewachst. Sie wuchs mehr in einer Grube denn in einem richtigen Haus auf, doch für sie bedeutete das nicht nur Elend. Einem Kind ist auch der Dreck recht, in dem man sich wälzen konnte, der Dreck, den man nicht abwaschen musste, der wochenlang in verfilzten Haaren klebte und die Nägel schwarz färbte. Wozu sollte man sich waschen? Und wenn doch, war Seife ein seltenes und kostbares Gut. Nur den Erwachsenen war die Armut eine Keule, schlimmer als die Räude oder die Diphtherie. Für Agnes lagen in unseren Seelen fixe Ideen, die sie staunend zur Kenntnis nahm. Für sie hatten wir von allem mehr als nötig. Unsere Diener in Mailand hatten niemals solche Armut kennengelernt wie Agnes aus dem westungarischen Nest.

Ein Subalterner aus der Akademie rasierte Haller täglich um sechs Uhr am Morgen. Er brachte eine Wildlederhülle mit und Rasiermesser englischer Herkunft. Ich verweigerte dezidiert seine Dienste mit dem Hinweis, dass ich keinen Fremden an meine Kehle ließe. Herrje, irgendwie kam ich mir oft vor wie eine Ausgeburt des Satans, die nur dazu da war, um andere zu narren. Doch lange hegte ich solche Gefühle nicht.

Durch Agnes erfuhr ich mehr vom wirklichen Leben der Mehrzahl der Bevölkerung, mehr als in der Akademie, bei den Nonnen, den Hallers oder gar zu Hause. Agnes öffnete mir die Augen, wie es ist, Schnecken zu sammeln, weil es nichts zu essen gibt im nördlichen Wind. Lüsternheit, Gier und Bescheidenheit vermischten sich bei ihr mit trotziger Kindlichkeit und Berechnung. Sie war derb und doch zierlich, verhungert und dennoch maßvoll.

Wenn ich mich nun als alte Frau an meine Zeit an der Kriegsschule erinnere, verbrachte ich wunderbare, glückliche Jahre zwischen 1794 und 1797. Die Hallers gaben mir nie das Gefühl, fremd zu sein. Sie gaben mir Wärme und Respekt, sodass ich mich trotz des ewig schlechten Wetters in Wiener Neustadt wohler fühlte als zu Hause.

Das Versteckspiel mit meinem Geschlecht war äußerst erfolgreich, da ich als Externistin nicht gezwungen war, die Schlafräume der übrigen Zöglinge zu bewohnen. Außer Kost und Wohnung teilte ich mit den Zöglingen jeglichen Unterricht, musste mich in die Ordnung der Schule fügen, was mir nicht schwerfiel, denn alles, was wir lernten, spornte mein Interesse noch mehr an. Diebisch freute es mich, mich mit den jungen Männern zu messen, und die Aussicht, als Offizier ausgemustert zu werden, ließ mein Herz springen. Francesco, der Name, unter dem ich aufgenommen worden war, verwandelte sich im Laufe der Zeit in das österreichische Franz, worauf ich diesen Namen offiziell annahm. Die Haller'schen Töchter wurden mir zu wahren Schwestern mit dem großen Unterschied, dass ich mit ihnen nicht stricken und sticken musste. Sie verwöhnten mich als Bruder, eine Rolle, an die ich mich erst gewöhnen musste, nachdem sie erkannten, dass ich lieber lernte, als sie auf Bälle zu begleiten.

Ihre alte Kinderfrau versorgte mich mit Süßigkeiten und allerlei anderen Annehmlichkeiten. Sie war das Erzählen nie leid und polierte das Spinett, das auch die Töchter ganz leidlich schlugen. Margarethe und Sophie schöpften glücklicherweise nie Verdacht über mein Geschlecht. Ich war schon geübt darin, den männlichen Habitus zu imitieren. Schwieriger war es, die monatliche Blutung vor meinen Mitbewohnern geheim zu halten. Ich führte darob genau Kalender und schützte mich schon einige Tage zuvor, auf dass kein unerwartetes Malheur passieren konnte, um nicht den Hornissenblicken der Frauen ausgesetzt zu sein. Mein Bett bezog ich selbst. Wenn dennoch ein Malheur passierte, machte ich Agnes weis, dass ich an heftigem Nasenbluten litt und im Bett verkehrt schlief. Dann kaufte ich, um sie zu bestechen, für sie am Markt diversen Süßkram, Zuckerstangen und Nüsse. Bei Agnes war ich mir nie sicher, was sie wusste oder ahnte, da sie ihre

Koketterie mir gegenüber recht unerwartet aufgegeben hatte. Mir schien, sie verschloss ihre Augen, wollte nicht wissen, wo Anfang und Ende der Dinge waren, die mit ihr und mit uns geschahen.

Papa schickte mir ein anständiges Taschengeld, mir mangelte es an nichts. Meine Briefe waren voll des liebevollen Überschwanges, Mamas Briefe eine einzige Suade aus Angst und Befürchtungen. In jedem Schreiben warf sie ihre ganze moralische Autorität in die Waagschale und schalt mich meiner Ausbildung wegen. Sie thronte in ihrem gewohnten Reich und quälte sich auf dem kristallenen Fels ihrer Tradition. Als brave Ehefrau gehorchte sie ihrem Mann, dem Senatore, und nahm die Situation hin, wie sie war, wenn sie auch ihr Weltbild und alle Konventionen auf den Kopf stellte. Papa war neugierig und stellte kluge Fragen und ging sogar so weit, mich zu loben, wenn meine Zensuren wieder einmal bestens waren.

Das Wetter wurde besser und wir übten uns an der angelegten Schanze in der Feldbefestigung im Artilleriewesen. Ein junger, etwas ungeschickter Kadett namens Carolus Cordani, ebenfalls ein Italiener, stellte sich dabei so unvorsichtig an, dass man nicht nur sein zufällig in der Nähe stehendes Pferd schlachten musste, sondern dass das wunderliche Aussehen seines Gesichtes nach dem schweren Sturz zu seinem Abgang von der Akademie führte. Oberarzt Haller flickte ihn notdürftig, und es war nicht zu erwarten, dass er seine Jugendjahre in Gesellschaft hübscher Frauen verbringen würde. Ein weiterer Zögling, Coelestin von Weberhausen, erlitt einen Blinddarmdurchbruch, den man zu spät erkannt hatte. Er wurde auf dem Friedhof der Burg beerdigt, weil eine Überfahrt nach Böhmen angesichts strömenden Regens und lehmverschmierter Wege nicht möglich war. Ursprünglich waren wir 90 Zöglinge und fünf Frequentanten, nun aber reduziert um die beiden Pechvögel.

Angesichts des Zustandes der Welt setzte unser »Vater« Graf Kinsky alles daran, uns seine Schlaflosigkeit nicht merken zu lassen, von der mir Haller vertraulich erzählte: dass er nachts durch die verlassenen Räume der Burg wandelte, vom Mondschein verklärt. Auf seinen Schultern ruhte auch die Zukunft Österreichs angesichts der jungen Herren, die er zu Verantwortungsträgern nach bestem Wissen und Gewissen erziehen wollte. Angeblich sah man ihn auch zuweilen in den Pferdeställen, wenn am Vortag ein Pferd krepiert war oder eine Stute bald fohlen sollte. Ein Diener beobachtete ihn unter freiem Sternenhimmel und erzählte davon, wie er sich an das Blitzen von Kinskys Zähnen im Mondlicht erinnerte. Kinsky schien nie zu schlafen. Seine Sorge galt dem Staat, der Akademie, den Schützlingen, zuallerletzt ihm selbst. Als Adeliger hatte er ein durchaus bürgerliches Selbstverständnis von Arbeit und jedes hohle Vornehmtun war ihm fremd. Er regierte seine Burg nicht für sich, sondern für seine Schützlinge und für den Staat. Einem borrnierten Vater erklärte er, er sei nicht Vater an sich, sondern Vater seines Sohnes.

Kinsky sprach: »Beider Rechte reichen nicht weiter, als glücklich zu machen. Ihr eigenes Glück müssen sie in dem Vergnügen finden, das Glück ihrer Söhne gemacht zu haben. Ich kann also den Beruf meines Kindes nicht bestimmen: Ich soll ihn leiten! Ich soll also nicht sagen: Du wirst Soldat, du wirst mir in meinem Amt folgen. So fordert es das Ansehen deiner Familie. Besser man sagt: Dieses sind die Vorteile des Soldatenstandes, dieses seine Beschwernisse …«

Ich dachte an Papa und wie sehr er im Sinne Kinskys an mir gehandelt hatte. Kinsky besaß ein großes, edles Herz und sein Wirken paarte Verewigtes, Wahres und Gutes mit hohem Enthusiasmus. Um den Charakter seiner Eleven zu festigen, förderte er einfühlsam Mut, Ausdauer und Vaterlandsliebe. Diese Eigenschaften benötigten wir auch angesichts der verqueren Weltenlage und Napoleons monströser Herrschaftsansprüche. Kinsky brachte uns auch politischen Scharfsinn nahe, dass Napoleons Raubzüge auf dem Kontinent nur dazu dienten, die britische Reichsbildung zu schwächen. Es ging ihm nicht um Freiheit, Gleichheit und Brüderlichkeit, es ging ihm darum, das Empire zu schwächen. Mit der Kriegserklärung eröffnete er eine neue Phase in dem vielhundertjährigen Ringen zwischen England und Frankreich. Und da die Franzosen das Inselreich von Herzen hassten, viel mehr als Preußen oder Österreich, die für sie nur Schachfiguren waren, nein, es herrschte ein grimmiger Volkshass, forderten sie die Vernichtung des modernen Karthago. Pitt nahm den Fehdehandschuh widerwillig auf, als Belgien besetzt und Holland von den Franzosen bedroht war. Doch dann, in der Folge, wurde England zur Seele des Widerstandes. Der Anfang wurde 1794 mit einer englischen Flottenexpedition nach den französischen Inseln in Westindien gemacht. Dies alles und noch viel mehr lernten wir an der Akademie. Und natürlich vor allem auch, wie wir ihm militärisch beikommen könnten. Nicht gerade ein leichtes Unterfangen, da er ein militärisches Genie war und die *levée en masse* unzweifelhaft große Vorteile mit sich brachte.

Wer focht des Kaisers Kriege? Eine Frage, die nicht eindeutig zu beantworten war. Es war die leidige Finanzkraft, die über Söldner und Soldaten verfügte, wobei eben der Geldbeutel nicht zuletzt über die Heeresstärke entschied. Oft genug war es völlig unklar, ob verstreut genannte Zahlen die ganze Armada des Kaisers umfassten oder nur einen Teil, etwa die im Feld stehenden Truppen oder die einzelnen Heereskörper. Ein Problem waren auch die notorischen Divergenzen zwischen Ist- und Sollstärke. Die Verteidigung des Heimatbodens übernahmen traditionell die von den Landständen organisierten und bei Gefahr einberufenen

Aufgebote zu Pferd oder zu Fuß. In Böhmen wurde erst 1808 die deutschböhmische Landwehr installiert. Auch die Landrekrutenstellung war ein Thema, das wir in der Akademie besprachen.

Doch Kinsky ließ uns auch diverse Vergnügungen zuteilwerden, die mich, obwohl sie mich begeisterten, in arge Verlegenheit versetzten. »Morgen um drei ist Schwimmunterricht«, sagte der Sportlehrer. Ich schickte ein Stoßgebet zum Himmel. Und wieder war ich gezwungen, unter dem Hemd diesmal meine Brüste mit Tüchern so eng zu umspannen, dass man sie im nassen Zustand nicht erkennen konnte. Als diese Aufgabe gelöst war, tat ich mich in diesem Sport besonders hervor.

Ich war heftig entflammt für den Unterricht und übte mich mit Leichtigkeit in den Fächern Latein, Deutsch, Englisch, Französisch, Mathematik und Geometrie. Dem Studium der Waffenlehre unterzog ich mich mit besonderer Freude, auch das Exerzieren ermüdete mich nie, Infanterie und Reiterei samt deren Regeln begeisterten mich. Man kann also sagen, dass ich in aller Bescheidenheit der beste Schüler meines Jahrganges war. Um wie viel mehr lernte ich auf dieser höheren Schule als bei den Nonnen! So schulte ich Körper und Geist auf wunderbare Weise. Kochen gehörte Gott sei Dank nicht dazu. Meine zarte Gesundheit stählte sich, die Übungen an der frischen Luft zeitigten Wirkung. Mein Eifer war unermüdlich, und meine Dankbarkeit für die hervorragenden Lehrer wuchs von Jahr zu Jahr. Frauen wie mich gab es weltweit wenige, weder was die Schärfe des Verstandes noch die Ertüchtigung des Körpers betraf. Und da sollte mir doch niemand mehr einreden, wir seien das schwache Geschlecht. Man musste uns nur lassen, fördern und unterstützen. Ich war glücklich in dieser Anstalt und bereute meinen Entschluss keinen Augenblick. Was manche Schüler an schierer Körperkraft aufzuweisen hatten, machte ich mit Wissen und Geschicklichkeit wett. Ich bewegte mich in den ehrwürdigen Mauern und außerhalb mit angeborener Leichtigkeit, gespielter Mannhaftigkeit und eleganter Gewandtheit. Niemand schöpfte Verdacht. Meine Reitkünste waren wohl von seltener Art, niemand konnte außer mir mit dem entsprechenden Schenkeldruck ein zu lahmes Tier anfeuern, ein zu feuriges Tier mit den Zügeln bändigen. Wenn ich mein früheres Leben, umsorgt als Aristokratin, schwelgend im Luxus, mit meiner nun spartanischen Lebensweise verglich, dann wusste ich, wohin ich gehörte. Hierher in die Theresianische Akademie. Hier war mein wirkliches Leben, obwohl auch ich damals zu Tränen, Poesie, Fieber und Liebe fähig gewesen wäre. Cremen, Pflaster und Reifröcke vermisste ich nicht. Später unterstellte man mir, ich hätte mich in heldenmütiger Ausdauer geübt. Ach was. Ich war glücklich, dankbar und begeistert. Und ich kam gut mit meinem Körper aus. Egal was Papa sagte, ich wartete nur auf den richtigen Moment, seine Möglichkeiten und Geheimnisse zu entdecken. Doch davon später. An Heldenmut kann ich mich nicht erinnern. Mir war es kein Nachteil, dass sich späterhin das weibliche Leben mit seiner Sanftmut, Weichheit und Zartheit in die Geräuschkulisse des Kriegs- und Feldlebens vertauscht hatte, dass Härte, Rauheit, Ernst und Strenge dominierten. Die Entbehrungen des Soldatenstandes erschienen mir wie eine Erlösung von zweifelhaften weiblichen Tugenden und Firlefanz. Wohnung, Kleidung und Speisen waren zweckmäßig und entsprachen meiner Lebenseinstellung.

Als Jahrgangsbester hatte ich dank des Lehrstoffes, der mir auf der Akademie beigebracht wurde, all die Kenntnisse und Eigenschaften, die man von einem Offizier verlangt. Papa nahm an der Festlichkeit teil, bei der man mich auszeichnete. Er war stolz und gerührt. Da steht er in seiner Prunkkleidung, der elegante Senatore und Baron, und kann die Hände kaum ruhig halten. Ein

Taschentuch wandert von einer Hand in die andere. Seine Augen schimmern feucht.

Als Jahrgangsbestem wurde mir auch eine geheime Ehre zuteil, die in keinen Aufzeichnungen enthalten ist. Ende April ließ Vater Kinsky mich zu sich rufen. Er teilte mir mit, dass wir hohen Besuch zu erwarten hätten, der inkognito zu bleiben wünsche und dessen Adjutant und Diener zu sein ich die Ehre hätte. Friedrich Wilhelm von Preußen sei gar zu unschlüssig, das verluderte preußische Militär zu reformieren, und denke nicht daran, kluge und patriotische Bürger wie in Wiener Neustadt zu Offizieren heranzubilden. In Preußen gebe es jedoch auch eine andere Meinung, und die Person, die inkognito reiste, sei eben eine solche und wolle sich persönlich ein Bild machen. Kinskys Zeigefinger zeigte auf mich. Er sprach von den hochfliegenden Plänen kluger preußischer Köpfe, die Verwaltung und die Armee zu modernisieren, die Kriegswunden erst einmal zu heilen, das Erziehungswesen zu implementieren, Kunst und Literatur zu fördern.

Er verschränkte die Arme vor dem Körper und sprach: »Die Königin ist ein Bollwerk des Widerstandes gegen Napoleon. Man wirft ihr vor, sich zu viel in die Politik einzumischen, doch denke ich, dass man sie zu wenig lässt. Ihr gefälliges Äußeres täuscht. In Berlin wird sie sehr geschätzt, vor allem von Stein, dessen Freundschaft und Rat mir wichtig ist. Nun lässt sie sich informieren und schickt ihre Leute aus, damit sie ihr Bericht erstatten.« Mit einer knappen Verbeugung antwortete ich auf Kinskys Enthüllung.

Stunden später, es war schon abends, saß ich mit Haller zu Tisch und fragte ihn über Königin Luise aus, ohne einen näheren Grund dafür anzugeben.

Nun ja, meinte Haller, ihr Schwiegervater verprasse das Geld und halte sich unzählige Mätressen. Ihr Mann sei ein ängstlicher Sparmeister, der nach dem Koalitionskrieg Preußen aus allem heraushalten will und meint, man müsse um jeden Preis neutral bleiben.

Haller kämpfte mit einer argen Verkühlung und versuchte mit geschlossenen Augen das Pfeifen seines Atems zu dämpfen. Seine Frau hatte sich auf Zehenspitzen zurückgezogen, um unser Gespräch nicht zu stören, und der Raum lag im nächtlichen Schatten. Er hatte nicht viel zu Abend gegessen und öffnete nun eine Schnapsflasche, die er als Medizin betrachtete. Beide wussten wir, dass Preußen 1795 die Koalition mit Österreich verlassen hatte und sich Napoleon gegenüber wie das Kaninchen vor der Schlange verhielt. Ich glühte vor Stolz, dass Österreich den Krieg nicht ohne Erfolg fortsetzte und ich bald ein Teil dieses mutigen Apparates werden würde. Man kann sich wohl vorstellen, dass mir meine zukünftige Aufgabe eine Menge Respekt einflößte.

Haller, der oft mit Kinsky Gespräche führte, war ein gebildeter Mann, der mir nun auch vom Fürsten von Ligne erzählte. Nach dessen Meinung war der König von Preußen ein bloßer Korporal. Er bestürmte diesen schwachsinnigen Friedrich Wilhelm, dass Deutschland doch aus ihm, aus seiner Person, bestehe und dem deutschen Kaiser, unserem Kaiser Franz. Beide Länder hätten die gleiche Sprache und die gleichen Ziele. Er bezeichnete Napoleon als Wirbelkopf I., als Kurfürst von Hannover, Trier, Köln, Mainz und, wenn er will, auch von Baden, Württemberg und Bayern. Die Truppen dieser Länder behandele er als die seinen und ihre Herrscher befördere er zu Bataillonskommandanten.

Nach dem dritten Glas fühlte ich mich auch als Wirbelkopf. Wirbelkopf oder Genie, Napoleon war unsere gefürchtete Zukunft, wenn nicht noch Wunder geschahen, die Österreich stärkten und Preußen zur Vernunft bringen würden.

Er pochte immer auf seine Ritterlichkeit und brachte mich eines Tages dadurch in Harnisch – so Ligne. Er sagte ihm:

»Sire, Ihre Absichten sind wundervoll, aber sie werden sich nicht verwirklichen lassen, wenn Sie nicht dreien Ihrer Kameraden ein Stelldichein geben und zu den Herren sprechen: Wir geloben uns bei unserem Fürstenwort ein ewiges Bündnis, und – ich bitte Eure Majestät zu verzeihen, wenn ich jetzt einen militärischen Ausdruck wähle, den ich kaum auszusprechen wage – ein Schuft ist, wer dieses Bündnis bricht. Aber …«, so schließt Ligne seinen Bericht, »… die gute Stimmung ist verflogen und man hat selbst Napoleons neu geschaffene Königreiche hingenommen. Wenn man im Krieg, in der Politik und in der Liebe den richtigen Augenblick versäumt, kehrt er niemals wieder. Umso schlimmer für die alte Hure Europa.«

Als sich Napoleon Jahre später selbst zum Kaiser krönte, verneigte er sich vor seinem Thron mit den Worten: »Wer auf solch einem Stuhl sitzt, für den ist es leicht, Geist zu haben.« Doch damals, als ich noch nicht einmal ein junger Fähnrich war, wussten wir noch nichts von der genialen Buffonerie Napoleons.

Als ich älter wurde und sein Treiben mit offenen Augen und hoffentlich wachem Verstand beobachtete, wurde mir klar, dass Napoleon die Ironie Cäsars fehlte, der alexandrinisch vom Taumel seiner Taten selbst bebte. Napoleon stellte sich mit herrischem Stolz neben die mythischen Halbgötter. In Wirklichkeit war seine Legende der Triumph der Gewöhnlichkeit und Brutalität. Und ist es nicht eigentümlich, dass sowohl Napoleon als auch Friedrich II. ihrer Sprachen nicht mächtig waren? Das vom Mond Gefallene solch herrschsüchtiger Fremdlinge zeigt sich nicht nur in ihrer Unfähigkeit zu sprechen und ihrer Heimatlosigkeit, sondern auch darin, dass sie keine Freunde hatten, misstrauisch, einsam und empfindlich waren.

Doch zurück in meine Jugend, zurück zu Haller, zur Akademie. »Und das Heilige Römische Reich?«, fragte ich ihn.

Haller schüttelte seinen lockigen Kopf. »Das Reich«, meinte er, »wird sich nicht halten können. Selbst Österreich hat schon die Niederlande verloren.« »Aber Lombardo-Venetien gewonnen«, warf ich ein.

»Österreich wird klug und tapfer agieren müssen, um nicht alles zu verlieren.« »Oder heiraten«, lachte ich. »Das hat noch immer geklappt.«

8

Einige Tage nach dieser ungewöhnlichen Botschaft bekam ich peinlich genaue Anweisungen Kinskys. Ich sollte die unbekannte Person mit einem kleinen Gefolge an einem unbewohnten Ort etwa eine Stunde entfernt von Wiener Neustadt empfangen und ihr Geleit in die Akademie geben. Ich sollte sie mit allen militärischen Ehren grüßen und mich über nichts wundern. Die hohe Person, die inkognito reise, sei mit Luise, der Kämpferin dieser Galionsfigur aller deutschen Patrioten, sehr vertraut. Besagte Person würde nach der Visitation heimlich nach Wien weiterreisen, um den Kaiser zu treffen, und die einfache Formel ausheben, dass Angst und Furcht das Reich knebelten. Es eile ihr der Ruf voraus, überzeugt, zäh und weitsichtig zu sein.

    Ich wartete mit meinen Männern ungeduldig am gegebenen Ort und war erstaunt, eine elegante junge Gräfin mit Namen Hallstein in einer schlichten Kutsche anzutreffen. In ihrer Begleitung befanden sich eine ältere Gräfin namens Voss und ein geistlicher Herr unbestimmten Alters. Wer mochte wohl der hohe Gast sein? Ich tippte auf den geistlichen Herrn, wunderte mich aber über dessen weibliche Begleitung auf einer nicht ungefährlichen Reise. Regen drohte mit Blitzen und fernem Donner über den Hausbergen der Wiener. Ich salutierte, wunderte mich insgeheim über diese ungewöhnliche Gesellschaft und tat, wie mir Kinsky aufgetragen hatte, ich brachte sie unerkannt auf Nebenwegen in die Akademie.

Um Mitternacht, nachdem sie mit Kinsky soupiert hatten, zog sich die Gesellschaft zurück. Ich war dazu abkommandiert, das spartanische Zimmer der Gräfin Hallstein zu bewachen.

Am nächsten Morgen wunderten sich die Rekruten und Offiziere, eine elegante junge Dame in ihrer Anstalt vorzufinden. Kinsky stellte sie als seine Cousine vor und zeigte ihr Park und Anlagen, Schlaf und Lehrräume und zog sich immer wieder zu langen Gesprächen mit ihr in sein Arbeitszimmer zurück. Die ältliche Gräfin Voss begleitete sie, der geistliche Herr hatte sich in unsere Bibliothek zurückgezogen.

»Und nun will ich die Rekruten und Offiziere bürgerlicher Herkunft sehen, schließlich fühle ich mich als Spionin der Tüchtigen, die wir finden und ausbilden müssen, um der Grande Armee Paroli zu bieten. Wir brauchen in Preußen Kriegssoldaten und keine Salonsoldaten«, verlangte die Gräfin Hallstein.

»Die will ich Ihnen gerne zeigen, liebste Cousine«, zeigte sich Kinsky interessiert und schickte mich los, alle bürgerlichen Kadetten in der Bibliothek zu versammeln. Und nun nahm sich die Gräfin Zeit, einen jeden zu fragen, woher er komme, wer seine Eltern seien und welchem Berufe sie nachgingen, letztlich, was ihre Lieblingsfächer in der Akademie seien. Meine Kameraden konnten sich nicht erklären, dass die Dame so einiges schriftlich festhielt und sie eingehend nach ihrer Vaterlandsliebe befragte.

»Würden Sie wie Ihre adeligen Kollegen auch für den Feind kämpfen?« Ein einstimmiges Nein war zu hören.

»Warum nicht?«

Leopold Klatter, Sohn eines Schlossermeisters, konnte nicht widerstehen und trat vor:

»Weil wir Patrioten sind. Diese Akademie und unser Kaiser machen keinen Unterschied zwischen uns Bürgerlichen und den Adeligen. Das werde ich nie vergessen. Hier gibt es kein Monopol der Aristokratie. Hier geht es nur um Tüchtigkeit. Wer sich bewährt, steigt auf. Man setzt Vertrauen in uns, einmal auch unsere Untergebenen zu ihrem ehrenvollen Beruf heranzubilden.«

Für die Damen waren die Worte, die der junge Rekrut so überzeugend von sich gab, Grund genug für ein triumphierendes Lächeln. Die Legende wurde also von der Wirklichkeit bestätigt.

Die Burg war schon seit fünf Uhr morgens von Menschen bevölkert, doch in der Bibliothek wurde es ganz ruhig. Die Gräfin bedankte sich bei den Rekruten und verließ mit Kinsky den Saal.

»Mein lieber Freund, es ist Unsinn, Offizierspatente zu verkaufen. Sie haben mich überzeugt, Sie, mein lieber Kinsky, Sie und Ihre tüchtigen Kadetten. Es liegt auf der Hand, die allgemeine Wehrpflicht muss her, der Offiziersstand muss bestmöglich ausgebildet werden und jedermann mit Geist und Mut offenstehen. Außerdem tragen unsere Soldaten noch Säbel. So ein Unsinn!«

9

Was hätte die Gräfin wohl dazu gesagt, dass ihr officier d'escorte eine Frau war? Vielleicht hätte sie auch die allgemeine Wehrpflicht für Frauen gefordert. Einige Wochen nach diesem merkwürdigen Besuch fand ich bei Oberarzt Haller ein Journal mit dem Konterfei der Königin Luise von Preußen. Sie, die einst Pilgerstätte deutscher Patrioten werden sollte, war meine Gräfin Hallstein! Vater Kinskys Netzwerk war unergründlich.

Vater Kinsky wusste genau über die militärische Lage des Habsburgerreiches Bescheid. Er erkannte die Notwendigkeit einer Fortentwicklung des absolutistischen Heereswesens, das in seinen festgefügten Formen schon erstarrt war, sich aber ohne Änderung der Staatsverfassung nicht mehr grundlegend verbessern konnte, was eben nicht geschah. Er sah auch den Krieg nicht nur als Handwerk, sondern in allen verschiedenen Anwendungsbereichen von Grund auf als praxisbezogene Wissenschaft. Hätte man ihn nur mit absoluten Machtbefugnissen ausgestattet, er hätte überfällige Reformen im Heereswesen nicht nur geplant, sondern auch ausgeführt. Ich bewunderte und verehrte und bedauerte ihn sehr.

»Meine Herren, Sie werden nicht nur Offizier, sondern auch Experten. Also lernen Sie die Wissenschaften, die Mechanik und praktisches Rüstzeug!«

Aus verständlichen Gründen hielt ich zu den meisten meiner Kameraden Abstand, bis auf einen, auf den ich noch zu sprechen kommen werde. Doch Vater Kinsky war mein Fluss und mein

Hafen. Er ließ mich also wieder einmal kommen und gab mir die Ehre eines Gedankenaustausches, was er gelegentlich mit guten Schülern zu tun pflegte. In jener Nacht, denn tagsüber hatte er keine Zeit, unterhielt er sich mit mir streng vertraulich und bot mir sogar ein Glas Wein an.

»Scanagatta, es gefällt mir, dass du dich auf deine Leistungen konzentrierst und weder durch Saufgelage noch durch anderen Unsinn auffällst. Das gefällt mir sehr gut. Ein verschwiegenes Bürschchen bist du, strebsam und erfolgreich. Aus dir wird noch ein guter Offizier. Nicht einmal Frauengeschichten hört man von dir.

Aber sei ehrlich, gefallen dir die Frauen?«

Vermutlich wurde mein Gesicht blutrot wie die Farbe eines Granatapfels und ich stotterte ein »Aber natürlich, warum denn nicht?«.

»Nun ja, vielleicht sehe ich Asche, wo keine ist.«

Sein besorgter Blick brannte sich in meine Netzhaut ein.

Dann lachte er: »Dir sind wohl noch die Pferde lieber. Recht hast du. Mit den Weibern gibt es meist nur Ärger.«

Im Park fiel ein überreifer Apfel vom blattlosen Ast. Es war die Zeit der Vogelbeeren und Spatzenschwärme. Auch ich würde bald ausgemustert werden und fortfliegen in unbekannte Garnisonen, wenn mein Anderssein mir keinen Strich durch die Rechnung machte. Was ging Vater Kinsky durch den Kopf? Meinte er, ich wäre anders, würde der Männerliebe frönen?

Das kam, soweit ich davon Kenntnis hatte, im Heer immer wieder einmal vor. Aber hier in der Akademie?

Mir war noch nichts aufgefallen. An mich, der doch wohl wirklich wie ein zarter junger Mann wirkte, war noch kein Zögling ungebührlich herangetreten. Freilich errötete ich zuweilen, wenn mir die Kameraden im Sport zu nahe kamen. Ich kann mich noch gut erinnern, dass meine Phantasie damals besonders ausgeprägt war. Da gab es schon einige Jungen, die mir gut gefielen. Doch wollte ich mein Glück nicht aufs Spiel setzen, das ich so ungewöhnlich am Schopf gepackt hatte, wie man den Jüngling Kairos am Schopf packt, wenn man sich Glück erhofft.

Meine Kameraden promenierten im Städtchen und machten den braven und biederen Bürgerstöchtern schöne Augen. Zuweilen verschwand auch der eine oder andere mit einer der durchreisenden Schönen, die gegen etwas Salär gerne gefällig waren. Die Damen der Lust wiederum promenierten mit wiegenden Hüften auf dem Hauptplatz und hatten es auf die Rekruten und Offiziere der Akademie abgesehen. Es kam nicht nur einmal vor, dass sie zum Zeichen ihrer Willigkeit auch mir ein Taschentuch vor die Füße warfen, doch ich scherte mich nicht darum.

Trotzig stapfte ich dann zwischen den Marktbuden an Hals und Schläfen pochend, wenn sie mir spöttisch nachriefen: »Hallo Bürschchen, gefallen dir die Herren besser?« Wenn es wie so oft regnete, trafen sie sich in einer Gaststätte außerhalb der Stadt, und meine Kameraden drangen so lange in mich, bis ich sie begleitete.

Und der Duft der Kräuter vermengte sich dort mit dem billigen Parfum. Die Kameraden fanden sich wie die Spatzen in losen Schwärmen ein. Dieses Holzhaus war eine Bastei der Träume unter einem von dicht gewachsenen Kiefern gesäumten Nadelbaldachin. Anfangs herrschte atemlose Stille, bis man nur noch rhythmisches Atmen und Geraschel hörte. Ich versteckte mich hinter einer Türe und wartete ab, bis man nur mehr das Knistern der über den schmutzigen Lehmboden jagenden Blätter hören konnte. Ansonsten war die Stille dicht, als hörte man das Licht der Laterne am Eingang. Ich sah, wie die Schönen sich mit dem Handrücken den Schweiß von Oberlippe und Brüsten wischten und meine Kameraden ihre nun weichen Samensäcke eingedenk vergangener Süße wieder in der Uniform verstauten. Von weit her brandete ein Gewitter, der Wind heulte und die Wildtauben kratzten an den morschen Regenrinnen. Von der Veranda aus konnte man die beleuchtete Akademie sehen. Nun war ich wohl ein Teil der Ihren, denn niemand achtete in dieser Situation auf mich, den kleinen Kadetten aus Mailand. Ich hatte meine Feuertaufe bestanden.

Die Schönen, die ihre Muscheln für eine Handvoll Kleingeld feilboten, waren nicht zu beneiden; um zu überleben, warfen sie sich mit schlaffen Brüsten ins Stroh und schoben die zerrissenen Kleider zur Seite. Voll dumpfem Leid feilschten sie um ihren Lohn. Ihr Lächeln war süß und falsch.

Ja, ich horchte und lauschte dem plötzlich einsetzenden Geplappere und staunte über die verschiedenen Tonfolgen und Melodien ihrer Sprachen, wie sie die Zungen wälzten und die Lippen schürzten. So manche hatte trübe Augen und ein loses Maul. Der Schein des Kamins flackerte hin und wieder. Ich hielt die Luft an, um nicht hinter der Türe entdeckt zu werden.

Vater Kinsky konnte nun beruhigt sein, was meine Männlichkeit betraf, denn es blieb ihm in und außerhalb seiner Akademie nichts verborgen.

Doch etwas blieb ihm verborgen. Mein Doppelleben. Und um diesen Zustand aufrecht zu halten, verbrannte ich alle Briefe, die mir Mama und Papa ständig und in größter Sorge schrieben. Sie brannten wie winzige blaue Fackeln, während mein fauchender Dämon nur an Schlachten und Krieg dachte. Ich befand mich in einem Zustand der Verzückung und Begeisterung für das Kriegshandwerk, das sonst nur Heiligen in der Ekstase zugeschrieben wird, und brannte darauf, das Erlernte anzuwenden.

Von Zeit zu Zeit rauchte ich mit Haller eine Zigarre, parfümierte mich mit dem Rasierwasser der Offiziere und schnitt mir mein krauses Haar so kurz wie nur möglich. Gleichgültigkeit und Fatalismus waren mir unbekannt und ich hatte nur eine Gewissheit: Ich wollte einst nicht in meinem Bett sterben. Der Tod auf dem Schlachtfeld schien mir ein unvermeidliches Berufsrisiko zu sein. Wenn es sich ergäbe, dann wäre es eben so geplant. Ich wollte mich sofort nach der Abmusterung in das Heereswesen eingliedern, das aber, wie Kinsky meinte, sich leider noch immer zum Teil auf Konskription, zum Teil auf Rekrutierung, aber auch auf Werbung stützte. Schädlich waren auch der Stellenkauf und die Protektion. Doch diesen Nichtskönnern würde ich es zeigen! Ich hatte mein Handwerk ordentlich erlernt und würde auch mein Fähnrichsexamen ordentlich bestehen.

Wir hatten aufgeklärte kluge Lehrer an der Akademie, die uns auch die politischen und historischen Zusammenhänge unserer Zeit darlegten. Es regnete wieder einmal und der Wind pfiff durch die Bäume. Kinskys Wachposten wechselten mit Fanfare und gaben die Parole zum Tag aus.

Nachdem wir uns mit den Aufgaben von Ulanen und Husaren beschäftigt hatten, trat unser kurzbeiniger Lehrer vor uns hin, lächelte schief und erwog, unserer Klasse, die er als aufgeweckt betrachtete, weitere Informationen zukommen zu lassen.

»Das wird euch zustattenkommen«, sagte er.

»Also:

Mochte auch die landständische Opposition gegen den Wiener Zentralismus sich gerade an Josephs II. unglücklichem Lebensabend unversöhnlich verhärten, gegenüber dem revolutionären Frankreich ist die Ablehnung von Seiten der Herren und Prälaten verständlich gewesen. Diese Wende erleichterte noch der sich eben in der Wiener Hofburg vollziehende Regentenwechsel, und der alte Fürstabt von St. Blasien ging nun wie bisher in der Opposition, so jetzt im vaterländischen Opfermut voraus.«

Ich war begeistert! Mein Lehrer war ein hervorragender Rhetoriker, er sprach druckreif.

Er schwieg kurz und schüttelte seinen grauen Kopf. Dann räusperte er sich und sprach weiter:

»Doch umso fragwürdiger wurde die Haltung des Bauernvolkes, das durch den Widerstand der Grundherrschaften gegen die zuletzt von Blanc persönlich vertretenen, wirtschaftlich sozialen Reformen erbittert, gleichzeitig aber durch gewisse kirchliche und militärische Neuerungen von der Staatsgewalt in seiner Freiheit getroffen war. Jaja, so war es. Fand sich doch im Widerstand gegen die Josephinische Konskription der ganze Breisgau zusammen und erzwang die Wiederherstellung der alten Rekrutierungsordnung.«

Unser Graukopf ging langsam im Klassenzimmer auf und ab. Dann sprach er weiter:

»Nun«, er hüstelte, »erfordere der beginnende Kriegszustand mit dem revolutionären Frankreich von der niederösterreichischen Regierung größte Umsicht und das Eingehen auf heimatliche Bedürfnisse und Gewohnheiten. Damit nicht genug: das Betreten neuer Wege ohne ängstliche Rücksichten, wie sie der mächtigen Bürokratie allerorten naheliegen. Es stellte sich auch die Frage der Reichsverteidigung am Oberrhein und des Verhältnisses unserer österreichischen Großmacht. Joseph von Sumerau gelang die Überwindung der bisherigen wehrpolitischen Gegensätze, er ist übrigens ein Sohn vorderösterreichischer Beamter. Er verband Berufssöldner und Volksmiliz, erneuerte alte Aufgebotsordnungen und schuf eine brauchbare Reserve für die Landesverteidigung. Marschall Wurmser unterstütze ihn dabei.

Wie ihr wisst, durchbrachen die französischen Armeen den Schwarzwald, errang unser Erzherzog Karl Sieg um Sieg, auch die Bauern griffen zur Waffe und drängten den Feind zurück.«

Ich atmete tief durch, die Augen voller Tränen, und fragte vorlaut:

»Und warum greift diese glückliche Fügung nicht allerorts?«

Mein Lehrer lächelte milde und gab mir eine ehrliche Antwort.

»Das im Breisgau erprobte Verfahren war organisatorisch und psychologisch genial. Doch die Heranziehung breiter Bevölkerungskreise, besonders auch der Bürger und Akademiker, zur Landesverteidigung verunsichert unseren Kaiser Franz und seine Berater. Leider. Ich bin – bei allem Respekt – anderer Meinung. Anderenfalls unterliegen wir diesem jungen genialen Führer eines vorwärtsstürmenden Feindes und sehen uns vor den Trümmern der habsburgischen Herrschaft.«

Naiv, wie ich war, brannte mir schon die nächste Frage auf der Zunge.

»Was ist an Bürgern und Akademikern zu bemängeln?«, und dachte an Haller und Sonnenfels.

»Mein kleiner Kadett«, lächelte der Graukopf und sah zum Fenster hinaus. Der Regen machte gerade eine Pause, und auf den Korridoren konnte man Schritte hören.

»Mein kleiner Kadett«, wiederholte er, »so wie wir nicht wissen, wer diesen Gang draußen durchschritten hat, so kann man auch nicht wissen, was in den Köpfen gebildeter Menschen vorgeht. Kaiser Joseph sah noch keinen Anlass, das Volk und seine geistige Elite zu fürchten. Doch die Ideen der Revolutionäre bringen auch Chaos hervor und so manchen heimlichen Anhänger, der Schaden stiften könnte. Europa ist in völliger Unordnung. Überall zeigen sich die Folgen der Französischen Revolution. In Polen, Preußen, Russland. Bei uns fürchtet man sich vor Gleichmacherei und vor der Aufklärung.«

Ich dachte wieder an die Begegnung mit Joseph von Sonnenfels und stieß nach.

»Der Sonnenfels erzählte mir von den Meriten der Aufklärung, die die Menschen glücklich machen sollten.«

Unser Graukopf schwieg eine Weile.

»Ja, so war es!« Dann gab er uns mit einem Wink zu verstehen, dass die Diskussion beendet war.

10

Der Erste Koalitionskrieg ging zu Ende und noch wusste niemand, dass es zwei weitere Koalitionskriege geben würde, den Tiroler Aufstand und die Befreiungskriege, bis Österreich neu geordnet nach dem Wiener Kongress wieder seinen Platz in der Weltordnung einnehmen würde.

Meine Fähnrichsprüfung stand bevor, denn ich hatte nun drei Jahre an der Akademie verbracht. Wir Kadetten brannten darauf, die Leiden und Heimsuchungen unseres Reiches zu unterbinden und den jungen Korsen in seine Schranken zu weisen. Eine Schande, die wir nicht zulassen würden.

»Scanagatta, repliziere die letzten fünf Jahre«, verlangte unser Graukopf, der still und besonnen über unsere militärpolitische Ausbildung wachte.

Ich hatte die vergangene Nacht nur im Halbschlummer, unterbrochen von heftigem Erbrechen, verbracht und war dank der Heilkräuter Hallers in der Lage gewesen, dem Unterricht beizuwohnen. Haller hörte mich nächtens erbrechen und kam in mein Zimmer. Er maß meine Temperatur, hielt meine Hand und träufelte mir schluckweise eine bittere Essenz ein, die meinen Magen wieder zur Ruhe bringen sollte. Ich lag quer über dem Bett, angetan mit meinem Mieder und einem weißen Hemd, da ich meinen Busen auch nachts verbarg. Er blieb an meinem Bett, bis die Krise überstanden war. Erst als er meinte, ich wäre eingeschlafen, strich er kurz über meine fiebrige Stirn, klopfte mir freundschaftlich auf den Rücken und verließ auf Zehenspitzen mein Zimmer. Ich öffnete noch schlaftrunken die Augen und bedankte mich im Aufblühen der Morgendämmerung. Den morgendlichen Kaffee ließ ich aus und saß nun recht schwach im Kreis meiner Kameraden. Haller hatte mich von den körperlichen Übungen befreit.

Seit 1792 kämpft Österreich mit Preußen, einigen Reichsfürsten, England, Holland, Spanien und den italienischen Staaten gegen Frankreich.

Wie haben die Preußen agiert?

Nicht ehrenhaft, antworte ich.

Sie marschierten in Richtung Heimat, gefolgt von ihrem Tross samt Kindern und Haustieren.

Der Graukopf lächelte.

Weiter, Scanagatta …

Ihre Trommeln waren nicht laut genug, um ihre Schande zu übertönen.

Wohl, wohl, tönte es aus den Reihen meiner Kameraden, hört, hört.

Man hätte Hunde auf sie hetzen sollen.

Hört, hört. Ich sprach meinen Kameraden aus der Seele, der gute Graukopf lächelte.

Und dann?

Nach nur drei Jahren schlossen sie einen Sonderfrieden von Basel, worauf wir gezwungen waren, an zwei Fronten gegen die Franzosen zu kämpfen.

Sie flohen, wie sie unter Friedrich nie geflohen wären, als ob sie Pilger wären mit Truhen, gefüllt mit Angst. In Preußen hatte es nicht an Menschen gefehlt, die sie von den Balkonen aus still weinend mit Blumen begrüßten. Paradox.

Der König hatte heimlich an der Beilegung des Konfliktes mitgewirkt, ohne sein Schloss zu verlassen, während seine Gattin, die

Königin, unbeugsamen Widerstand einforderte. Die Mauern der öffentlichen Gebäude waren mit Papierwischen bedruckt und das Volk akklamierte verhalten.

Friedrich Wilhelm meinte: Es ist schon alles in allem sehr schlecht um alles bestellt. Und so einige Pamphlete fanden sich, auf denen stand: Wir kämpfen nicht, wir gehen nicht, wir wollen unseren Frieden.

Die Wahrheit war, dass seine engsten Freunde nicht glaubten, dass Preußen ungeschoren davonkommen könnte. Die Wahrheit war, dass sein Land zu klein war, die Menschen schlichte Topfgucker waren, das Geld knapp war und Friedrich Wilhelm nicht reformwillig war. Sein erster Friedenstag war auch der Tag seines Machterhaltes. Pfui Teufel. Dieses endzeitliche Gebaren, da es nun schon seit drei Jahren hieß, er liege in den letzten Zügen, ließ ihn regieren und gleichzeitig abtreten.

Scanagatta, bezähmen Sie sich. Fahren Sie sachlich fort. Wir sind eine Akademie und keine Zeitungsredaktion.

Erfreulich war der Sieg Erzherzog Karls in Süddeutschland, er siegte bei Amberg und Würzburg. Doch leider fiel die Entscheidung in meiner Heimat in Italien. Napoleon drängte durch Friaul, Krain, Kärnten bis in die Nordsteiermark nach Leoben. Lediglich Großbritannien setzt den Krieg bis jetzt weiter fort.

Und Spanien?, fragte der Graukopf.

Auch Spanien nutzte den Frieden von Basel, um auszuscheren. Nun ist der Rhein deutschfranzösische Grenze und Österreich trägt außer England den Widerstand auf seinen Schultern.

Scanagatta, du bist nicht dumm, was steht hinter all diesem Geschehen? Was kommt durch Frankreich auf Europa zu? Es war die Frage eines alten erfahrenen Offiziers, dem man auch manchmal nachsagte, früher unter Kaiser Joseph Freimaurer gewesen zu sein.

Nun ... ich dachte nach, sortierte meine Gedanken, ordnete Europa in meinem Kopf und kam zum Ergebnis, dass Frankreich eine Art von Selbstbewusstsein entwickelt hatte, das nichts neben sich duldete.

Der Graukopf nickte freundlich und sagte bloß: Das nennt man Nationalismus. Diese Strömung wird Europa noch einmal an den Abgrund führen.

11

Nach den Verlusten, die Österreich hinnehmen musste, durchdrang die Kälte des Winters unsere Knochen und unsere Herzen. Wir hatten zeitweise nicht einmal die mentale Kraft, die Hühner zu verscheuchen, die uns auf dem Gelände der Akademie bei jeder Gelegenheit entgegenflatterten. Die alten Mächte Europas schienen ebenso planlos zu flattern wie unser Federvieh. Unsere Offiziere wussten genau Bescheid und bestärkten uns in unseren Aufgaben.

So eine Akademie sollte die Zukunft und die Hoffnung eines Reiches heranbilden, ernsthaft Wissen vermitteln und enge Freundschaften knüpfen. Wir träumten den kontinentalen Traum von der Einheit Europas unter dem Ausgleich der Mächte, waren jung und verschlossen uns nicht den Errungenschaften der Wissenschaften, wie es die Preußen taten.

Auch in mir ging eine Veränderung vor. Die harten Jahre der Ausbildung an den Waffen, Pferden, Kanonen und im Lehrsaal ließen mein Frausein zur Gänze verschwinden. Wenn ich einst von Johanna von Orléans geträumt hatte, faszinierte mich nun Odysseus' Klage immer mehr: Die Zeit deines Lebens soll nicht vertan sein. Mir wurde klar, dass ein guter Offizier die Spanne Zeit, die ihm zu leben gegönnt ist, nicht mit hochfahrenden Plänen vertun sollte. Sondern er sollte sich auf das Gebiet konzentrieren, das ihm seine Talente und sein Fleiß in die Wiege gelegt haben. Kinskys Akademie hatte mich reifen lassen. Vorbei die Zeit hochfliegender Pläne, historischer Spektakel und sinnloser Abenteuer. Wenn man so jung ist, wie wir es damals waren, waren Kalypsos Versprechungen, ewig jung, unsterblich, unberührt von der Zeit, eine in unserer Frische angelegte Vorstellung, die durch nichts zu nähren war als durch die Gesundheit unserer Glieder und die Wachheit unseres Geistes. Das Alter und den Tod konnten wir uns nicht vorstellen.

Ein Genie wie Napoleon dachte wohl andauernd an seine Unsterblichkeit. Eine Unsterblichkeit, die keine Dimension und keine Zeit kennt. Er stieg hoch und fiel tief. Doch einstweilen überzog dieser Mann mit riesenhaften Schritten den Kontinent. Die Völker vergaßen den Tyrannen und träumten nur vom Helden. Die großen Künstler verbeugten sich vor ihm, während wir in der Theresianischen Akademie darauf vorbereitet wurden, diesem Spuk ein Ende zu setzen. Zuweilen lasen wir gemeinsam Goethe, der nicht so wie Schiller verpönt war.

»Franz, was hältst du von Goethes Begeisterung für den jungen Korsen?«, fragte mich Eduard

Sauer, der Sohn eines Lehrers aus Wien. Sein Vater war ehrgeizig und hatte ihn auf die Akademie geschickt, ohne an seine wirklichen Begabungen zu denken. Die alten Männer steckten ihre Söhne mit groben Fingern gerne in eine vielversprechende Laufbahn, die ihre eigenen Defizite wettmachen sollte.

Wir saßen auf einer Waldlichtung und beobachteten scheue Tiere, wie sie nervös kauten und die Lauscher spitzten.

»Es ist paradox, dass der vollkommene Deutsche Napoleon als kongenial sieht«, meinte ich. »Aber vielleicht gefällt es ihm, dass Napoleon es versteht, die Menschen zu dressieren.

Vielleicht aber gefällt ihm auch der Versuch, Neues zu tun, Revolution, Napoleon, die Leidenschaft neuer Möglichkeiten der Seele.«

»Und der blutige Strom, den er hinter sich lässt?«

»Nun, der Korse hat seinen Werther unzählige Male gelesen, den Mann selbst scheint er nicht sonderlich zu achten«, sagte Eduard.

Mir persönlich machte der Werther keinen großen Eindruck, Eduard Sauer umso mehr. Immer wieder streifte mein Arm seine Schulter, meine Wangen glühten und mit feuchten Augen sah ich immer nur ihn an. Dann wiederum saß ich einsam in einer Ecke, blätterte in einem Joournal und träumte vor mich hin.

Ständig dachte ich an ihn und seine blonden Locken. Sein athletisches, weltmännisches Auftreten, das er sich als Sohn kleiner Leute in der Akademie mühelos angeeignet hatte, beeindruckte mich. Ich starrte in meinen Luft- und Wolkenhimmel und dachte mir nur: Heule nicht, Francesca, verrate dich nicht, auch wenn er dir noch so gut gefällt, es wäre das Leichengift für deine Lebensplanung.

Wir rezitierten einige Gedichte Goethes, die wir trotz seines Napoleonfimmels als die schönsten der Welt erachteten, schimpften über die Lehrer, die wir beide nicht mochten, und strichen Butterbrote mit einem mitgebrachten Messer.

Abends stand ich vor dem Spiegel und stellte mir mein langes Haar vor, wie es einmal war mit seinen glänzenden Locken, öffnete mein Mieder und betrachtete meinen runden Busen mit seinen beängstigenden schwarzblauen Flecken, die der ständige Druck des Korsetts verursacht hatte.

Schönheit war ich keine. Aber gut gewachsen; und mit Kleid und Flechtfrisur wäre ich doch einigermaßen anziehend. Ich hörte Mamas Stimme: »Schau, was du mir antust, Kind!« Doch ich durfte nichts riskieren. Selbst wenn mein Angebeteter mich lieb hätte, wäre die Gefahr einer Entdeckung zu groß. Und da mir im Kreis von Männern nichts fremd war, was Liebende treiben, beängstigte eine Schwangerschaft mich ungemein. Wenn mein Schoß aufbrechen würde wie eine rote Mohnkapsel! Wie eine Kuh müsste ich dann auf freiem Feld gebären, könnte weder Leutnant werden noch zu meiner Familie zurückkehren, der Schande wegen.

Meine unerfüllte Liebe zu Eduard bereitete mir schlaflose Nächte. Wie ein Würgeengel legte es sich um meine Brust, ließ mich seufzen und stöhnen, das Herz rutschte mir in die Magengrube, wenn ich ihn sah. Und all diese stürmischen Gefühle gerade jetzt vor meiner Abschlussprüfung! Das Hin und Her meiner Empfindungen ließ mich abnehmen. Der Appetit war mir vergangen. Und wenn ich ihm mein Geheimnis verraten würde, was dann?

Wie würde er reagieren? Würde er meine Gefühle erwidern, wäre er vor den Kopf gestoßen oder ahnte er meine heftige Zuneigung? Wenn ich ihn sah, begann ich mich zu zieren oder mich aufzuspielen. Normal war mein Verhalten wohl nicht mehr.

»Franz, was ist los mit dir?«

Eduard schien besorgt, machte ein Witzchen und überspielte mit Heiterkeit die Situation. Wenn er meinen Arm streifte und sein Geruch, gepaart mit den Aromen seines Parfums und des kalten Tabakrauches, mein Innerstes zum Klingen brachte, schreckte ich heftig zurück. So unbefangen ich mit ihm früher umgegangen war, so verstört und gehemmt war ich nun geworden. Meine innere Hysterie war ein Hohn und eine Strafe, selbst mein Hengst schien meine Unruhe zu spüren und entzog sich unmerklich meiner Führung. Nicht nur ich, auch mein Jahrgang stand vor der Abschlussprüfung, und mein Ehrgeiz war trotzdem aufrecht. Ich wollte der Beste sein.

»Franz«, meinte Eduard, »wir sollten gemeinsam büffeln. Die Zeit drängt und es mag töricht klingen, aber ich habe viele Fragen und du bist unser Primus.«

Wenn ich ihn so reden hörte, arglos und freundschaftlich, trotzte alles in mir. Die Liebe will alles, dachte ich mir. Wenn du sie vernachlässigst, wenn du fortgehst, wird sie auf dich warten, du wirst nie zur Ruhe kommen. Nun, in der Jugend, in den ersten heißen Gefühlen, glaubt man, nie wieder so lieben zu können, wie es den Anschein hatte.

Wann immer es mich erhaschte, betrachtete ich seine feingliedrigen Hände, richtete den Blick auf seine vollen Lippen, besah mir seine blitzenden Zähne, und all das rührte mit solch einer Kraft an das Mädchengemüt, dass alles nur mehr heißes Sehnen war. Eduard war mein Olivenbaum, von dem ich annahm, dass er immer da sein würde, er beschenkte mich mit seiner Zuneigung, ohne auf Vergeltung zu schielen, während ich die Rebe war. Launenhaft und sprunghaft und ständig auf ein Liebespfand aus, das ich nie bekommen würde – ich wollte seine Geliebte sein und Offizier werden. Ich wollte alles haben. Ich würde zum Dieb auf Lebenszeit werden, wenn ich nur die Gelegenheit dazu bekäme.

In meinen Träumen fragte ich: Wen, Eduard, liebst du am meisten?

Er darauf: »Dich, nur dich, meine Geliebte.«

12

Über den Sommer war ich offensichtlich noch einmal gewachsen und brauchte eine neue Uniform. Um alle Zweifel Eduards vor der Prüfung auszuräumen, besuchte er mich nun regelmäßig im Haller'schen Haushalt, und wir gingen den Lehrstoff durch, der ihm Probleme bereitete. Mit rechtem Gottvertrauen begab er sich in meinen Unterricht. Ich sehnte mich heimlich, aber umso heftiger nach ihm. Während Haller Unfälle und Krankheiten so gut wie möglich behandelte, Trübäugige versorgte und Zähne zog, schlug mein Herz wie verrückt, wenn ich Eduards Schritte auf der Holztreppe hörte.

Nur der scharfsinnigen Agnes schien es nicht zu entgehen, dass ich unruhig in meinem Zimmer auf und ab ging, während ich auf Eduard wartete. Sie war in Liebesdingen schlau, und ich war mir nie sicher, was sie ahnte oder vermutete oder wusste. Agnes beobachtete, horchte und schwieg. Ihre niedrige Stellung erlaubte ihr, den Gesprächen der Herrschaft nahe zu sein, da die Hallers sie kaum wahrnahmen, wenn sie ihrer Arbeit nachging.

Wird schon kommen, der junge Herr, erklärte sie mit schwerem ungarischen Zungenschlag und lächelte eindeutig zweideutig. Mein Herz hüpfte, wenn ich ihn den schmalen Weg zu unserem Haus kommen sah. Dann begrüßte er mich freundschaftlich, umarmte mich, während ich innerlich stöhnte. Doch ich musste meine Gefühle für mich behalten. Agnes konnte es sich nicht verkneifen, ihn kokett anzulächeln, was mir verwehrt war. Das kleine Luder spielte ihr Frausein ungeniert aus, ich aber musste den guten Freund abgeben, meine Hitze verbergen und sie aus dem Zimmer scheuchen.

Ich fragte ihn dann nach allen Regeln der Kunst aus. Etwa wie viele Reiter eine Eskadron bildeten. Dass es nicht mehr als 200 sein durften, wusste er zu antworten.

Nun meine nächste Frage: »Warum dürfen Kavallerieregimenter nicht zu stark und nicht zu schwach sein?«

Eduard überlegte. »Zum Teufel, das ist mir wieder entfallen. Es hängt irgendwie mit dem Angriff zusammen.«

»Zu stark verlieren sie an Beweglichkeit, zu schwach verliert der Chok an Wirkung«, hätte die Antwort lauten müssen. Mein Gott, wie war er doch süß, mein Eduard!

»Natürlich, Teufel noch, das habe ich doch gewusst.«

Frau Haller betrat meine Stube mit einer Jause. Sie mochte den sensiblen fröhlichen Eduard und war als Bürgerliche nicht ohne Stolz, dass ihresgleichen nun die Chance hatte, ganz hoch aufzusteigen.

Sie brachte uns Kuchen und belegte Brote, Kaffee und Tee und nutzte dann die Gelegenheit, mit uns zu plaudern. Für mich war Eduard nie und nimmer der geborene Offizier. In meinen Augen wäre er besser auf einer Universität aufgehoben gewesen als bei uns. Seine Zensuren ließen vor allem in den militärischen Fächern zu wünschen übrig. In Sprachen und Mathematik war er jedoch einer der Besten. Tagein, tagaus saß er so in meinem Zimmer und ich dachte mir, dass das Militär mit ihm einen Intellektuellen erhalten würde, eine nicht zu unterschätzende Spezies, die den Soldaten bisweilen abging.

»Franz, was mach ich bei der praktischen Prüfung, bei all dem Auf- und Absitzen, den Wendungen, dem Vorrücken und Zurückziehen? Wenn ich mit drei anderen Kavalleristen wenden soll, werde ich mich verletzten oder mein Pferd zerquetschen.« So und ähnlich lauteten seine ängstlichen Zwischenfragen.

Ich erklärte ihm mathematisch den Raumbedarf eines Pferdes und versprach ihm, unbemerkt von den anderen, die praktischen Übungen auf einer Waldlichtung mit ihm zu üben, so lange, bis er genug Erfahrung hatte, um nicht in Schwierigkeiten zu geraten. Als angehende Offiziere mussten wir selbst alles können und nicht bloß von oben herab anschaffen. Das war der Impetus unserer Akademie.

Wir würden wohl auch die Fechtweise zu Pferde üben müssen, da Eduard kein schlechter Fechter, aber ein lausiger Reiter war. Ich ritt und focht schon als kleines Mädchen unter Papas Aufsicht und mit entsprechenden Instruktoren, was Eduard als Sohn eines Lehrers nicht zuteilwurde. Er musste sich das alles hart erarbeiten, und dafür liebte ich ihn auch.

»Im Übrigen befanden wir uns in einer Zeit des Umbruchs der Kriegsführung. Das 18. Jahrhundert war relativ stabil in der sie tragenden starren Feudalordnung.« So erklärte es uns der Graukopf: »Durch die personale Bindung der Armeen an den Herrscher sicherte sich das Militär den höchsten Rang in dieser starren Ordnung. Es war uns Kadetten klar, im Staat zur Elite gerechnet zu werden. Die alten Kabinettskriege sorgten dafür, dass kriegerische Konflikte begrenzt und Armeen nicht zur Gänze ausgelöscht wurden. Doch nun war alles anders. Unsere Lehrer mussten umdenken, der Generalstab musste umdenken, die Herrscher mussten umdenken.

Die Idee der Gleichheit aller Bürger vor dem Gesetz erwies sich zusammen mit den Vorstellungen von Freiheit und Brüderlichkeit von enormer sozialer und politischer Sprengkraft. Wir jungen Kadetten waren großteils, nicht alle, mit vielen Privilegien groß geworden und hatten keine Ahnung von der andauernden ökonomischen Krise Frankreichs, wo die Menschen verhungerten. Als der französische König verhaftet wurde, setzte man in Österreich noch alles daran, Kinder in die Schulen zu schicken, das Leben der Menschen zu verbessern, Folter und Todesstrafe waren ausgesetzt und die Reformen Maria Theresias und Josephs II. sollten verwirklicht werden. Als die Franzosen bei Valmy verloren hatten, begannen die Revolutionskriege an der Nordgrenze. Preußen und Österreich siegten und zahlten dafür einen hohen Preis. Der Graukopf, unser Liebling, schwieg kurz, blickte sich um und setzte fort.

Unter dem äußeren Druck radikalisierte sich die Revolution im Inneren zur Schreckensherrschaft und setzte zugleich mit der *levée en masse* einen militärhistorischen Wendepunkt, den wir aus Gründen, die wir schon besprochen haben, nicht gleichsam imitieren können, ohne unsere Monarchien aufs Spiel zu setzen. Nun haben die Franzosen eine Million Staatsbürger in Uniform. Und, meine Herren, etwas, das Ihnen nicht widerfahren wird: Die französischen Offiziere teilen das Leben ihrer Soldaten.«

Wir sahen uns betreten an. Das Leben mit den gemeinen Soldaten teilen? Mit Marketenderinnen, Geliebten, Vogelkäfigen, Schmutz, unzureichenden Latrinen, grässlichem Essen? Mit Schlamm, Kälte und Hunger und gewaltigen Märschen pro Tag? Über uns hingegen schwebte eine Wolke von Kölnischwasser …

Tja, wir sahen uns alle verdutzt an. Aber es lag auf der Hand. Der Offizier, der sein Leben mit den einfachen Soldaten teilt, kann alles von ihnen haben.

»Sie wollen den Krieg, den umfassenden Krieg, und Napoleon will ihn am meisten. Sein Italienfeldzug machte ihn zum Helden, die Massen folgen ihm kritiklos wie einem Gott.

Ihre präzise schießenden Feldgeschütze unterstützen den Kampf der verbundenen Waffen, Beweglichkeit und Kampfgeist erzwingen ihnen damit die Entscheidung zu ihren Gunsten. Die besiegten Länder werden ausgebeutet und zu Hause etablieren sie eine hochmoderne Kriegsindustrie.

Meine Herren«, der Graukopf machte eine bedeutende Pause, »meine Herren, Sie werden sich folgender Situation gegenübersehen:

Niemand ist zu solch schnellen Gewaltmärschen in der Lage wie die Franzosen. Damit werden sie Sie überrumpeln und unerwartet zur Schlacht stellen. Auf dem Schlachtfeld sind sie aggressiv und rücksichtslos. Die schwere Kanonade der Artillerie wird Ihnen um die Ohren pfeifen, dann werden Sie von der nachdrängenden Infanterie aufs äußerste bedrängt, geschlossen, beweglich, zu allem bereit. Und wenn Sie persönlich das alles überstanden haben und Ihre Männer wie Zinnsoldaten umgefallen sind, erscheint die massive Kavallerie.

Diese brutale Taktik kostet unglaublich viele Menschenleben auf beiden Seiten, was von den siegreichen Franzosen aber durch deren hemmungslose Mobilisierungsorganisation leichter ausgeglichen werden kann.«

Wir schwiegen bedrückt, so mancher schimpfte verhalten über unser politisches System, das dem Bürger im Waffenrock nicht traute. Wir waren jung und wollten auch modern kämpfen, nicht so wie die Generationen zuvor.

Und wieder einmal war ich vorlaut, erhob meine Stimme und meinte, dann könnten wir ja gleich mit Küchenmessern gegen Kanonen antreten.

13

Wenige Wochen vor unserer Fähnrichsprüfung suchte ich ein Gespräch mit Agnes. Wenn ich, wie zu erwarten war, gut abschnitt, wäre mein Weg in eine Garnison beschlossene Sache, egal was Mama mir regelmäßig schrieb. Ich liebte und achtete sie, ohne dass mir ihre zahlreichen Ermahnungen wirklich zu Herzen gegangen wären. Die Jahre der Ausbildung würden nun bald im Kampf ihre Erfüllung finden. Doch Eduard brachte ich nicht aus meinem Kopf. Frau Hallers Geschichten langweilten mich, Doktor Haller war zu Besuch in Wien. Ich war wieder einmal Jahrgangsbester und hoffte auf eine glänzende Abschlussprüfung. Mein militärisches Schicksal war vorgezeichnet. Was sollte noch passieren? Bevor ich Eduard endgültig verlor, wollte ich noch einmal alles auf eine Karte setzen.

»Agnes«, fragte ich sie, »Agnes, Agnes, du hast doch immer wieder Abenteuer mit Männern.«

»Wie kommen Sie darauf, gnädiger Herr?«

»Leugne nicht, Agnes. Im Moment bist du doch mit dem Hufschmied zusammen.«

»Ach i wo.«

»Doch, doch.«

»Na ja, vielleicht von Zeit zu Zeit.«

»Warum interessiert das den jungen Herrn?«

Ich hatte den Finger am Abzug und traute mich dennoch nicht zu schießen.

»Was will denn der Herr wissen?«

Ich schwitzte vor Aufregung und war mir nicht sicher, ob ich einem Hausmädchen mein Geheimnis preisgeben sollte.

Agnes wischte feinen Staub von meiner Kommode, und ich wusste nicht, ob ihr zu trauen sei. Meine Finger zuckten und ich hörte das Flüstern des Windes. Es war ein heller Ton, der mir das Denken leichter machte und meinen Mut stärkte. In meinem Kopf kämpfte ein Trauerflor mit einer Glückssträhne. Schau, bis hierher bist du gekommen und nun riskierst du alles für eine verrückte Leidenschaft.

Im Schutz des späten Lichtes schürzte ich meine Lippen, nahm meinen Mut zusammen und fragte.

»Wie stellst du es an, nicht schwanger zu werden?« Agnes wurde rot.

»Warum will der junge Herr das wissen?«

Ich holte aus meiner Uniform einen Beutel voller Silberstücke und reichte ihn ihr.

»Deshalb!«

Da begann Agnes zu lachen und konnte sich gar nicht einkriegen.

»Joi, Joi, habe immer schon geglaubt. Agnes kann man nicht täuschen. Agnes alles wissen. Aber leben und leben lassen. Reiche Menschen, verrückte Menschen, tun Dinge wir niemals tun.« Sie lachte weiter und weiter.

Ich unterbrach sie schroff und fragte, was sich im langen Schweigen der Liebe schon lange aufgestaut hatte.

»Na das geht doch ganz einfach«, gluckste sie: »Bevor …«

Nun war ich informiert, tat einen Freudenschrei und wunderte mich, nicht selbst darauf gekommen zu sein.

Das flatternde Uhrwerk in meiner Brust beruhigte sich etwas. Ich atmete auf.

Die nachtschwarzen Zweige vor meinem Fenster zitterten, die Balken knarrten und die Fensterflügel schlugen in einem aufkommenden Sturm. Ich wusste, was ich zu tun hatte.

Am nächsten Tag ging ich in der Stadt von Laden zu Laden, bis ich das Objekt meiner Begierde gefunden hatte. Ein schlichtes Kleid aus Moiree, das meine schlanke Figur betonte und meinen Busen zur Geltung brachte. Ich ließ es gut verpacken und brachte es heimlich in meine Stube. Zum ersten Mal in meinem Leben versetzte mich eine Robe in freudige Aufregung. Nun gut, ich würde mein Leben in die Hände des Allmächtigen legen, der womöglich gar nicht so allmächtig war. Es war wohl das Beste, die Dinge selbst in die Hand zu nehmen.

Wachsam, damit mich niemand überraschte, schloss ich meine Türe, wohl wissend, dass Frau Haller und ihre Töchter zum Tee bei der Bürgermeisterin eingeladen waren, und begann mit meiner Verwandlung in eine Frau. Den üblichen Tand und Unterhosen sparte ich mir, bürstete mein Haar auf Hochglanz und entfärbte meinen zarten Oberlippenflaum. Ich konnte doch auch einmal glatt rasiert in der Akademie erscheinen. Eine flatternde Unruhe hatte sich meiner bemächtigt, doch tröstete mich mein kurzes Haar, da es an die direktorialen Frisuren in Paris erinnerte. Wie würde Eduard reagieren?, ging es mir ständig durch den Kopf. Käme er womöglich auf den Gedanken, ich wäre eines dieser bedauernswerten Zwitterwesen?

Maiglöckchenparfum entwendete ich aus Frau Hallers Waschtischschublade und kam mir vor wie ein Schmetterling oder eine Libelle. Kurz darauf hörte ich Eduard die Treppen heraufsteigen. Schritt für Schritt, ich hätte sie ihn im letzten Augenblick am liebsten ewig steigen lassen. Dann klopfte es an meine Türe. Ich wagte nicht zu öffnen. Er klopfte wieder. Ich war starr, unerfahren in Koketterie und Verführungskunst und hätte gerne alles rückgängig gemacht. Was wäre, wenn er mich entrüstet zurückweisen würde, Kinsky Bericht erstattete oder, das hätte mich auch zutiefst getroffen, mich kalt zurückgewiesen hätte?

Nein, es war meine Regenbogenzeit und ich hatte den unwiderstehlichen Drang, eine tiefe Lust auf Entdeckung und Hingabe. Wäre die Liebe nur ein unschuldiges Spiel oder würden sich weitere Gespräche daraus ergeben?

Zarte Schweißperlen standen auf meiner Stirn, ich kam mir vor wie eine Todgeweihte, die ihre Bahre küsst. In dieser Verfassung könnte ich, Franz Scanagatta, ehemals Francesca, Eduard schwerlich umgarnen. Nachdem er zum dritten Mal geklopft hatte, tat ich einen tiefen Atemzug und öffnete mit einem Ruck die Tür.

Eduard starrte mich an und trat dann einen Schritt zurück.

»Wo ist Franz?«, fragte er arglos.

Der Knoten in meinem Hals verdickte sich zu einem ausgewachsenen Kürbis.

»Franz«, stotterte ich, »Franz, ich bin es.«

Eduard ließ sich schwer auf den nächstbesten Sessel fallen.

»Franz – du?«

Ich wollte mich zu den Spatzen und Amseln trollen, die allmählich vom Himmel verschwanden, um ihre Nester aufzusuchen.

In meinem Schrecken stammelte ich: »Eduard, ich bin eine Frau.«

»Eine Frau, du, Franz, du, der Primus, du …«

»Ja!«

»Das gab es noch nie. Eine Frau in einer Kadettenschule, eine Frau in Männerkleidern, also nein, das ist unmöglich!«

»Ich bin eine echte Frau. Ohne Wenn und Aber.«

»Wahrscheinlich bin ich verrückt.«

»Nein, nein. Verrückt bin ich, dass ich dir meine wahre Identität enthüllt habe.«

»Warum hast du das alles getan?«

»Weil ich nicht still sitzen kann. Weil ich kämpfen möchte, Wissen sammeln. Und ich wollte nicht so aussehen wie meine früh entwickelten Freundinnen, mit runden Hüften, weißem Busen und seltsam riechend …, weil ich eben anders bin.«

Eduard lachte.

»Wolltest du vielleicht riechen wie ein Stallbursche?«

»Bitte mache dich nicht lustig über mich. Höre mir gut zu. Auch wenn es unglaublich klingt, glaube mir meine Geschichte …«

Und dann überfiel mich die Verzweiflung, dass mein Schicksal ein für alle Mal beschlossen hätte sein sollen. Ich fühlte mich elend, ganz und gar uneins mit der Rolle, die mir zugedacht war, und setzte alles daran, mein Leben zu ändern. »Alles lief so gut, bis ich dich traf. Dass es in manchen Momenten sinnlos ist, sich gegen die Rolle als Frau zu wehren, auch wenn ich nach außen mein Geschlecht selbst festgelegt habe. Mit dir bin ich nicht mehr allein, auch wenn sich unsere Wege nach der Prüfung trennen werden. Du bist die belebende Seele in einer Landschaft stummer Dinge. Bei dir, so hoffe ich, kann ich beides sein. Frau und Offizier.«

Dann flüsterte ich ihm meine Liebe ins Ohr, schloss die Augen und hoffte, in eine tiefe Ohnmacht zu fallen.

Als Eduard mich zögernd küsste, bewunderte ich mich für meine Spontanität und meine Wärme, die ihn in mein Bett zog und unsere Liebe besiegelte. Wenn spätere Generationen meinten, mein Geschlecht sei nicht eindeutig gewesen oder ich hätte mich im Grunde meines Herzens von Frauen angezogen gefühlt, kann ich nur lachen. Dann wäre ich im Kloster geblieben, wo derartige Formen der Liebe en vogue waren, und hätte mich nicht unter Männer begeben.

Eduard machte es mir leicht, weil er weltoffen und sensibel war. Was immer er sich dachte, er nahm mich, wie ich war, und verlor kein überflüssiges Wort. Er respektierte meine Entscheidung, stellte sie nicht in Frage und bezeichnete mich auch nicht als Amazone. Privat waren wir Mann und Frau, in der Akademie gleichberechtigte Kollegen. Wir ergänzten uns prächtig. Er war sensibel und zartfühlend, ich pragmatisch und ehrgeizig. Eduard war meine erste große Liebe. Er war mein Engel und ich seine samtäugige Fee. Und dennoch würden wir getrennt werden, da wir nicht wussten, in welche Garnison wir kämen. Das Militär würde unser Leben trennen und auf unseren Willen keine Rücksicht nehmen.

Ich kam nicht ernstlich auf den Gedanken, die Laufbahn einer Ehefrau einzuschlagen und mich meinen Eltern zu öffnen. Ich wollte ja meinen Beruf ausüben. Also trug ich meine geheime Liebe allein mit mir herum und litt die Qualen einer liebenden Frau. Zum ersten Mal in meinem Leben hatte ich den Eindruck, das Gute falle nicht mit der Wahrheit zusammen. Bisher waren mir solche Überlegungen fremd. Jetzt aber fühlte ich vage, dass ich heuchelte. Ich schluckte schon lange die Hostie mit Gleichgültigkeit im Herzen. Wenn ich meine Liebe und mein Mädchentum verbarg, so vermehrte ich dadurch den Betrug noch. Es war nicht mehr nur eine Lüge, nun log ich doppelt. Hatte ich Böses getan? Waren Liebe und die Verfolgung des eigenen Lebensweges etwas Böses? Manches Mal dachte ich, verflucht zu sein. Als mich der Militärgeistliche im Beichtstuhl fragte:

»Welche schwere Sünde hast du begangen?«, schwieg ich. Auf sein Nachhaken hin protestierte ich. Er glaubte mir nicht und riet mir, viel zu beten.

14

Im Grunde meines Herzens war ich ein Mensch der Pflicht, daran hatte Kinskys Ausbildung nicht wenig Anteil. Der Tiergarten war Kinskys Lieblingswerk. Ständig ordnete er neue Pflanzungen und Bauten an. Unser Spielplatz hatte Gerätschaften zum Springen, Klettern, Steggehen und Zielwerfen. Wir sollten Augenmaß und Behändigkeit trainieren.

Doch es gab auch Baumanlagen, Irrgärten, Blumenkabinette und eine kleine Menagerie. Längs des Weges der kleinen Tour waren Muster aller Fruchtgattungen angebaut. Überall befanden sich Schanzen und Batterien, man warf Granaten und schoss und mit Kanonen.

Immer wieder ging ich mit Eduard die Bedienung eines Geschützes durch, wenn man auch gut acht Mann dafür brauchte. Wir beließen es bei der Theorie, die kompliziert genug war, und besprachen das Auf- und Abprotzen, die Ablösung der Reserve, die Wichtigkeit des Wischens, das Ansetzen der Ladung, das Einsetzen der Patrone, Richten und Einsetzen der Stoppine und schließlich das Abfeuern. Eduard seufzte, wir blickten uns konzentriert in die Augen und waren dennoch in genialer Zärtlichkeit verbunden.

»Das schaffst du schon«, munterte ich ihn auf.

An vielen Orten befanden sich Schießplätze für Gewehr und Pistole und Reitplätze aller Art, die Eduard überhaupt nicht schätzte. Er hatte einen großen Respekt vor Pferden. Macht nichts, dachte ich mir. Von Napoleon sagt man auch, dass er schlecht zu Pferd sei. Es gab Reitplätze für das Karakolieren, für die Attacke, für die Gymnastik und für das Furagieren. Und man musste in den Teichen mit den Pferden schwimmen.

Ich freute mich besonders, dass Vater Kinsky die Kultur der Wiesen nach lombardischer Art betrieb. Kinsky eilte mit einem Adjutanten durch den Park, erkannte uns und blieb kurz stehen.

»Ah, Scanagatta, wie immer fleißig und nun auch noch Tutor, wie ich gehört habe. Löblich, löblich.«

Ich salutierte verlegen eingedenk meiner nahen Beziehung zu Eduard. Selten war ich unserem Vater so nahe. Es ist doch interessant, dass ein Gesicht wie seines im richtigen Abstand eine wahre Magie ausstrahlte. Er schien mit seinem Gegenüber zu spielen und war doch so sehr er selbst. Ich könnte heute seinen Körper nicht mehr beschreiben, aber der Eindruck, den er face à face hinterließ, war unbeschreiblich. Wie mir überhaupt Gesichter sehr wichtig waren, weil doch meines für zwei Geschlechter herhalten musste. Es hebt sich auf seltsame Art von unserem Körper ab, erzählte ich Eduard, dem ich alles sagen konnte, weil wir uns liebten.

»Ja«, meinte Eduard: »So ein Gesicht ist schon ein seltsames Ding. Es sieht und es wird gesehen. Man ist ganz selbst, und Sinnlichkeit für den anderen.«

»Bin ich das für dich?«

»In meinen Augen ist nur Bewunderung.«

Nun rückten die Tage der Abschlussprüfung heran, die uns in theoretischen und praktischen Fächern examinieren würden. Unser Graukopf beorderte uns noch zu einem letzten Vortrag und nickte beifällig, als er unsere gespannten Gesichter vollständig aufgereiht in der Klasse sah.

Einen Augenblick schwieg er nachdenklich.

»Meine Herren!«, begann er: »Napoleon hat so manchem Deutschen das Erlebnis der
Freiheitskriege verschafft. Das dürfen wir nicht vergessen. Sein Ziel ist, die ungeheure Verwirrung des politischen deutschen Gebildes zu vereinfachen. Und, meine Herren, er wird auch weiterhin vor Österreich nicht haltmachen. Er wird, egal wie Friedrich Wilhelm laviert, die Vernichtung des friderizianischen Staates anstreben, eines angestrengten und despotischen Soldatenstaates, voll der unleidlichsten monarchischen Aristokratie. Er ist klug und verleiht den kleineren und größeren deutschen Potentaten die Souveränität, die sich sonst nur Preußen anmaßt. Man könnte auch von einem Souveränitätsschwindel der kleinen Fürsten reden. Der Rhein und Belgien sind für ihn ein unveräußerlicher Teil Frankreichs. Die rheinischen Landesverräter handelten ganz im Sinn der gefeiertsten Staatsmänner Europas.

Ich will Sie nicht belügen«, meinte Kinsky, »gestatten Sie mir offen mit Ihnen zu sprechen.

Vielleicht ist im Moment die Erbärmlichkeit der deutschen Seele ganz und gar nicht die Folge der Kleinstaaterei; man ist bekanntlich in noch viel kleineren Staaten stolz und selbstherrlich gewesen; und nicht die Großstaaterei an sich macht die Seele freier und männlicher. Eigentlich wissen wir es nicht, der Umbruch verwirrt den Geist und die Handlungsfähigkeit unserer Obrigkeit.

Nun stellt sich auch für Sie bald die Frage, ob das Volk wirklich erwacht. Der Schlaf ist zu tief gewesen, hört man allenthalben. Bedenken Sie immer: Nicht jede Bewegung ist eine Erhebung. Denken Sie nicht an die Gebildeten, denken Sie an die Millionen. Aber vergessen
Sie nie, wir leben nicht in einer Welt der Ideale, die eben nur Ideale sind, und Realpolitik, Realpolitik! Was Napoleon in den Weg tritt, wird niedergemacht, aus dem Weg geräumt; und wenn

es sein leiblicher Sohn wäre. Friedrich II. hat es nie verabsäumt, uns Österreicher als schlechte Deutsche hinzustellen. Doch nun werden wir um die heilige Krone des Heiligen Römischen Reiches mit allen Mitteln kämpfen müssen und um die Grenzen unserer Monarchie. Meine Herren, ich vertraue auf Ihren Verstand, Ihre Bildung und Ihre Fähigkeit, Österreich aus dieser Klammer des Bösen zu befreien. Bestehen Sie Ihre Prüfungen mit Bravour. Suggerieren Sie Ihren Soldaten, wie Napoleon es tut, Ihre Meinung und gewöhnen Sie sich an eine befehlende Natur. Wo immer Sie sind, befehlen Sie oder schweigen Sie. Und da man dem Feind seine Taktik abschauen muss, lernen Sie von diesem verrückten Genie: Im Krieg gibt es für Sie nur dreierlei: zehn Meilen täglich zurücklegen, schlagen, ruhen. Mehr kann und darf ich Ihnen nicht sagen und entlasse Sie nun zu Ihren Prüfungen.«

15

Wenn ich mich mit Eduard traf, erfreuten wir uns unserer Ausgelassenheit, die wir miteinander verbrachten, ohne Ordnung mit viel Lust. Wenn er seine Lektionen gelernt hatte, liebten wir uns verstohlen in meiner Stube oder spazierten an die immer schneller flüchtenden Sonnenplätze des Parkes. An manchem frühen Nachmittag, wenn sich die Lichtstrahlen über Hügel und Wiesen streuten, zog es uns satt und strotzend vor Kraft ans Ufer des Sees, von dem man sich erzählte, ein geheimer Schatz sei dort versunken. Eduard sprang ins Wasser, was mir verwehrt war, und erzählte mir von riesigen Fischen, modernden Palästen und einem unbestimmten Glockenläuten in seinen Ohren, wenn er untergetaucht war. Mein leichtsinniges Verlangen, auch in das Wasser zu springen, kopfüber der Hitze zu entkommen, wurde nur durch das Gängelband Eduards aufgehalten.

»Nein, mache das nicht, man könnte dich enttarnen.«

Doch auch die Stimme in meinem Kopf war laut genug, mich vor den Entsetzlichkeiten der möglichen Folgen zu bewahren. Eduard schwamm mit sich selbst um die Wette, dann spannten wir Grashalme zwischen unsere Daumen, pfiffen, fluchten und lachten und balgten uns wie junge Hunde.

Doch im frühen Herbst war der Augenblick da, und es geschah alles Hals über Kopf. Die große Prüfung. Wir wurden in verschiedene Klassenräume gesetzt und bekamen unsere Aufgaben zugeteilt. Um ehrlich zu sein, erinnere ich mich nur mehr an einige mathematische Aufgaben, einen Aufsatz und die Übersetzung eines englischen Textes. Alles andere ist mir entfallen, weil es nun wirklich lange genug zurückliegt. Ich konzentrierte mich so auf die mir gestellten Aufgaben, dass ich abends bei Haller müde und dankbar für eine Schale Tee war, ein warmes Bad nahm und früh schlafen ging.

Der nächste Tag verlangte uns praktische Übungen ab, die ich nur auszugsweise in Erinnerung habe. Als leichter Reiter zu Pferd zeigte ich das Anlegen und Schießen mit Benutzung von nur einer Hand. Das Pferd war so zu stellen, dass der Schuss links am Kopf vorbeiging. Die Ladeweise meiner Waffe entsprach der eines Infanteriegewehres. Ich kann mich noch an die Bedienung eines Geschützes erinnern, an Schießen mit Gewehren und Pistolen, an Fechten und Schwimmen. Ich stellte Formationen im Gelände auf und beschrieb Kavallerie-Evolutionen. Und ich wurde mit glänzenden Zensuren als offizieller Jahrgangsbester in einer prunkvollen Feierlichkeit gemeinsam mit meinen Kameraden ausgezeichnet. Eduard bestand seine Aufgaben mit mittleren Zensuren, Zensuren, die ihm und seiner Familie durchaus zur Ehre gereichten und mich glücklich machten.

Nun waren es die Wartestunden bis zu unserer Trennung, die uns mürbe machten. Mich schreckte bei aller Freude über neue Aufgaben der Augenblick, in dem wir verschiedene Wege gehen würden. Das war trotz allem der tiefe Sinn einer latenten Angst. Selbst die Sonne schien kalt und grausam. Mir erging es wie einem Spieler, meine Sucht nach Eduard erfüllte mein jammerndes Herz, quälte und bedrängte es.

Vorerst feierten wir jungen Fähnriche in der Gastwirtschaft zur Blauen Gans, einem Haus großen Stils mit holzverkleideten Wänden und vielen Bediensteten.

»Am meisten habe ich vor den französischen Kürassieren Respekt«, meinte Eduard, »mit ihren Rossschweifen und griechischen Helmen. Und erst die Pferde, breit und schwer, normannische Hengste von grauer Farbe. Natürlich auch ihre Artillerie, die es in sich hat.« Er krallte seine Finger in die Kirschlorbeerbüsche im Gastgarten.

»Mach dir nichts draus«, sagte ich ihm. »Einen Stier kann heben, wer ein Kalb gehoben hat.

Und da das Leben weder ein Gut noch ein Übel ist, bietet sich zu beidem eine Gelegenheit.«

Mehr als einmal verspürte ich in den nächsten Tagen, wenn ich unter den jungen Föhren saß, die mit Angst und Freude gemischte Leere des Himmels über mir.

Ich würde Eduard nur mehr selten sehen, es war der Preis dafür, was ich studiert und geübt hatte. Alles war still, welch ein Schweigen. Dann wusste ich es – das Blut in meinen Adern, die Unrast in meinem Kopf waren nur für mich und meine Zukunft da.

Ich lief zu den Hallers, bedankte mich für alle Wohltaten, packte meine Sachen und stattete den Lehrern und Vater Kinsky einen letzten Besuch in der Akademie ab.

Mit dem Abschied von Eduard tat ich mich schwer. Das Gefühl wog schwer, aber als Ehefrau würde ich verkommen. Seit Langem hatte ich beschlossen, mein Leben dem Militär zu geben. In der Ferne stand eine alte Eiche, niemand vermochte genau zu sagen, wie alt sie war. Sie beherrschte die Landschaft und hatte nicht ihresgleichen. So wollte ich einst werden.

Als Kind wollte ich groß und stark sein und versenkte mich in die Gestalt einer Brunhild.

Doch ging mein wahres Bestreben wohl auf Kenntnisse hinaus. Kenntnisse, die mir mein Vater und Vater Kinsky ermöglichten, wissenschaftliche Kenntnisse und militärische. Was soll man gegen die Anlagen tun, die einem Gott verliehen hat?

Nun konnte ich, ohne zu zögern, in den Krieg ziehen und darauf hoffen, Eduard doch immer wieder zu treffen.

Kinsky, der mir einen Stuhl anbot, wusste genau über die Lage des Landes Bescheid und war nicht wenig betrübt, den goldenen Traum des Heiligen Römischen Reiches bald zu Grabe getragen zu sehen, die hegemonialen Kräfte Europas erschüttert zu sehen, angesichts einer rückschrittlichen Aristokratie und eines skrupellosen Machtmenschen wie Napoleon.

In all diesem Wirrwarr sollte ich meinen eigenen Weg finden und mein Dasein rechtschaffen und ehrenvoll rechtfertigen. Zugleich würde ich meinem Land mit allem, was er mir beigebracht hatte, dienen.

Karriere war für mich noch ein abstraktes Wort. Kinsky versuchte es mir näherzubringen. Auf die Liebe zu verzichten erschien mir sinnlos, als interessierte man sich nicht für sein Seelenheil, wenn man an die Ewigkeit glaubt.

Kinsky: »Alles, was wir mit den Händen aufgebaut haben, zerstören die Franzosen mit ihren Stiefeln. Scanagatta, fünf Jahre Koalitionskrieg haben diesen Kontinent bleich werden lassen.

Sie aber, junger Mann, haben mich in Staunen versetzt.« Er sah mir in die Augen. Dann verzog er gequält das faltige Gesicht. Die demoralisierende Wirkung eines Brechmittels, das ihm Haller zur Beruhigung der Galle verschrieben hatte, beendete unsere Unterredung.

16

Mit einer Reise nach Wien begann ich meine neue Existenz.

Schon vor einiger Zeit bildete sich ein Korps von Freiwilligen aus Studenten und Kaufleuten. In kurzer Zeit hatten sich 40.000 Mann eingeschrieben. Prinz Ferdinand von Württemberg, der Schwager des Kaisers, sollte ihr Anführer werden, denn Erzherzog Karl war in so gedrückter Stimmung, dass er keinen Befehl mehr geben wollte.

Bevor ich mich bei meiner Einheit melden sollte, verblieben mir einige Tage Zeit, die ich sinnvoll zu nutzen gedachte. Allerorts wurde gerätselt, wie Napoleon es schaffte, seine Soldaten mit solch einem Elan anzufeuern.

»Oh, er hat andere Mittel«, sagte ein alter Veteran in einer Branntweinstube in Wien.

»Er leitet die Menschen nur durch die Einbildungskraft. Ohne diese ist der Mensch ein Tier.

Man lässt sich nicht für fünf Sechser am Tag oder für eine magere Auszeichnung totschlagen.

Man muss zur Seele sprechen, um den Menschen zu elektrisieren. Dann gibt er sich hin. Friedrichs II. berühmter Stock richtete sich nur an den geschundenen Leib.«

Das gab mir zu denken. Ich würde mich bemühen, die Seele meiner Rekruten anzusprechen. Die Stunde der Bewährung würde kommen.

Die Einsamkeit und die Sehnsucht nach Eduard wühlten in mir

und verschlimmerten sich von Tag zu Tag. Er war nach Böhmen versetzt worden, ich vermisste ihn.

So schlenderte ich innerhalb des Linienwalles und beobachtete Einheimische, Ungarn, Böhmen, aber auch vereinzelt Serben, die hier die neuesten Produkte kauften, um sie in ihrer Heimat anzubieten.

Seitdem Prinz Eugen die Türken endgültig geschlagen hatte, baute man in Wien um die Wette. Ich sah prächtige Palais wie das Liechtenstein, Schönborn, das Palais Schwarzenberg und natürlich Schönbrunn, die Sommerresidenz der kaiserlichen Familie.

Vor dem alten Regensburger Hof hielten noble Fiaker. Die Luft war erträglich, weil ein ständiger Wind durch die engen Straßen wehte. An den Straßenecken sah man Reiter der Kavallerie in ihren weißen Mänteln. Ein gelb lackierter Fiaker, drin saß ein hoher Beamter, fuhr langsam am Erzbischöflichen Palais vorbei und rollte über den Stephansplatz.

Da ich noch Zeit hatte, mietete ich mir auch ein Gespann und ließ mich über den Rennweg zu den weiten Gemüsegärten und Feldern in Simmering kutschieren. In der Ferne glänzten die grünsilbernen Bäume der Lobau in der Sonne.

Mein geschultes Auge sah in der strategisch günstig gelegenen Lobau einen idealen Kriegsschauplatz, nicht wissend, dass es dazu einst kommen würde.

Auf dem Heimweg fiel mir ein, dass diese Stadt von Illyrern, Kelten, Römern gegründet worden war, von Markomannen, Slawen, Langobarden und Awaren. Wien ist eine österreichische Stadt, in der ein unerklärlicher Genius Loci seit Jahrhunderten allen Bewohnern, ob hier geboren oder zugezogen, eine wienerische Prägung verleiht. Ein verschwindend kleiner Prozentsatz bestand aus Juden, die dank ihrer geistigen Bedeutung in Wien eine weitaus größere Rolle spielten, als es ihrer Zahl entsprach.

Die Rothschilds kamen aus Frankfurt, die Peireiras aus Amsterdam, die Wertheimsteins aus Worms, die Parish aus Cambridge, die Liebenbergs aus Ungarn. Aus Wien stammten die Arnsteins und Eskeles. Alles großes Geld.

Doch was mich mit Stolz erfüllte, sind die Italiener, nicht groß an der Zahl, aber sie hatten viel zu sagen und drückten der Stadt viele Stempel auf. Wie die Bodescos und die Bujadis. Erstaunlich, nur wenig Franzosen konnte ich ausmachen, vereinzelte verarmte Aristokraten. Dafür Türken, Armenier und Griechen, die kauften, handelten und auch die Verbindung zur Levante aufrecht hielten.

Ich wanderte über die Brücke zur Schottenravelin, die den äußeren Teil der Stadt befestigte, und roch, wie der Gestank der Wiener Gassen dem herbstlichen Duft von abgefallenen Blättern und welkem Gras wich.

In drei Tagen sollte ich mich dem Oberkommando melden und in eine mir noch nicht bekannte Garnison versetzt werden. Ich grüßte die Wachmänner, durchquerte das Schottentor und betrat das Glacis, das von Pfaden durchzogen und von dickem Nebel eingehüllt war. Ich streifte einsam und allein durch die Stadt, da es mir aus verständlichen Gründen verwehrt war, die Familien aufzusuchen, mit denen mein Vater Kontakt pflegte. Die Sicherheit der Akademie war verflogen, mein Gefühl gegenüber meiner Familie war entwurzelt und die Zukunft war bei all ihrer Glorie auch von Nebel überschattet.

Erstmals fand ich Muße, zu begreifen, dass ich einen hohen Preis in meinem Leben bezahlt hatte. Den Preis der Freiheit. Die Poesie des Lernens hatte sich verflüchtigt, wohin würde mich das Schicksal befördern? Würde ich jemals außer Eduard echte Freunde haben, zugehörig einer festen Seilschaft sein, oder wäre mein Leben eine ewige Flucht und Lüge? Soll ich weiterlügen? Mich weiterhin verstecken?

Ich war haarscharf daran, mir selbst eine ungewisse Wahrheit einzugestehen und nach Mailand in den Schoß meiner Familie zurückzukehren. Mag sein, dass ich auch dem Einfluss der bedrückenden herbstlichen Jahreszeit unterlag. Am Hohen Markt hatte ich mir eine Lépine gekauft und betrachtete das Fortschreiten der Zeiger. Tick tack, tick tack. Tief in meinem Inneren war ich abseits von aller Disziplin rasch begeistert, aber auch schnell enttäuscht. Ich ließ mir vom Flieder erzählen, der nun nicht mehr blühte und im letzten Jahrhundert zum ersten Mal in den Wiener Gärten eingeführt wurde, ihn brachte der gelehrte Diplomat Ogier de Busbecq aus Konstantinopel, wo er sich als Gesandter Ferdinands befand. Eine dicke Wienerin, die einen Stand am Blumenmarkt betrieb, erzählte mir von Busbecq und seinen Verdiensten und erweiterte so meinen botanischen Horizont. Herrschaftszeiten, erklärte sie in ihrer Mundart, er hat unser Geschäft kräftig belebt. Während seines Aufenthaltes in der türkischen Hauptstadt interessierte sich Busbecq für die in den dortigen Gärten aus der byzantinischen Zeit erhalten gebliebenen Zierpflanzen und unter diesen besonders für einen ihm früher unbekannten, schön blühenden Strauch, den die Türken Lilak nannten, es war der Flieder und Busbecq brachte ihn nach Wien. Er pflanzte ihn im Vorgarten seines Hauses in der Himmelpfortgasse und Scharen von Neugierigen kamen von nah und fern, um die duftenden Blütensträuße anzuhimmeln. Von Wien aus hatte sich der Flieder in die Gärten des westlichen und südlichen Europas verbreitet. Sein Haus bekam den Namen Zur Hollerstaude, da die Wiener den Strauch anfangs Türkischer Holler nannten. Tempus mutandi. Aber Busbecq brachte auch Zwiebeln von Tulpen und Kaiserkronen mit. Ebenso geschah es mit den Rosskastanienbäumen, die der Freizeitbotaniker aus der Türkei mitbrachte. Der Baum war ursprünglich in Griechenland heimisch. Und ich – wohin gehörte ich?

Woher kam ich – wohin würde ich gehen? Würde ich meine Erfüllung auf dem Schlachtfeld finden? Waren wir Menschen nicht wie die Kastanienbäume? Verschlug es uns nicht im Laufe der Geschichte durch ganz Europa, nach Asien und weiß der Kuckuck noch wohin?

17

Der Hofkriegsrat.

»Fähnrich Scanagatta, Sie erbitten die Einreihung in die operierende Armee?«

»Dies ist mein sehnlichster Wunsch.«

Ein alter Offizier blätterte meine Unterlagen durch, legte sie beiseite und blickte mich aufmerksam an.

»Das klingt alles vielversprechend. Ihre Zensuren, Ihre hervorragende Felddiensttauglichkeit, wir brauchen tüchtige Offiziere, da wir so viele auf dem Feld der Ehre verloren haben. Der Kontinent liegt erschüttert im Delirium, unsere Äcker gleichen nackten Ziegeln des Bodens, unsere Apfelbäume strecken ihre knorrigen Äste gegen den Wind.« Der Mittag war vorbei, es roch in den Gängen des verwitterten Gebäudes ekelhaft nach fettem Eintopf und Kohlsuppe.

Ich saß aufrecht auf meinem Sessel, bewegte mich nicht und wunderte mich über die Sprechweise des alten Mannes. Offiziere reden üblicherweise anders. Trocken, knapp, zielgerichtet. Dieser war anders.

Der Offizier bot mir einen Apfel an, und als ich erstaunt die Augenbrauen hob, sagte er mit einem bitteren Lächeln: »Die Armee ist für Almosen reif, junger Mann. Da sehen Sie, was der Ruhm kostet. Warasdiner St. Georgs Grenz-Regiment Nr. 4, sechstes Bataillon!«

»Jenes, das am Rhein steht?«

»Genau selbiges!«

Nun war ich zugeteilt, und der schmutzige Sporenstaub würde bald meine Stiefel bedecken.

Ein Eselswagen fuhr vorbei, holperte über die schlecht gepflasterten Wege. Eine tiefe Traurigkeit bemächtigte sich meiner, wenn ich an das Dasein meiner Familie dachte in dieser prekären Lage Italiens und die unglückliche Zukunft Europas. Die Tränen traten mir versteckt in die Augen und eine tiefe, mich verunsichernde Verzweiflung machte sich in meinem Innersten breit.

Hin- und hergerissen zwischen meiner Liebe zu Eduard, der Angst um unser Europa, der Begeisterung nun Offizier zu werden, war mein seelisches Gleichgewicht aus den Fugen geraten. Ich hatte mich in der Akademie an eine innere Gefügigkeit gewöhnt und glaubte sicher zu sein, dass alles in allem Gott und der Kaiser dies von mir forderten. Doch diese Gefügigkeit war brüchig, denn sie beruhte auf einer Lüge und meiner eigenen

Vielschichtigkeit. Die Sicherheit der Akademie lag hinter mir, nichts Greifbares vor mir. Meine Zimmerwirtin ließ heißes Wasser in einen Bottich laufen, und ich gab mich der Wärme und dem Wasser hin. Das linderte die meisten meiner seelischen Schmerzen. Kurz nach Mitternacht streckte ich mich auf dem Bett aus, erschöpft und ausnahmsweise einmal nackt, um meine blutunterlaufenen, eiternden Brüste etwas zu entlasten.

Doch leider konnte ich nicht schlafen, nahm mir eine Decke und ging in die kalte Nacht hinaus. Dort wanderte ich bis zum Morgengrauen. Was würde die Zukunft bringen? Das Haus meiner Vermieterin war mondgrün angeschienen, die Kälte biss.

Fern meinem Quartier waren Schweine untergebracht und man hörte das laute Quietschen eines abgemurksten Tieres. In dieser Stadt wurde bei Nacht gemordet.

Nun, als alter Frau, erscheinen mir die Toten der Schlachten, die ich noch zu schlagen hatte, als Menschen und nicht als Feinde. Der Krieg ist ein ausschweifender Wüstling. Viele Offiziere waren impertinente Dandys und die Kriegstreiber, unsere Antagonisten, Verherrlicher des Bösen. Dumpfheit, Blut und Sünde ließen ganze Landstriche veröden. Die Soldaten ernährten sich von dem, was sie vorfanden, wie Bettler. Satan, der dreimal Große, übte seine Künste. Napoleon, der Beelzebub, lehrte uns den Gestank der Hölle.

Des Teufels Fäden bewegten unsere Truppen, Napoleon zog uns wie an der Brust gealterter Mätressen durch die Lande. Der waffenklirrende Wüstling stillte seine tolle Gier nach Thronen, um sie wie dürre Früchte auszupressen.

Bald sag ich Lebewohl zu diesem langen Leben, im goldenen Abendschimmer meiner aufgezogenen Vorhänge, und frag mich stets: Wo seid ihr morgen, ihr Zerschlagenen, ihr Menschheitstrümmer?

18

Nun gut, ich sollte einen Rekrutentransport aus Ungarn meinem Bataillon als Verstärkung zuführen, das als Vorposten am rechten Rheinufer in der Nähe von Kehl stand. Agnes war mir eine große Hilfe. Sie lehrte mich einige ungarische Wörter und gewährte mir auch einen tiefen Einblick in die Seele der Magyaren. Der mir zugeteilte Feldwebel Hascherl entsprach in allem und jedem seinem Namen nicht. Er hatte das armselige Trüppchen geschliffen und dressiert wie in der Ausgeburt eines Fiebers. In der Überzeugung des Feldwebels war ich, der Kommandant, ein unerfahrener Neuling, dem er trotz allem widerwillig Respekt zu erweisen hatte. Dennoch konnte er es sich nicht verkneifen, mir meine Unerfahrenheit subtil unter die Nase zu reiben.

Hascherl versank nie ins Grübeln und hatte auf alles eine Antwort. Inmitten dieser Kriege und politischen Auseinandersetzungen wusste er über persönliche Feindschaften wie Freundschaften Bescheid und hinterließ den unbestimmten Eindruck, er wäre die Armee in Personalunion.

Als ich meine Mannen in Empfang nahm, ungewaschene, ungebildete Bauerntölpel, die nicht wussten, was sie erwartete, spielte ich mit gezinkten Karten.

Ich malte ihnen eine sorglose Zukunft vor, genug zu essen, Frauen und die Möglichkeit zu plündern, wo sich die Gelegenheit ergab. Karte für Karte spielte ich meine fadenscheinigen Argumente aus. Hätte ich ihnen sagen sollen, dass sie bloß

Kanonenfutter waren? Wusste ich selbst, wie lange ich noch zu leben hatte?

Mein Bursche lächelte nur dümmlich. Mein Bursche. Ich hatte großes Glück mit ihm. Es gab wohl in der ganzen k.u.k. Armee keinen größeren Dummkopf als ihn. Am Abend vor unserer Abreise gab ich Hans, meinem Burschen, meine Wäsche zu waschen, mein Mieder wusch ich selbst. Hans kam aus einem krainischen Nest und hatte wohl nie den Unterschied zwischen Hahn und Henne begriffen. Er bediente und umsorgte mich, wichste mir die Stiefel, reichte mir Hemd und Jacke, Hose und Kopfbedeckung, war aber offensichtlich blind.

Herr Fähnrich, bitte, Herr Fähnrich, danke …

Hans im Glück. Das war er, mein Dummerchen in seiner Beschränktheit. Das heiterte mein Gemüt auf. Glück gehabt.

Unser Ziel war die Truppenbrigade des Generalmajors Fink, die von Major Seitel befehligt wurde. Des Morgens kam ich darauf, dass mein Bursche eines meiner Hemden an sich genommen hatte, weil er glaubte, von diesem gingen wundertätige Eigenschaften aus. Ich konnte mir das Lachen kaum verkneifen und musste dennoch streng tadeln.

Meine zerlauste Truppe hatte einen Marsch von fast 800 Kilometern zu bestehen. Und dies unter meiner Führung. Wien, Salzburg, München, Kehl.

Die mitgeführte Verpflegung war spartanisch. Kartoffeln und Kraut. Und, ein Neuling, wie ich einer war, fiel mir erst peu à peu auf, wie wichtig die Stationierung eines Regiments war, seine ethnische Zusammensetzung, der Bildungsstand der Mannschaft sowie die Fähigkeit der Offiziere.

So kämpften wir uns über staubige Straßen, vorbei an schäbigen einspännigen Fuhrwerken, umringt von selbsternannten Lieferanten, die sich unserer Einheit anschlossen und mir private

Unterkunft, Essen und Frauen anboten, was ich jedoch ausschlug, um meiner Truppe nahe zu sein und ihr Elend zu teilen. Ich dachte an die französischen Offiziere und nahm sie mir zum Vorbild.

Wir waren noch keine Wochen unterwegs und befanden uns auf einem kilometerlangen Bergpfad, als eines unserer Mulis den Tritt verlor und einen jungen ungarischen Bauernsohn mit sich in die Tiefe riss. Da unser Trüpplein über keinen eigenen Feldscher verfügte, einen Berufsstand, der aus den Badern und Barbieren hervorgegangen war, standen wir nun allein vor dem Malheur. Der junge Lajos schrie und wimmerte, an einem Dornenstrauch am Abhang hängend, und hatte sich offensichtlich die Schulter ausgekegelt.

Nun, ich hatte zwar kein niedriges medizinisches Studium im Sinne Maria Theresias abgelegt, doch war mir die Zeit bei Haller keine schlechte Schule gewesen. Die glückliche Fügung wollte es, dass ich einmal Zeuge wurde, wie Haller eine ausgerenkte Schulter mit einem gekonnten Griff wieder einrenkte.

Seltsam, dass ich wieder etwas unternahm, das mir die Zukunft erst viel später als Berufung zuteilwerden ließ.

Nachdem wir den Pechvogel mühevoll geborgen hatten, stieg mir erst einmal der Schweiß auf. Der zwei Meter große Mann sah mich skeptisch und unterwürfig an. Hascherls barscher Ton, er solle sich nicht so anstellen, verbesserte die Situation auch nicht. Der arme Kerl konnte nur links salutieren, als er mich sah.

»Lajos, stillgestanden!«, fuhr ich den armen Wurm in meinem miserablen Ungarisch an und während diese dumpfe Eiche von einem Mann noch automatisch gehorchte, schlich ich von hinten an den Mann heran und wagte den Haller'schen Griff. Lajos heulte wie ein geprügelter Hund, doch seine Schulter war wieder gesund.

Hascherl sah mich erbittert mit seinen eisblauen Augen an, das Murren der Männer verstummte und eine kaltfeuchte Brise durchzog das Tal. Die Mannschaft schwieg betroffen und erstaunt.

Von meinen Männern konnte ich von nun an alles erwarten. Hatte doch ein Offizier einen niederen Dienst an einem der Ihren vollzogen. Hascherl pinkelte in aller Ruhe und drehte sich, die Hose schließend, um.

»Auf diese Weise fangen Herr Fähnrich an zu verlieren.«

»Halte er den Mund«, schrie ich, »das ist ein Befehl.«

Ein weiteres Problem war die Verpflegung. Da ich nichts von Plünderungen, aber viel von der Jagd verstand, suchte ich mir die Bauernjungen heraus, denen ich entlocken konnte, dass schon ihre Väter dem Frevel der Wilderei gehuldigt hatten.

So begab ich mich mit einer kleinen Schar leidlicher Schützen in die umliegenden Wälder, während ein anderer Trupp als Treiber die hier versteckten Wildsauen munter machen sollte. Das Jagdglück war uns hold, und wir hatten endlich Fleisch für die Mannschaft. Wir schmorten die Sauen und Ferkel auf improvisierten Grillstangen, das Feuer loderte und gloste später und die Männer konnten sich den Bauch vollschlagen. Zufriedene Gesichter waren mein Lohn.

»Damit haben Sie ihr Heimweh auch nicht besiegt!«, knurrte Hascherl.

Doch im Dunkel der Nacht hörte ich Lajos zu seinen Kameraden sagen: »Von dem kleinen Scanagatta kann man alles sagen, nur nicht, dass er ein Halunke ist.«

Die Nächte vertrieb ich mir am Feuer mit Kartenlegen, an den Tagen ritt ich gemächlich, die zartesten Hände der k.u.k. Armee hielten die Zügel, während sich Hascherls Pranken wie die Klauen eines Jagdfalken verkrampften.

Am schwierigsten Abschnitt eines Berghanges begegneten wir

einem Trupp von Freischärlern, die in ihren Ochsenkarren Silberzeug, Porzellan und Teppiche verbargen. Ihnen voraus kurz vor Ende des Abstieges ritt ein Reiter im irrwitzigen Galopp. Er trug eine dunkle Kapuze, die sein Gesicht verdeckte, und raste so zügellos, dass meine Mannen und Zugtiere scheuten und beinahe abgestürzt wären.

Ich schrie ihm noch nach: »Schau auf deinen Weg, verfluchter Hundesohn.«

Gebannt beobachtete ich, wie der Reiter verschwand. Er verstand sein Tier zu bewegen. Respekt. Nachmittags erklommen wir den höchsten Hügel und der dunkelblaue Horizont weitete sich zu einer nebeligen Ebene, in der Ferne lag der Rhein, im Dunst des Himmels verbarg sich Kehl.

Um zwei Uhr nachts erreichten wir die kleine, aber strategisch bedeutsame Stadt im Westen Baden-Württembergs gegenüber der Metropole Straßburg.

Dieser Brückenkopf zu den linksrheinischen Gebieten war wieder einmal ein Schauplatz kriegerischer Handlungen. Im Laufe seiner wechselvollen Geschichte gehörte es einmal zu Frankreich, dann zu Baden oder zu Österreich. Die zerfallenen und demolierten Stadtmauern, die schäbigen Kirchtürme sprachen von der prekären Lage der Stadt, die in einer ausgedehnten Tiefebene lag.

Ich betrachtete das Desaster. Der Winter mit seinen dürrkrüppeligen Zweigen, Bäumen und Büschen verstärkte den trostlosen Anblick. Da sah ich den Reiter mit der Kapuze, der im Galopp über die Brücke ritt. Der Feldwebel rätselte knurrend: »Wer weiß, welche Depesche er mit sich führt?«

Wer wusste in diesem Krieg überhaupt etwas?

19

Unser Vorposten am rechten Rheinufer hielt sich nicht lange. Als ich meine Mannen unversehrt als Verstärkung zuführte, war die Milch wohl schon vergossen. Der Major befahl mich zu sich, bot mir einen Sessel an und sagte:

»Scanagatta, Sie haben Ihre Aufgabe, so unerfahren Sie auch sind, ohne Verluste hervorragend gelöst. Ich belobige Sie. Doch wird uns diese Verstärkung wohl auch nichts mehr nützen. Die Franzosen rücken mit ihrem ungewöhnlich flotten Tempo über den Rhein an. Sie werden vermutlich den Weg zwischen Kielstett und Diersheim nehmen. Wir werden nicht in der Lage sein, Kehl zu verteidigen. Ja, das haben wir dem Frieden von Campo Formio zu verdanken. Der Kaiser anerkannte den Rhein zwischen Basel und dem Fluss Nette als Ostgrenze Frankreichs. Diese Tatsache verschlimmerte die Situation für den Strategen umso mehr.« Es blieb uns also nichts anderes übrig, als uns bis nach Mannheim zurückzuziehen. Die Stadt faszinierte mich. War sie doch als Gitter angelegt, eingebettet zwischen Rhein und Neckar.

Als unser Bataillon dort ankam und Unterkunft requirierte, staunten wir nicht schlecht, dass wir keine Straßennamen vorfanden, sondern Buchstaben und Zahlen. Die Stadt war 1795 von den Franzosen eingenommen, glücklicherweise aber von unseren Truppen wieder zurückerobert worden.

Trotz der internen Anweisung, es solle bei unserer Ankunft keine besondere Kundgebung stattfinden, kam der Stadtrat mit besorgter Miene, eine Schar ehrwürdige Honoratioren empfing uns mit gemischten Gefühlen. Speis und Trank wurden zur Verfügung gestellt, aber der Glanz unserer Säbel leuchtete ihnen matt. Eine Musikkapelle tönte dünn in der verschleierten Morgenröte. Einsetzender Regen vereitelte jede weitere Aktion, ehe wir Offiziere noch in den Bürgerwohnungen untergebracht wurden, unsere Mannschaften in Ställen und Scheunen. In den Augen unserer Quartiergeber sahen wir den staatsgebundenen Nationalgeist des Untertanen der Aufklärungszeit, ein zweckbewusster Nationalismus keimte auf. Ich erinnerte mich wieder an Sonnenfels, der in seiner Schrift über die Liebe des Vaterlandes sagte:

»Wer ist Landsmann?«

Antwort: »In Frankreich ein Hanseat oder Bayer. In Hamburg ein Königsberger oder Berliner.

In Berlin ein Königsberger und ein Memler. In Memel zwei Königsberger.«

Doch in den Augen der Mannheimer las ich etwas Neues, nichts Gutes. Diese merkwürdige Stimmung dauerte noch die nächsten Tage, bis wir nach Böhmen abkommandiert wurden. Die Wintersonne strahlte bei unserer Verabschiedung. Trotz der Kälte kochte die Luft blasig, der Bürgermeister verabschiedete uns wortreich. Er sprach mit schleppender Stimme und hielt sich einer kranken Hüfte wegen nur mühsam aufrecht. Ein etwa zwölfjähriges Mädchen mit Tüllvolants am Kleid rezitierte vor Hast fast erstickend eine Ode über die Ruhmestaten der Österreicher.

20

Weihnachten in Prag und einige Tage frei. Der Empfang in der Garnison war weder frostig noch freundlich, das mir zugeteilte Quartier mehr als spartanisch. Als junger Fähnrich hatte ich mit einigen anderen einen recht kahlen Raum zu teilen, was mir natürlich in meiner speziellen Situation gewaltig Sorgen bereitete. Wenigstens war der Kompaniekommandant bereit, Feldbetten aufstellen zu lassen. Hektisch suchte ich täglich nach Wanzen und befahl Hans, meine Bettwäsche, so gut es ging, zu waschen.

Also suchte ich einen sogenannten Möbeljuden auf und ließ mir Sessel, Tisch und Kasten liefern, die ich auf Zeit mietete. Der gute Mann brachte mir auch Seife, Handtücher, Parfum und Schokolade. In der Lethargie der Abendstunden lag ich in meinem Bett und wartete auf einen Brief Eduards, der auch in Böhmen stationiert war. Weihnachten ging vorüber und ich bekam nur von meiner Familie Post. Meine Leidenschaft war fast unbezähmbar, aber meine Liebe trotzte allem. Könnte ich Eduard nur sehen, kurz mit ihm sprechen, seine Hand halten, seinen betörenden Duft riechen. In mir platzte fast die Lust der Jugend, doch ich musste mich beherrschen, wie immer meinen Dienst diszipliniert erledigen.

Ich träumte von den Feldern und Wiesen in Wiener Neustadt, die ich mit ihm durchschritten hatte, von der Pracht der weißen Lilien, die unsere Lieblingsblumen waren, vom Purpurschein der Rosen im dortigen Park und litt unsäglich unter der Trennung von ihm. Böse Vorahnungen erwachten, kein Brief, keine Depesche, kein Tratsch von Kollegen über ihn.

Ich befragte die Möbeljuden, die viel umherkamen, beschrieb ihn, ob sie ihn nicht gesehen hätten. Sie schüttelten nur den Kopf, waren gegen ein entsprechendes Entgelt bereit, ihr weitverzweigtes System zu nutzen.

Entgegen meiner sonstigen Gepflogenheit unterhielt ich mich in der Garnison mit den anderen Offizieren, da ich sonst stets Abstand hielt, um nicht unnötig aufzufallen. Ich beschrieb Eduard, erklärte, er sei mein bester Freund, ob ihn nicht irgendjemand zu Gesicht bekommen hätte. Von seinem Bataillon erhielt ich nicht einmal Antwort.

Ich war von einem leichten Fieber geschwächt, da besuchte mich mein Möbeljude, ein reizender älterer Herr. »Herr Fähnrich«, sagte er zu mir, »ich bringe leider keine guten Nachrichten.«

Ich wurde ganz schwach, als ich das hörte, und machte mich auf das Schlimmste gefasst. Der alte Herr reichte mir ein Schreiben Eduards, das dieser schon vor Wochen an mich gesendet, das mich aber nie erreicht hatte. Er lächelte mit dem leisen Hinweis, dass die Feldpost eben sehr unzuverlässig sei, glückliche Fügungen ihm aber diesen Brief in die Hände gespielt hätten.

Ich fragte nicht lange nach. Mit zitternden Händen öffnete ich das Siegel und blickte auf die vertraute Schrift. Typhus, las ich, schwer krank, ewige Liebe und Abschied. Ich ließ den Brief fallen und schluchzte. Mein Eduard war tot.

»Sie haben ihn recht gemocht!«, stellte der alte Herr fest, ohne eine unzulässige Bemerkung zu machen. Was er sich vielleicht dachte, verschwieg er.

Mein Leben war eine einzige tief empfundene Klage geworden. Eine nie gekannte Einsamkeit erfasste mich, die weder durch die Existenz meiner Familie noch durch meinen Stand als Offizier gemildert werden konnte. Das Siegel der Wahrheit brannte in meinen Händen.

Mein lieber alter Möbeljude gab mir seinen Segen und zog sich diskret zurück. Einige Tage später traf ich ihn in einer Schenke wieder. Uns jungen Offizieren sagte man nicht viel, und der Tratsch ersetzte die klare Information. Samuel Weisz trank sein Gläsle Tee, grüßte mich freundlich und winkte mich zu sich. Er hatte einen Korb mit frischen Fischen neben sich gestellt und umarmte mich väterlich, als ich an seinen Tisch trat. »Ist die Sintflut schon überstanden?«, fragte er mich lächelnd. Ich schüttelte traurig den Kopf. »Wie sieht die militärische Lage aus?«, fragte ich ihn, um meinen privaten Kummer zu verbergen.

»Meine Brüder und ich kommen viel herum, man hört dieses, man hört jenes, aber dem Erzherzog Karl hat man ganz böse zugesetzt. Er ist jetzt zwar Gouverneur und Generalkapitän des Königreiches Böhmen und wird von der Bevölkerung freudigst aufgenommen, aber seine Stellung ist wohl nur repräsentativ. Das hat er sich nicht verdient«, meinte der Herr.

»Er soll etwas marod sein?«, fragte ich.

»Ach was, er hat lediglich vorübergehende Augenprobleme. Mir tut er leid. Sein Bruder, unser verehrter Kaiser, macht ihm das Leben so schwer wie möglich, obwohl Karl die beste Lanze gegen Napoleon ist. Aber man lässt ihn nicht, wie er will. Gerade während Karl seine glänzendsten Siege in Deutschland erfocht, traf ja aus Italien eine Unglücksbotschaft nach der anderen ein.«

Ich atmete tief und dachte an die Meinen, dachte an Mailand.

Der Wurmser hat Mantua verloren und Karl hätte gerne Frieden geschlossen, er sah eine günstige Gelegenheit im Rückzug der französischen Armeen aus Deutschland, da durch deren Rückzug auch Napoleons Stellung in Italien gefährdet schien. Aber nein, Alvinczy erhält von Wien aus Befehl, neuerdings in Italien vorzurücken, und wird vernichtend geschlagen. Und dann kapitulierte Wurmser.

Samuel trank seinen Tee und murmelte: »Außenseiter wissen immer am meisten. Über Karl wurden sämtliche verhängnisschwangeren Sonnenfinsternisse der Monarchie ausgeschüttet.

Er, der ruhigste und begabteste der erzherzoglichen Brüder, war schon ein besonderer Mann.

Er war schon so vielen Kugeln ausgewichen, dass man nur mehr an Schicksal glauben konnte.

Die Mehrheit des Wiener Publikums, vor allem Marie Christine, war, wie der preußische Gesandte nach Berlin berichtete, über das dem Erzherzog zugemutete Opfer empört, weil man sich sorgte, dass die eben erst errungenen Lorbeeren des Prinzen rasch verwelken würden.

Wenn wirklich dieser bisher vom Glück begünstigte Feldherr seinen Ruhm einbüßen und der Kranz des rührigen Bonaparte um ein neues Blatt bereichert werden sollte, so werden es die Wiener, wie ihr Murren deutlich machen wird, dem Baron Thugut nimmer verzeihen, dass ihr Idol für ein verfehltes, aussichtsloses Unternehmen aufgeopfert wurde.« »Und Mantua?«, fragte ich empört.

»Die Erregung stieg, als nach dem Fall der Festung Mantua die Lage auf dem italienischen Kriegsschauplatz gänzlich unhaltbar geworden war. Doch Thugut ließ sich durch diese Stimmen des Unwillens, das Grollen der ‚Canaille', wie er, der zum Baron erhobene Bürgerliche, das Volk zu nennen beliebte, keineswegs einschüchtern. Heuchlerisch meinte er, dass man den Ruhm Seiner königlichen Hoheit nicht aufs Spiel setzen dürfe, man müsse darauf die größte Rücksicht nehmen, aber wenn die Interessen des Staates fordern, dass etwas riskiert werde?«

»Ja, aber …«, stotterte ich.

Da sagte Samuel leise: »Die Heuchelei lag darin, dass es nicht im Interesse des Staates gelegen war, die letzte Karte gegen Napoleon auszuspielen und den eben erworbenen Ruhm des Erzherzogs für eine verlorene Sache zu opfern.«

Samuel befeuchtete seine vom langen Reden trockenen Lippen mit Tee. Ein Windstoß fegte allerlei Krimskrams vom Tisch. Ich bückte mich und hob Samuels Aufzeichnungen, Pfeifen und Tabak auf.

»Und wie reagierte Karl?«, fragte ich Samuel.

Karl schickte seinen Generalstabschef in das Hauptquartier der italienischen Armee. Na, und die war in einem geradezu schauerlichen Zustand.

»Wie groß waren die Regimenter«, fragte ich neugierig, meinen Kummer fast vergessend.

»Nun, höchstens 200 bis 300 Mann. Die meisten Bataillone waren ohne Kommandanten, manche hatten sogar nur drei Offiziere. Ihr kläglicher Zustand verkörperte sich in ihrem unglücklichen Führer, denn Mayer fand den greisen Alvinczy im Bett liegend, mit geschwollenen Füßen, den Bericht über seinen Feldzug jeden Augenblick mit dem Ausruf unterbrechend: Mein Gott! Wenn nur der Erzherzog oder sonst wer das Kommando von mir übernähme.«

»Teufel – bei uns geht ja alles drunter und drüber!«, warf ich bestürzt ein.

»Es wird ja immer toller«, flüsterte Samuel.

»Trotz dieser verzweifelten Lage hatte der Feldherr das ihm von dem französischen General Leclerc gemachte Angebot eines Waffenstillstandes abgelehnt, was Mayer unbegreiflich erschien, weil man doch die Möglichkeit gehabt hätte, die italienische Armee, die für den Augenblick ganz und gar operationsunfähig war, halbwegs auf gleich zu richten. Aber Alvinczy war der Abschluss einer

Waffenruhe von Wien aus strikt untersagt worden. Wie du siehst, kleiner Fähnrich, der Fisch stinkt vom Kopf. Karl reist kurz ins Hauptquartier, sieht die Malaise und fährt nach Wien, um Bericht zu erstatten. In Wien erklärt er, dass Napoleon einen glänzenden Feldzug gewonnen habe und dass unsere vier Armeen vernichtet worden sind. Karl wurde aus Wien fortgejagt und musste sich Napoleon stellen, der den denkwürdigen Ausspruch tätigte: Bisher habe ich Armeen ohne Feldherren besiegt, nun eile ich einen Feldherrn ohne Armee zu bekämpfen.«

»Also er stellt sich«, grübelte ich, meinen Kummer kurz vergessend, und spielte im Kopf seine miesen Optionen durch.

»Napoleon griff Karl vom Tagliamento her an, nach längerem Geschützkampf setzten seine Truppen über den Fluss und demoralisierten die Kaiserlichen zur Gänze. Die Kavallerie kehrte um, mit großem Geschrei, und lief in größter Karriere davon.« »Hat er sich noch etwas einfallen lassen?«, fragte ich.

»Was denn? Seine Hoheit analysierte so zirka folgendermaßen in einem Bericht:

Wir haben eine elende, schwache Truppe. Napoleon wird sich jetzt in das Gebirge werfen, den Kreuzberg forcieren, während er mich mit der Kavallerie en échec halten wird. Und die Truppen, so sich in Tyrol befinden, die von der Rheinarmee kommen, und meine, ganz voneinander getrennt, sie können gesprengt werden und ich bekomme nie eine Armee zusammen, mit der ich ihm die Spitze bieten könnte. In dieser traurigen Lage hängt unser Schicksal nur von Bonaparte ab.

Na ja, und dann hat er versucht, sich hinter dem Isonzo zu halten.«

Ich seufzte. Mein armes Italien. Meine Familie schrieb nur familiäre Ereignisse, aber man wusste, dass Napoleons Truppen brandschatzten, requirierten, zuweilen vergewaltigten. Vor Jahren hätte ich noch fantasiert, mich ihm allein entgegenzuwerfen. Heute verstand ich die Kriegskunst und realistische Möglichkeiten.

Indem sich in Böhmen für unser Bataillon nichts weiter tat, wurden wir nach Troppau beordert. Seit Friedrich Schlesien erobert hatte, blieben Österreich davon nur mehr Teschen, Troppau und Jägerndorf sowie Teile der Breslauer Neiße.

Im Herzogtum Ober- und Niederschlesien hatten die Reformen Josephs einiges bewirkt. Troppau war eine lebendige Stadt mit einer stattlichen Zahl an Tuch- und Wirkwaren, Bierproduktion und Sägewerken. Wer konnte damals ahnen, wie weit die technische Zivilisation einst, wenn ich alt werden würde, hinter Deutschland zurücklag? Damals war davon noch nichts zu bemerken. Ganz im Gegenteil. Die Stadt blühte und prosperierte.

Troppau liegt an der Heeresstraße zwischen Prag und Krakau und atmet noch den Geist des Deutschen Ordens, der dort lange Hof hielt. Die ländliche Bevölkerung war teils rechtlich, teils faktisch an die Scholle gebunden. Dennoch war die Leibeigenschaft durch Joseph II. aufgehoben worden, man konnte seine Religion frei ausüben, die Zentralverwaltung befand sich aber in Brünn.

So bezog ich Quartier, dieses Mal gemeinsam mit einem Fähnrich aus Ungarn, und wunderte mich über diese Mischung aus moderner Industrie und Allmacht des Staates. Für mich als Italienerin eine ungewohnte Mischung.

»Sag, Sandor«, fragte ich ihn: »Weshalb ist der Staat hier so mächtig, besteht auf seinen Einrichtungen, ist die Polizei so schrankenlos wirksam?«

»Weil man die Neuerungen so weit wie möglich unterdrückt.«

»Wird verwaltet oder wird regiert?«

Diese Frage blieb unbeantwortet. Dann murmelte Sandor leise: »Der Staatsbürger hat nun bloß einen vegetativen Charakter.«

22

Sandor war ein durch die Ermunterung Josephs angestachelter stolzer Magyare kleinadeliger Abkunft. Sein Bursche war ein aufgeweckter Kroate, dem er hart zusetzte und der ihm nichts recht machen konnte. Egal ob liberal oder konservativ, auf die Kroaten schauten die Ungarn herab. Dennoch war mein Kamerad ein liebenswerter Mann. Wir gingen abends gerne zusammen in eine Schenke, und ich erzählte ihm von meiner Zeit in der Theresianischen Militärakademie.

Schön langsam verschleierte sich der Schmerz über den Tod Eduards, obwohl ich ihn nie vergessen werde. Die Ausbildung der Rekruten nahm meine Aufmerksamkeit in Anspruch. Ich versuchte bei ihrer Ausbildung nicht nur mit dem Verstand, sondern auch mit dem Herzen bei der Sache zu sein. Ich vergaß nie, dass alles Menschliche an einen dünnen Faden hängt und ich nicht wissen konnte, wie lange diese armen Bauernbuben zu leben hätten.

Schön langsam wuchs die zweite Koalitionsfront gegen Napoleon zusammen. Nach langen Verhandlungen zeichnete es sich ab, dass Österreich, Russland, die Türkei, der Papst, die italienischen Staaten und Portugal vielleicht eine zweite Koalition bilden würden. Es war geplant, dass Erzherzog Carl den deutschen Krieg führt.

Ich machte mir aber meine Gedanken, dass unsere Kavallerie keine größeren Verbände kannte als Regimenter und Brigaden. Im

Unterschied zu den Franzosen. Napoleon suchte seine Kavallerie als Reserve zu vereinen und bildete selbst auf Kosten der Divisionen, denen diese Waffe oft fehlte, Brigaden, ganze Divisionen und sogar Kavalleriekorps. Sein Prinzip war der

Masseneinsatz der Reiter. Wollte er aber ein Armeekorps detachieren, musste er ihm Kavallerie aus der Reserve zuteilen, die dann keineswegs mit ihrer Aufgabe vertraut war. Bei uns verfuhr man entgegengesetzt. Wir mischten die Waffengattungen in einer Brigade.

Dann wurde ich zu einem Oberst der Infanterie befehligt, der von mir und meinen Auszeichnungen in der Akademie unterrichtet war und mich als Assistent mit dem Auftrag betraute, die Überlegenheit der französischen Batterien zu analysieren.

»Scanagatta, Sie werden mir gründlich recherchieren und in zwei Wochen einen detaillierten Bericht abliefern.« Ich ruckelte innerlich wie ein Schiff an den Pollern und stand stramm. An Schlaf würde in den nächsten Wochen nicht zu denken sein, denn tagsüber musste ich ja Rekruten drillen.

Hans, mein Bursche, organisierte mir etwas Marzipan und Schokolade, sie würden zwar die Finger klebrig machen, den Geist aber wach halten. Unter meinen Nägeln würde sich dunkle Tinte sammeln und ich würde Hans zum wiederholten Mal erklären, wie man türkischen Kaffee zubereitet. Ich habe es schon erwähnt, dass es keinen größeren Dummkopf in unserer Armee gab als ihn. D'accord. Mir war es recht, solange er mein Weibsein nicht erkannte. Doch seine Pupillen weiteten sich nie. Nichts und niemand schürte seine Gier. Er war schlicht und brav wie ein Ochse und wunderte sich nie, dass er mich nicht rasieren musste.

Hier in Troppau dachte ich wieder an meine Heimat, meine Lombardei, wo man den Katzen keine Namen gibt, die Sonne scheint und die Menschen fröhlich sind, und vermisste dennoch nichts. Die Kinderwelt war nicht mehr zu halten, ein unbemerkt versickertes Gewässer, verloren gegeben an den Lauf der Zeit.

Dennoch schrieb ich an den Senatore, an Mama und die Brüder, und bekam wie immer ängstlich angespannte Briefe zurück, die sich nur insofern geändert hatten in ihrem Inhalt, als man sich langsam mit der absurden Situation abfand. Ja, Papa hielt wie immer Siesta, Mama fürchtete täglich um meine Jungfräulichkeit, meine Brüder durchliefen kaufmännische Ausbildungen. Tante Fiona war verstorben, Onkel Guido litt wie immer an der Gicht und unser ältester Diener Giuseppe hatte sich ein Bein gebrochen und würde wohl seinen Dienst nicht mehr versehen können. Papa versprach, ihm eine Rente auszusetzen, mit der er sein Auskommen finden würde.

So setzte ich mich an einem Mittwochabend an einen jener Schreibtische, die uns die genialen Möbeljuden brachten, und studierte Bücher, Landkarten und Depeschen von den Kriegsschauplätzen, natürlich auch Augenzeugenberichte, die ich akribisch gesammelt hatte.

Ich wusste, dass ich bald, vielleicht schon auf dem nächsten Schlachtfeld, verbluten konnte.

Somit war diese Tätigkeit ein Aufschub des Wahrscheinlichen. Ein weites Feld lag vor mir,

Schlachten ohne Grenzen, Garnisonen im Nebel. Was ich nicht alles in einer Art von Maulwurfsglück in der Armee gefunden habe! Diese Kriege waren ein Verbrechen, blutig, kolossal, für mich aber immer noch besser als die satte Tugend einer italienischen Ehefrau. Ich wusste nicht, wohin mich die Wolken da oben als Nächstes treiben würden. Ich konnte um eine Garnison bitten oder einfach versetzt werden. Auf einem Kriegsschauplatz zum Einsatz kommen oder, wie nun, Recherchearbeit für den Generalstab leisten. Voilà, es lebe die Grande Nation. Solange sie ferne genug ist und das Unheil einen nicht selbst betrifft. Man lebt nach dem Florianiprinzip. Doch was, wenn auch zu Hause die Glocken zu Kanonen werden, das Silber in Münzen geprägt wird? Dem war doch schon so. Das erfolgreiche Gefecht Napoleons von Montenotte und Millesimo eröffnete eine Reihe seiner Siege, für die der erste glückliche Erfolg entscheidend geworden war. Die Franzosen sprengten die Vereinigung der Österreicher und Piemontesen. Geschickt bewog Bonaparte den König Victor Amadeus zu einem Waffenstillstand und zu einem Separatfrieden und rückte in die reiche Lombardei vor, in meine Heimat. Auf seinem Weg dorthin plünderte er nicht nur Bauern, sondern auch unwiederbringliche Kunstschätze. Und dann zog Napoleon in Mailand ein und erhob eine Kriegssteuer von 20 Millionen. Auch Papa musste schweren Herzens seinen Beitrag leisten.

Der Mond ist aufgegangen, und der junge Fähnrich studiert und studiert. Die Feder ist das Schwert in seiner Scheide, das Papier die Nachtlaken der kindlichen Theaterstücke. Helden sehen anders aus. Die Tränen der Mutter schmelzen in der Nacht beim Schein einer Kerze, des Vaters Zorn ist verflogen, der junge Fähnrich schreibt nicht lieblich wie ein Troubadour, nein, er begegnet sich selbst. Sie gibt ihr Bestes.

»Scanagatta, du hast gute Arbeit geleistet!«

»Die leichten Feldbatterien, wie sie die Franzosen verwenden, sind gefragt.« Und damit war ich entlassen.

23

Dann wurde ich nach Jägerndorf versetzt und drillte auch dort Rekruten. Und wieder erwartete mich eine spartanische öde Garnison, in der ich mein Bleiben durch die Möbeljuden etwas erleichterte. Irgendwie waren sie mir zu Freunden geworden, da ich den Kontakt zu den Kollegen und der Nobilität der Garnisonstadt aus verständlichen Gründen auf ein Minimum reduzierte. In weiten Teilen der Monarchie herrschte noch ein von einer stümperhaften Verwaltung verursachtes Chaos. Dennoch legte man bereits Berge von Papier über das Leben der Soldaten an.

So saß ich und registrierte die persönlichen Daten der einfachen Jungen, gab absurd detaillierte Befehle weiter und hielt Protokolle von Militärgerichtsverfahren fest. Ich denke, dass meine Aufzeichnungen im Nirwana landeten. Am detailliertesten wurden Informationen über die Offiziere gesammelt. Sie sahen sich, aus verschiedenen Ländern der Monarchie kommend, hauptsächlich dem Monarchen verpflichtet, erst in zweiter Linie dem Staat. Sie handelten als Wächter der Vielvölkermonarchie, waren ein Phänomen und wurden peinlich überwacht.

Manchmal, wenn ich in meiner kargen Schreibstube saß, erinnerte ich mich an die seidenbespannten Kleiderschränke meines Heimathauses, den Duft von Samt, Baumwolle und Lavendel, dann stellten sich Bilder und alte Empfindungen ein, flüchtig und ohne Ergriffenheit. In meiner Muttersprache hätten sich Gebärden und Gesichtsausdruck an die Worte geschmiegt, hier unterdrückte ich Kummer, Verwünschungen und Flüche. Ich suchte im Schatten der Gegenwart Zuflucht, sah zu den düsteren Wolken des Ostens empor, die mir trotz allem genehm geworden waren.

Zuweilen blieb mir der Besuch des Casinos nicht erspart. Ich trank dann mit den Kameraden Bier und Wein und suchte das Weite, sobald ich mich erheben konnte, ohne unhöflich zu wirken. Doch steckte auch da der Stachel des Ehrgeizes in mir. Ich hatte mich noch nicht militärisch beweisen können und musste wohl oder übel noch warten, befördert zu werden. Ich hatte keinerlei Interessensvertretung und war auch zu stolz, um Kinsky für mich vorsprechen zu lassen. Ganz anders lief es bei den Franzosen. Dort wurde man rasch befördert. Eine langsame Karriere bedeutete Armut, gesellschaftliche Isolation, die Langeweile abgelegener Garnisonen, die tödliche Routine der Ausbildung frischer Rekruten und bedingungslosen Gehorsam gegenüber seinem Vorgesetzten, der oft ein ehemaliger Klassenkamerad war. Ich wollte mich beweisen und die Kriege schienen geeignet, meinem Ziel näher zu kommen. Im Krieg wird man immer schneller befördert als in Friedenszeiten. Jeder Krieg wird vom Offizierskorps als Geschenk des Himmels angesehen. So wartete ich auf meinen ersten Einsatz voller Ungeduld. Doch noch führte ich ein ödes Garnisonsleben.

Abends ging ich in die Stadt und sah der Jugend beim Tanz zu. Unter den Linden erklang

Musik, da tanzten Burschen und Mädel. Mir kam vor, dass sie auf seltsam fremde Art und Weise schwebten. Nicht wie bei uns zu Hause ausladend und heftig. Lachen und Flüstern war zu hören, und ich fühlte einen kleinen Stich in der Brust. Es müsste schön sein, dort unter den Zweigen mitzutanzen. Die Mädchen bewegten sich wie Engel, lieblich, die weißen Hände vor der Brust gefaltet, die Burschen staksten in ihren bunten Gewändern. Doch hätte ich nur ein Mädchen auffordern können, mich aber zog es unwillkürlich zu den Burschen.

Um ehrlich zu sein, ich versauerte in meiner Garnison. Ich war ein Adler und kein Spatz und hatte hier nicht mehr viel verloren. In meinem Schlafsaal saß ein Kätzchen und wärmte sich die Pfötchen an der Glut des mickrigen Ofens. Die Flammen schwebten und webten, mein Herz flog im glühenden Geknister der Späne davon.

Jägerndorf bot nicht viel. Nunmehr. Einst schon. Friedrich stützte sich auf die alte Herrschaft der Hohenzollner und nahm dies formal zum Anlass, fast ganz Schlesien zu kassieren. Nun war Troppau die Zentrale, Jägerndorf versank in der Bedeutungslosigkeit, und das merkte man auch. An den heruntergekommenen Häusern, den maroden Straßen. Schon Wallenstein hatte hier alles verwüstet und geplündert. Das Städtchen lag am Zusammenfluss von Oppa und Goldoppa nahe der niederen Senke am Weg nach Polen und nach Freudenthal. In meiner elenden Garnison pfiff ständig der Wind, und die Planken der Türen krachten, bis ich sie nicht mehr hören konnte, wenn der Schlaf mich ereilte. Am Himmel erlosch der letzte Stern und das Herz wurde mir schwer.

24

Bevor ich wieder versetzt wurde, blühte der Tratsch darüber, wie böse der Hof in Wien unserem Reichsgeneralfeldmarschall Erzherzog Karl zugesetzt hatte.

Leutnant Mayer von Bösendorf suchte gerne meine Gesellschaft, seine Tante hatte ein wichtiges Amt am Hof in Wien inne. Welches es war, könnte ich heute nicht mehr sagen. Wie überhaupt das Gedächtnis ein übler Genosse ist. Man merkt sich hauptsächlich das, was das Gemüt erregt. Was mit Karl geschah, erregte uns sehr.

Karl musste die Armee, die er zum Siege geführt und mit der er Deutschland aus der Gewalt des Feindes gerettet hatte, auf »eigenes Verlangen« verlassen, weil der Kaiser sich nicht getraute, die Verantwortung für diesen gehässigen Schritt zu übernehmen, und er tat ihn, weil hauptsächlich seine Gemahlin Maria Theresia und sein Außenminister Thugut es wünschten. Franz von Gottes Gnaden, der seine »geliebten Völker« auf den Schlachtfeldern bluten lässt, weil er sich seine Regierungsgewalt nicht einschränken lassen will, sie nicht mit dem Volk teilen will, handelt nach den Eingebungen einer üblen Hofkamarilla, die den Erzherzog wie das leibhaftige böse Gewissen scheute. Karl gehorchte und ermutigte die Bösen, noch dreister zu sein, ohne dies zu wollen. Er übergab sein Kommando an Latour. Dabei hatte er die Monarchie gerettet, dieser traurige, ruhige, bescheidene Mann. Aber da man sich in Wien wieder für einen Krieg vorbereitete, wurden

Truppen zusammengezogen, Rekruten ausgehoben, verschiedene Plätze wie Braunau und Schärding befestigt. Karl meinte, dass das revolutionäre Frankreich zum Untergang verurteilt sei, weil es seine Freiheit missbrauche. Diese Entwicklung wäre schon weiter fortgeschritten, hätten nicht die Reaktionäre am Wiener Hof den famosen Einfall gehabt, die konstitutionelle Regierung zu bekämpfen, resignierte er. Eine Militärhofkommission sollte Reformen im Heereswesen durchführen. Daran glaubten nicht einmal wir jungen Offiziere. Karl hasste die üblichen Winkelzüge der Diplomatie und ließ sich nicht hineinziehen.

»Er ist und war unser Held«, sagte Mayer, »mal schauen, wie sich alles unter Latour entwickelt.«

Meine Tante hörte, wie man darüber tuschelte, dass er sagte: »Wie soll denn das funktionieren? Wir haben nirgends ein Magazin, um die Armee auch nur vier Tage leben zu lassen, Dispositionen müssen her, oder ein Erfordernisaufsatz für den Hof. Die in Wien glauben, man müsste nur ‚Marsch' sagen und alles werde gehen. Die Zukunft macht mich bang.«

»Kein Wunder!«, meinte Mayer, »man teilt ihm auch nichts mit. Er ist kaltgestellt. Wie soll er Verfügungen treffen, wenn er die Neuigkeiten aus den Zeitungen erfährt?«

»Na und jetzt schicken sie ihn nach Friedberg bei Augsburg. Um das Kommando über das noch auf Kriegsfuß befindliche österreichische Reichskontingent zu übernehmen.«

»Dort können sie Grillen fangen und politische Kombinationen machen«, warf ich vorlaut ein.

Karl wäre eigentlich für eine energische Offensive der in Deutschland und Italien aufgestellten Armeen. Thugut wollte dagegen die strengste Defensive. Verteidigung des Inns im Anschluss an jene der Westgrenze Böhmens nach dem Muster des alten Kordonsystems. Karl sollte von seiner am Lech stehenden Armee 10.000 Mann nach Italien abgeben, weiters die besten Regimenter dahin detachieren. Zudem sollte er auch ein Korps seiner Streitkräfte nach Würzburg vorrücken lassen, um die Franzosen daran zu hindern, weitere Verstärkungen auf den italienischen Kriegsschauplatz zu entsenden. Karl verhehlte nicht seine Ablehnung über dieses unbegreifliche Vorhaben.

Tantchen sagte, er habe empört ausgerufen: »Während der Feind seine Macht zusammenzieht, wollen wir den Krieg mit einem Detachement anfangen, ohne vorläufige Zusammenziehung der Truppen, ohne Plan, ohne Übereinkommen.«

Angesichts einer solch gefährlichen Defensive bat er den Kaiser um seine Enthebung vom Kommando. Dies schrieb mir Mayer Monate später, als ich schon in Klagenfurt war.

Im Frühling 1798 marschierte ich in verschiedene Garnisonen in der Steiermark.

Es war öde, doch der Frühling erinnerte mich an die wunderbaren Tage in Wiener Neustadt. Leberblümchen und Bärlauch ließen auf bessere Tage hoffen, die Knospen an den Bäumen zeugten von einer baldigen Blüte. Es waren aber auch meine Kopfwehtage, an denen der Himmel zuweilen tiefer hing und späte Schneeschauer Trübsinn verbreiteten. Mein Ehrgeiz, der Ehrgeiz des jungen Fähnrichs, war ungebrochen. Was war aus dem rabiaten Kind geworden, das kaum, dass es laufen und sprechen konnte, seinen Widerstand zeigte? Ein disziplinierter Offizier mit Ambitionen und der ständigen Angst, entdeckt zu werden. Ich wusste nicht einmal, was mit mir geschehen würde, käme mein Frausein an die Öffentlichkeit. Nach Shakespeares Sonett machte den einen sein Gut, den anderen sein Geschlecht stolz, den einen seine Kraft, den anderen seine holde Kunde, den einen sein Gewand, den andren seine Falken und Hunde.

Geld hatte ich von zu Hause, mein Geschlecht war stolz und ehrwürdig, ansonsten war ich spartanisch. Was blieb mir? Der Stolz, die Welt der Frauen und Männer getäuscht zu haben, mein Frausein in eine rigide Männerwelt getragen zu haben, bessere Leistungen als meine männlichen Kollegen an den Tag zu legen, aber mich nicht im Krieg bewähren zu dürfen. Manchmal machte ich mir so meine Gedanken, was es bedeutete, Mann oder Frau zu sein.

Nicht in sexueller Hinsicht, da war meine Ausrichtung unzweifelhaft. Mir ging es um meine Fähigkeiten und das üble Versteckspiel, das die Armee auch von den tapfersten und bestausgebildeten Frauen verlangte. Wäre ich ganz offiziell als Frau ausgebildet worden, hätte man mich als Liebesobjekt gesehen, mich abwertend behandelt. Ein Homosexueller war noch immer besser aufgehoben bei Kaisers Offizieren als eine tüchtige, gut ausgebildete Frau. Warum? Ich hatte keine Ressentiments gegen gleichgeschlechtliche Liebe, Liebe ist Liebe und damit basta. In der Poesie ist die Liebe der höchste Wert. Wenn ich an Eduard denke, kann ich dem nur zustimmen. Doch die Poesie ist eine trügerische Geliebte. Im Alltag muss man das Elend durchstehen, den Stolz bekämpfen und sein Ich entwickeln. Ich war für mich und meine Familie zum Dieb geworden. War mein Leben falsch, mein Glück verblendet?

Würde es wohl einst Zeiten geben, wo Frauen führten, ohne schief angesehen zu werden?

Nicht als Feind des Mannes, sondern Hand in Hand mit ihm einer besseren Zukunft entgegen?

So musste ich ständig auf der Hut sein, nicht aufgedeckt zu werden, sprachlos zu sein wie ein Kind, mich vor anderen als Mann in äußerster Zurückgezogenheit zu rechtfertigen und zeitweise Anspielungen bezüglich meiner Zartheit tapfer hinunterzuschlucken. Mama dachte, ich würde sie noch ins Grab bringen, Papa war auf das Innenfutter meiner Seele stolz. Unrast erfüllte mich in Steiermark, eine übereifrige Hingabe, die Rekruten auszubilden und die Verrichtungen des Alltages hektisch hinter mich zu bringen.

Die Steiermark war landschaftlich ein Fest für die Augen. Wein, Äpfel und Kürbisse prägten die Landwirtschaft. Die aus England importierte Industrie zeigte sich in mächtigen Dampfmaschinen, die den Bergbau erleichterten.

Vor einem Jahr war der Obergeneral Bonaparte mit seiner Armee spektakulär in Tirol und in Innerösterreich eingefallen. Die schlecht geführte österreichische Armee hatte sich aus Oberitalien zurückgezogen und dabei die Pässe über die Karnischen und Julischen Alpen als Pforte nach Österreich preisgegeben. Dennoch war es nicht ganz aussichtslos für Österreich. Napoleon hatte vier Divisionen mit etwa 44.000 Mann unter seinem Kommando, zog über den Tagliamento, rückte 98 in Südtirol ein und kämpfte sich nach Villach durch. In Judenburg musste er große Verluste hinnehmen.

Es ist nicht der Rede wert, die zahllosen Garnisonen in der Steiermark aufzuzählen. Viele waren ehemalige Klöster, die Joseph säkularisiert hatte.

An Graz hatte ich eine gute Erinnerung. Die Stadt war schön, gepflegt und bot allerlei Abwechslung. In dieser Zeit gab man in Graz diverse Bankette, zu denen die Offiziere selbstredend geladen waren. Üppige Gastmähler, bei denen die Gäste ermuntert wurden, bis zur Bewusstlosigkeit zu essen und zu trinken. Der Glanz unserer Sterne auf dem Rockkragen vergoldete unser Ansehen. Zu schaffen machten mir die kritischen Blicke der Damen, die, wenn sie neben mir zu Tisch saßen, erstaunt die Augenbrauen in die Höhe zogen.

»Herr Fähnrich«, sprach mich eine Matrone, die Gattin eines Stadtrates, an, »Herr Fähnrich, Sie wirken so zart und jung.« Sie tupfte sich den Mund mit einer Damastserviette ab, bevor sie einen Schluck Wein nahm.

»Sie erinnern mich vage an ein Mädchen.«

Das bekam ich des Öfteren vor allem von den Vertreterinnen meines Geschlechtes zu hören. Ich nahm einen Löffel Schildkrötensuppe und überlegte mir eine schlagfertige Antwort.

»Madame«, sagte ich, »ob Sie es glauben oder nicht, auch ein zarter Baum treibt grüne Blätter.« Sie lachte. Von der Schildkrötensuppe blieb ein unsäglicher Nachgeschmack.

25

Ich zog mich früh in die Garnison zurück und erwartete Post von Mayer aus Mailand und einen Versetzungsbefehl nach Klagenfurt.
 Vorher hieß es noch Drillen. Doch die Burschen waren in einem erbärmlichen Zustand.
 Unterernährt, zum Teil mit Krätze übersät, hustend, manch einer mit krampfartigen Anfällen. Ich erinnerte mich an meine Zeit bei Doktor Haller, in der ich so einiges über die inneren und äußeren Kuren erfahren hatte.
 Nach dreitägiger Beobachtung dachte ich, von den Sorgen über die jungen Männer eingeholt, an ihr Unglück und die Unmöglichkeit, aus diesem erbärmlichen Haufen tapfere Soldaten zu machen. Ich erstickte fast in selbstquälerischen Fragen, wie ich diesem Übel beikommen sollte. Nachts blieb ich wach, von Gelsen gequält wanderte ich vor der Garnison auf und ab. Manch einer der jungen Männer, die ich zu drillen hatte, schrie im Fieber auf, der Gestank von Schweiß drang aus ihrer Baracke. Ich hörte, wie sie sich rollten und nach ihren Müttern riefen. Kurz vor Tagesanbruch nahm ich meine Post entgegen und verständigte den Feldscherer, mir zu Diensten zu sein.
 Ohne meine Vorgesetzten zu informieren, ließ ich mir Salben, Tinkturen, Verbände und Kräuterelixiere bringen und tat etwas, das lange Zeit später mein Leben bestimmen sollte. Ich ließ meinen Trupp antreten und befragte sie nach ihren Beschwerden, wobei ich nicht darauf vergaß, ihnen eine doppelte Essensration

zu verschaffen. Ich versorgte sie mit Medizin und Salben, wie ich es bei Haller gesehen hatte, und versprach ihnen Bauchfleisch und Blutwürste statt des wässrigen Haferbreis. Die Bezahlung übernahm ich selbst.

Hinter der Kaserne, zwischen Laubbäumen und ungepflegten Wiesen, machte ich einen Spaziergang, um mich von den Problemen abzulenken. Ich sah eine unglaublich lange Reihe von Fliegen und Larven verdeckt hinter einem Hollerbusch, aus gelegten Eiern schlüpften Larven, die sich an einer mir nicht kenntlichen Substanz labten. Neugierig schritt ich näher und nahm einen unangenehmen Geruch wahr. Die Larven, die durch das Gras krabbelten, bildeten in etwa eine Nabelschnur des Todes. Der Boden war trocken, fast ausgedörrt und sandig. Ich kniete nieder und betrachtete die dicke braune Schlangenlinie, die vor fetten gelben Larven zu pulsieren schien. Ich schritt zu ihrem Ursprung und entdeckte einen kahlen Männerkopf und unkenntliche Arme. Ein Rekrut, ging es mir gleich durch den Kopf, ein wie auch immer zu Tode gekommener Bursche, der wohl niemandem abging.

Nun war ich das erste Mal im Krieg dem Tod begegnet, an einem Sonntagvormittag, an dem zahlreiche Familien mit Weidenkörben ins Freie zogen, die Körbe voll gebratener Spanferkel, geschmortem Bauchfleisch, Kartoffeln und Gurkensalat. Die Soldaten waren auf die Straßen der Stadt gegangen, um den Mädchen nachzuschauen. Sie sangen kleine Volksweisen, spielten auf Flöten und Harmonikas und drückten damit ihr Heimweh aus.

Sie haben ein junges Leben gestohlen, ging es mir durch den Kopf, wie Demagogen die Wörter stehlen, wie sie alles stehlen in dieser Welt, was ihnen zwischen die Finger kommt.

Das Schicksal dieses jungen Mannes würde mir ewig ein Rätsel bleiben.

Solche Konflikte gehören zum Naturzustand einer Frau im Lebensraum der Männer, dachte ich mir. Bei aller Beherrschung der Kriegskunst war mir ein Mitgefühl für die geschundene Kreatur erhalten geblieben.

Ehe ich wieder versetzt wurde, gab es in Graz noch einen Galaball. Ich nahm ein lauwarmes Bad in einem Hotel, versteckt und inkognito, um meine Weiblichkeit zu verbergen, schrieb an meine Familie und an Mayer und zog die Ausgehuniform gemächlich an. Ich hörte die Musikfetzen aus dem Ballsaal, zog meinen Bart nach, wie immer mit Asche und Schuhwichse, bürstete mein Haar und parfümierte mich. Meine Brust schmerzte von dem engen Mieder und ich vergaß nicht, sie mit Ringelblumensalbe einzureiben. Schön sah sie nicht aus.

Gelb, blau, rot schimmerte sie in allen Farben, ein dünnflüssiges Sekret deckte ich mit dünnen Gazetüchern ab. Ich pfiff mehrere Takte und legte mir einige Trinksprüche zurecht. Ich würde wohl auch einige Pflichttänze mit Matronen meiner Vorgesetzten zu absolvieren haben, wobei mir das Führen alter Schabracken keine Probleme bereitete. Schon eher ihre zugekniffenen Augen, wenn sie mich rabengleich ansahen. Meine rätselhafte Erscheinung schärfte bisweilen ihren Argwohn.

Am nächsten Tag erreichte mich Post von Mayer.

In Rastatt tagte immer noch der 1797 eröffnete Friedenskongress, ein recht trauriges Denkmal deutscher Zwietracht und französischen Übermuts. 99 setzte Bernadotte bei Mannheim über den Rhein und nötigte die Stadt zur Übergabe. Jourdan führte seine Truppen bei Basel und Kehl über den Rhein und durchzog, ohne auf Widerstand zu stoßen, die Pässe des Schwarzwaldes und Masséna drang über die Schweiz in Graubünden und Vorarlberg ein, nachdem er die Österreicher zurückgedrängt hatte. Noch war es nicht so weit – aber bald!

Mayer schrieb mir, dass das Haupthindernis des österreichischen Kriegswesens die üble Organisation des Hofkriegsrates war. Eine Tatsache, die auch schon Prinz Eugen zu schaffen machte. Betrug, böser Wille und Unterschleif hätten leichtes Spiel. Die Buchhaltung des Hofkriegsrates war nicht in der Lage, die Kriegskosten seit 1794 anzuführen. In Tausenden von Säcken lagen angeblich Akten und Rechnungen unerledigt in staubigen Kellern. Um ein wichtiges Dokument zu finden, bedurfte es wochenlangen Suchens.

Später, als Erzherzog Karl reformierte, stellte sich heraus, dass man nicht weniger als 154.000 rückständige Rechnungen und 33.000 unerledigte Eingaben auffand.

Die Theresianische <u>Miltärakademie</u> war eine rühmliche Ausnahme unter den Ausbildungsstätten der Monarchie. Mangelnde Bildung der Offiziere in Friedenszeiten rächt sich im Krieg. Ich schuldete Kinsky wirklich Dank für die weise Unterrichtung. Wir hatten nicht nur das Kriegshandwerk erlernt, sondern auch Ordnungssinn und Verantwortung.

Aber ach, wenn ich erst an meine Rekruten dachte. Die Heeresergänzung verlangte eine lebenslange Dienstzeit. Die Rekruten blieben bis zur Invalidität im Dienst, während durch eine Menge von Befreiungsprivilegien andere Personen gänzlich von den Militärpflichten enthoben wurden. Die große Masse der Besitzlosen bildete den Hauptbestandteil des Militärs. Deren Begeisterung für ihr hartes Dasein hielt sich naturgemäß in Grenzen.

Mayer berichtete mir, wie die älteren und entkräfteten Soldaten die ungeübten Rekruten in die Linien schoben, die bei jeder Gelegenheit Fersengeld gaben.

Erst Karl beschränkte die Dienstzeit auf zehn Jahre und ermöglichte den Soldaten eine Heimkehr in das zivile Leben. Zu meiner Zeit gab es noch eine tiefe Kluft zwischen Volk und Heer.

Österreich befand sich, was ich von Mayer und den Juden erfahren hatte, in einer ähnlichen Situation wie Frankreich vor Ausbruch der Revolution. Was war nur aus dieser Universalmonarchie geworden? Zurückgefallen war sie um 100 Jahre, in Künsten,
Wissenschaften und Industrie. Sie war in ihrer durch das Alter desorganisierten Staatsverwaltung beinahe in sich selbst aufgelöst. Meine Gefühle blieben aber durch meine Erziehung in Wiener Neustadt an die Monarchie gekettet. Vielleicht waren unsere prächtigen
Uniformen im Ballsaal besser aufgehoben als auf dem Schlachtfeld? Vielleicht konnte uns Karl noch retten? Vielleicht sollten wir uns im Tanz so lange drehen, bis in Europa kein Stein mehr auf dem anderen stünde?
Ich aß ein formloses Mittagessen in einer Gastwirtschaft in Graz und grübelte. Mir gegenüber saß ein knochiger, bleicher Mann mit drahtigem Schnurrbart, englisch gekleidet, mit weißem Tuch und zu schwerer Jacke. Seine brennenden Augen und sein unerschöpflicher Redefluss richteten sich an eine Grazer Edeldirne, die gelangweilt in ihrem Essen stocherte. Er erinnerte mich an einen Raubvogel. Das also waren unsere Verbündeten. Er sprach in einem harten Französisch von der Größe und den Möglichkeiten Englands. Außer Thugut glaubte hier wohl niemand daran.

26

Das militärische Leben hatte mir bis jetzt hinreichend Anlass für die Erkenntnis gegeben, dass keine Niederlage, kein Problem das letzte ist. Kaum zwei Jahre zuvor hatte ich noch meine theoretischen Studien betrieben, musste noch keine Befehle erteilen, verirrte mich mit meinen Rekruten noch nicht in Wäldern und musste niemanden schikanieren außer mich selbst. Nun war ich ein winziges Teil im Nervenzentrum und im Geist der Armee und der Dienst für den Monarchen meine oberste Pflicht, hinter der offiziell alle anderen Überlegungen zurückstanden. Der Militärdienst und die Bereitschaft, für die Verteidigung der Monarchie zu sterben, waren eben oberste Pflicht und höchste Tugend. Es gab und gibt einen geschlossenen Ehrenkodex, der sich wohl bis auf die mittelalterlichen ritterlichen Tugenden zurückführen lässt. Doch politisch war die Armee schwach und ist es immer noch.

Jetzt bringt man den jungen Rekruten auch in den entlegensten Teilen der Monarchie Lesen und Schreiben bei, zu meiner Zeit war das nur vereinzelt üblich. Deutsch war die vorherrschende Sprache, doch taten wir Ausbildner gut daran, uns in den verschiedenen Sprachen der Monarchie recht und schlecht ausdrücken zu können.

Die Monarchie sollte erhalten, der Ruhm des Herrschers vergoldet, Aufstände unterdrückt werden, militärische Siege waren zu erfechten. Dafür bekamen wir eine glänzend schöne Uniform, einen Burschen und ein gutes Pferd, mäßigen Sold, Verköstigung und eine Pension im Ruhestand.

Viele demoralisierte Offiziere ergaben sich dem Alkohol und erwachten des Morgens mit der Bleischwere des Tages, der sie erwartete. Die Erfolge und Misserfolge unserer Armee seien wohl das Ergebnis vieler Faktoren, schrieb ich in mein Tagebuch. Heute lächle ich, wenn ich das lese. Wie dreimalgescheit war ich damals. Aber doch nicht ohne Durchblick. Es war wohl der politischen Einfalt der Bauern zu verdanken, dachte ich mir, wenn ich in die Dörfer ritt, um die Bauernburschen antreten zu lassen.

»Hochwürden, ich brauche Ihre Taufmatrikel«, forderte ich den Pfarrer auf.

In der brennenden Mittagssonne schleppte sich der geistliche Herr in die Sakristei, öffnete seinen Folianten und legte mir die entsprechenden Jahrgänge offen. So hob ich sie mit leerer Schatulle aus und nahm ihnen ohne jede Perspektive ihre Freiheit. Ein krummer Junge stand im Hinterhof seiner Keusche im Kreis seiner Schwestern und Eltern, ergeben zum Abschied bereit. Ich handelte schnell, um die Dramatik des Abschiedes zu schwächen, und wollte mit ihm schnellstmöglich aufbrechen. Der Himmel strahlte und die Schürzen der Frauen leuchteten gestärkt in der Sonne. Die bunten Flicken schillerten in Grün und Gelb an den abgetragenen Röcken. Eine Kuh muhte und eine träge Katze lag auf dem Holzstoß. Der Junge riss die Augen auf und ein starker Hustenanfall überkam ihn. Seine Mutter reichte ihm noch rasch einen dampfenden Aufguss zu trinken, dann machten wir uns wortlos auf den Weg. Nur das röchelnde Husten des Burschen unterbrach die Hitzestille. Ich ritt mit entsicherter Pistole, den Burschen vor mir hertreibend, denn so mancher, der dieses Schicksal nicht teilen wollte, versteckte sich schattengleich im Gestrüpp. Dann setzte ein warmer Regen ein, und der Junge schlurfte mit durchweichter und zerrissener Jacke vor mir her. Im Dorf jubelte niemand. Die Lebensweise der Armeeangehörigen war keine Alternative zur Scholle.

Viel später, als der Militärdienst zeitlich beschränkt wurde, unterwies man die Rekruten in Fragen der Hygiene sowie im Schreiben und im Lesen und prägte ihnen ein persönliches Verhalten ein, an dem man erkennen konnte, ob einer gedient hatte.

So streifte ich wochenlang durch stinkende Dörfer, besuchte Keuschen und Schuppen aus

Lehm und Holz zwischen aufgehäuften Erdäpfelhaufen und lehmverkrusteten Rüben. Die Nachricht von meiner Ankunft eilte mir immer voraus, und man versuchte mit allen Mitteln, die Söhne zu verbergen. Mein gewitzter Unteroffizier fand jedoch alle vor Angst schwitzenden Burschen, an den entlegensten Stellen. In jedem Dorf gab es den einen oder anderen von der Gemeinschaft Übergangenen, der einiges auszuplaudern hatte. Fassten wir einen dieser Unglückseligen in einem Heuschober versteckt, war er grün vor Angst.

Die Herrenhäuser blieben von meiner Truppe verschont. Man hatte sich freigekauft.

Ob die Regierung in ihren geplünderten Kassen genug Geld flüssig hatte, um Wechsel zu decken oder bei einem Börsenmakler einzutauschen, war fraglich. Die Unterbringung und Versorgung der Rekruten war ein ständiges Eiern. Aberglaube, Unbildung und Mangel hatten diese Burschen tief geprägt, und daran würde sich so bald nichts ändern. Was hatten sie mit Rousseau, Napoleon und Franz zu tun, was mit den deutschen Fürsten?

Ich hörte die Vögel über mir und es waren so viele über meinem Kopf, dass der Wind ihrer Flügel stärker war als der übliche Wind. Gott den Armen, seufzte ich und ich wusste nicht mehr, wo meine Welt lag.

27

Nun war ich in Klagenfurt, das 97 von Masséna eingenommen worden war und in dem Napoleon persönlich Quartier genommen hatte. Nach dem Frieden von Campo Formio verließen die Franzosen die Stadt wieder, die des erlittenen Schreckens halber sich gleich darin übte, eine eigene Landesverteidigung aufzustellen.

Kaum bezog ich meine karge Unterkunft in einer improvisierten Kaserne am Ostufer nächst dem großen schönen See, da packte mich die Lust, in diesem herrlichen Gewässer zu schwimmen. Selten habe ich eine schönere Landschaft gesehen. Das Blau des Sees stach gegen das Grün der Wiesen und Wälder ab, die Sonne ließ die ganze Pracht wie Edelsteine funkeln. Eine milde Hitze dörrte weder Haut, Geist noch Herz. Maulesel trugen Butten mit Milch und Butter aus dem Hinterland in die Stadt und verspritzten die Milch durch undichte Fugen. Durstige Katzen liefen ihnen nach und leckten die kleinen Lachen auf. Hinter ihnen tobten die Hirtenhunde her mit aufgerichtetem Schwanz.

Die Fischer fuhren mit ihren Booten weit auf den See hinaus und warfen dort ihre Netze aus. Fischblut, Wasser und Milch säumten die Wege zur Stadt, über die Eingeweide der Fische machten sich die Ameisen her. Über allem lag ein Luft- und Wolkenhimmel, der zum Wettermachen taugte. Bäume, Bäume und wieder Bäume in üppiger Erde. Die Farben verschwammen mir vor den Augen. Der Duft der Wiesen bedrängte mich.

Ich machte einen Schritt zur Seite und stieß mit einem Kollegen, einem Fähnrich, zusammen. Wir lachten uns an und stellten uns vor.

»Franz Scanagatta.«

»Christof Mühlenberg.«

Dann trennten sich unsere Wege.

Mein Bursche wusch wieder einmal die Bettwäsche und wichste meine Stiefel, dann gab es ein leichtes Abendbrot mit Käse, Brot und Wein, worauf man sich zu Bett begab.

Nun endlich konnte ich meinem Wunsch zu schwimmen nachkommen. Ich schlich mich aus der Kaserne, durchquerte einige feuchte Wiesen und erreichte das Ufer des Sees. Der Mond stand etwa zur Hälfte, und der Sternenhimmel verhieß schönes Wetter. Hose und Jacke waren rasch ausgezogen, dann glitt ich in das warme saubere Wasser. Ich dachte an nichts mehr, musste mit niemandem reden und tauchte tief unter. In dieser Nacht setzte sich in mir wieder alles an seinen Platz. Das Leben war schön und es lebte sich leicht, auch wenn die Österreicher hier ständig Danke sagten.

Als ich einen tiefen Atemzug tat, hatte ich das unbestimmte Gefühl, beobachtet zu werden.

Ich hob meinen Kopf und sah ans Ufer. Eine dunkle Gestalt pinkelte in aller Ruhe im Mondlicht und drehte sich dann, die Hose schließend, in meine Richtung. Dann setzte er sich in das tiefe Gras und schien einzuschlafen. Diese wunderbare Nacht wurde mir lang. Meine Kleidung lag unweit der schemenhaften Gestalt. Wie sollte ich mich nackt, wie ich war, ungesehen anziehen?

Ich schwamm Runde um Runde in der Hoffnung, der Unbekannte würde erwachen und sein Bett aufsuchen. Mittlerweile zitterte ich vor Kälte und auch meine Kräfte erlahmten. Mein linker Wadenmuskel verkrampfte sich, ich musste an Land schwimmen.

Mit steifen Gliedern erreichte ich das Ufer und blieb einmal zitternd liegen, um mich dann vorsichtig der unbekannten Gestalt zu nähern.

Ein Offizier, ein Fähnrich wie ich. Das könnte nur Ärger und Enttarnung bedeuten.

Nach einer Pause beschloss ich, den schnarchenden Kollegen vorsichtig zu umgehen, meine Uniform rasch an mich zu nehmen und mich hinter den nahen Büschen anzukleiden. Dies alles in der Hoffnung, er würde nicht erwachen.

Am schwierigsten war der Abschnitt knapp neben ihm, an dem es einige Meter seeabwärts ging. Dort rutschte ich auch aus, und der Kollege erwachte.

»Holla, wer da?«

Ich schwieg, kletterte hoch und versuchte mein Gewand zu erreichen. Mit einem festen Griff packte er mich, die ich geschwächt vom stundenlangen Schwimmen war, und warf mich zu Boden. »Verflucht noch mal, ein Weibsbild«, staunte er schlaftrunken.

»Mühlenberg«, stotterte ich.

»Kommst du aus dem Gefängnis?«, fragte er mich, auf mein Haar deutend. »Und woher kennt die Person meinen Namen?«

Ich raffte meine Uniform an mich. Er packte mich erneut.

»Wo hast du das gestohlen?«

Igendwie entwand ich mich seinen Händen und lief, so schnell ich konnte, in den Wald. Dort erklomm ich einen Hügel, und der Horizont weitete sich über dem See im Morgengrauen, die Stadt lag zum Greifen nah. Ich betrachtete aufgewühlt die sanften Berge und wünschte mir mein Pferd, um in endlosem Galopp über die Alpen zu reiten.

In der Offiziersmesse beggnete mir Mühlenberg wieder und betrachtete mich scharf. Keine Gefühlsregung war ihm anzumerken, was man von mir nicht sagen konnte. Eine heftige Hitze stieg in mir hoch, ähnlich der der geplagten Matronen. Der Schweiß rann mir in den Kragen, der Mund war mir trocken wie Löschpapier. Von der Angst geschwächt, aufgeflogen zu sein, überstand ich die üblichen Begrüßungen und den Umtrunk kaum. Ein relativ üppiges Bankett konnte mich nicht zum Essen verführen, mein Magen war wie zugeschnürt.

Unter den Offizieren kreisten die üblichen Neuigkeiten, und da Mühlenberg mich nicht mehr ansah, legte sich meine Nervosität etwas. Ein leichter Regen setzte ein und schien meine Befürchtungen wegzuwaschen. Wie immer wollte ich mich schon etwas früher verabschieden. »Scanagatta!«, hörte ich plötzlich ganz laut hinter mir.

Ich drehte mich um, einen heftigen Kopfschmerz fühlend, und hielt mir mit der Rechten meine pochende Schläfe. Mühlenberg, der mich um zwei Köpfe überragte, stand vor mir und reichte mir ein Schnupftuch.

»Das hast du gestern vergessen, Scanagatta«, sagte er.

Jetzt war alles aus und vorbei. Alles Schinden, Lernen, alle Zukunftshoffnungen.

Entweder würde man mich vor ein Militärgericht zerren oder einfach mit Schimpf und Schande verjagen. Dann müsste ich nach Mailand zurückkehren, in die engen Mauern der Familie, oder aber ich würde meinen angesparten Sold zusammenkratzen und nach Amerika entfliehen. Mein Verstand durchlief überraschend schnell alle möglichen Optionen, denen ich nun ausgesetzt war, während mein Körper sich verhärtete, regelrecht erstarrte.

»Darauf trinken wir einen Schnaps«, grinste Mühlenberg und zerrte mich in eine stille Ecke.

»Das muss jemand gestohlen haben!«, erklärte ich entschieden, meine Kräfte und meinen Willen bündelnd, um mit Standhaftigkeit und Lässigkeit aus diesem Dilemma herauszukommen.

Mühlenberg machte kein Hehl aus seiner Annahme, ich sei eine Frau in Uniform.

»Ich habe dich entkleidet gesehen, daneben die Uniform, was braucht es noch mehr, um mir Klarheit zu verschaffen?«

»So wie du das beschreibst, Mühlenberg, war es viel zu dunkel, um überhaupt etwas oder jemanden genau identifizieren zu können.«

»Mond und Sterne waren hell genug, um die Rundung deiner Büste zu bewundern, ganz abgesehen von der Uniform, die wir beide tragen.«

»Das bezweifle ich«, beharrte ich und sprang auf, um mir Luft zu machen, während ich das Casino mit Soldatenschritten durchmaß, um meine Männlichkeit zu demonstrieren.

28

Solche Konflikte gehören wohl zu deinem Naturzustand, meine liebenswerte Närrin, Kamerad Franz. Ich saß in Mühlenbergs Wohnung gemeinsam mit seiner Frau und den Kindern bei Tee und Kuchen. Seine rundliche Gattin trug ein billiges Kleid und starrte mich aus großen verwunderten Augen an. Ich lächelte schüchtern zurück. Immerhin hatte mein Kollege mich nicht an die vorgesetzte Dienststelle verpfiffen, sondern mich zu sich nach Hause eingeladen.

Das kam mir mehr als merkwürdig vor.

Was sollte das bedeuten?

Besonders überraschend war diese familiäre Einladung, überraschender noch, dass ich sie annahm; und noch viel überraschender war, was Mühlenberg, nachdem er die Kinder weggeschickt hatte, mir im Beisein seiner Frau eröffnete.

»Wie du siehst, Scanagatta, sind meine Mittel beschränkter als meine Liberalität. Es fehlt mir und meiner Familie bei dem kargen Sold oft am Notwendigsten. Und dennoch haben wir hier in Klagenfurt ein bescheidenes Auskommen, denn meine Frau näht für die Damen der Nobilität, was mein karges Salär durchaus aufbessert. Die Wohnung hier gehört ihrer Tante, die sie uns großzügig zur Verfügung stellt, wodurch ich mir einen Hauslehrer für die Kinder leisten kann und eine Magd, die im Haushalt aushilft. Wenn ich hierbleibe, werde ich nie Karriere machen, sehe aber meine Kinder aufwachsen. Irgendwann gibt man es auf, beim Denken zu hasten, auf den schmalen Graten des Für und Wider geistig zu balancieren, so wie man es aufgibt, auf Bäume zu klettern.«

Ich bebte still in einem Fiebertraum, während sich meine Gedanken vernebelten. Was wollten Mühlenberg und seine Frau wirklich von mir?

Der Tee, der Reindling, der picksüße Likör – was sollte das bedeuten?

Eines war gewiss, Mühlenberg dachte nicht daran, die Situation auszunutzen und mich zu seiner Geliebten zu machen. Ansonsten hätte er mich nicht zu seiner Familie eingeladen, mir Frau und Kinder vorgestellt und quasi eine Beichte über seine Umstände abgelegt. Wollte er mich finanziell erpressen? In den Endlosschleifen meiner jetzigen Erinnerung war dieser Nachmittag ein einziges Warten darauf, wie es mit mir im Heer weitergehen würde, ob es für mich noch eine Zukunft als Offizier gab.

Auf der Wiese vor dem Haus sangen einige Frauen bei der Arbeit im Garten. Mein Kamerad war ein Mann von 32 Jahren, der deutlich älter wirkte, knochig und bleich mit stumpf gelben Koteletten.

Ihre Stimme war tief und warm wie ein Cello und nur leicht von einer flüchtigen Spur ihrer windischen Muttersprache getönt. Sie saßen so eng beieinander, dass sich ihre Knie beinahe berührten. Zwischendurch nahmen sie sich an den Händen.

Ich wartete und wartete auf einen Hinweis meiner Gastgeber, die mich mehr und mehr über meine persönlichen Umstände ausfragten und denen ich genau so Rede und Antwort stand, wie ich es mir schon die längste Zeit zurechtgelegt hatte. Ich stellte mich als unabhängig, zäh und weitsichtig dar, betonte mein politisches Interesse und meine militärischen Fähigkeiten und vergaß nicht zu erwähnen, dass ich der älteste Sohn meines Vaters, des Senatore, sei.

»Also planst du Karriere, Scanagatta«, fragte er mich freundlich lächelnd.

»Durchaus«, erwiderte ich selbstbewusst und schwärmte von den Möglichkeiten in der Armee.

Es folgte keine Anspielung auf mein Geschlecht und Mühlenberg zögerte, weiterzureden. Nach einer kurzen Pause, er schien zu überlegen, begann er zu politisieren, als ob er von einem weitaus wichtigeren Thema ablenken wollte.

»Die Dinge des Lebens sind nicht immer so, wie sie scheinen«, sagte er doppeldeutig mit einem schiefen Grinsen. »Ich kann mich noch gut erinnern, wie Kaiser Leopold aus der Toskana kam, um dem verstorbenen Joseph nachzufolgen.« Was hat das mit mir zu tun, dachte ich mir.

»Joseph reformierte den Staat und tat viel Gutes, verstand aber nicht, warum seine Untertanen ihn nicht verstehen wollten und warum sie sich hartnäckig gegen seine Reformen wehrten. Er war gekränkt und verdrossen, als er sah, dass das vernünftige Argument, das gute Beispiel nichts nützte. Somit ließ er jede Opposition unterdrücken.«

Was will Mühlenberg bloß, worauf will er hinaus, dachte ich mir voll Unruhe. Meine Hände waren feucht, während ich Tee aus dünnen Tassen trank und darauf hoffte, sie nicht fallen zu lassen. Der Kärntner Reindling steckte mir in der Kehle.

Mühlenberg fuhr fort: »Joseph installierte unter Graf Pergen den totalen Polizeistaat.« »Ach wirklich?«

»Man vergesse auch nicht die unbarmherzigen Lager in den Sumpfgebieten Südungarns, deren Insassen, meistens Sträflinge, unter den unmenschlichsten Bedingungen schwerbeladene Schiffe donauaufwärts ziehen mussten.«

Ich konzentrierte mich angespannt auf das Gespräch. Also entstand der erste Polizeistaat der europäischen Geschichte, um eine Revolution der Vernunft, der Wohlfahrt und der Toleranz mit den Mitteln der Diktatur zielbewusst durchzuführen?

»Das hat man uns auf der Kriegsschule nicht gelehrt«, ergänzte ich zweifelnd.

»Ja, so war es«, bekräftigte Mühlenberg und zündete sich eine Pfeife an. Die Rauchschwaden hüllten seine hageren Züge ein und vernebelten mir jeden Durchblick auf das, was das alles mit mir zu tun hatte.

Wollte er mir eine Lektion in österreichischer Geschichte erteilen und mich dann dem Oberkommando übergeben?

Meine durch das Training gestärkten Finger zuckten unruhig und ich hoffte, dass der Schweiß auf meinem Gesicht meinen Bart nicht auslaufen lassen würde. Meine Brustbinde brannte wie Feuer und ich schielte auf die Augen der Frau, um irgendeine Art von Misstrauen oder Empörung zu erblicken. Sie lächelte aber nur entgegenkommend freundlich.

»Die Befehlshohheit der Kaisertreuen kannte nur eine einfache Formel. Entweder ihr seid für uns oder gegen uns. Joseph streute den Samen der Aufklärung unter das Volk und die Nobilität und verstand nicht, warum er nicht wirklich aufging. Auf irgendeine Art und Weise fühlte er sich wie Napoleon, nur ohne ein Schlachtenheld zu sein. Was ich damit ausdrücken will«, er lächelte verschmitzt, »ist, dass die Dinge eben nicht sind, wie sie scheinen.« Diese Anspielung machte mich noch mehr schwitzen.

Dieses Gespräch voller hintergründiger Verborgenheiten brachte mich einerseits in Gefahr, andererseits besann ich mich auch meiner Möglichkeiten und Talente. Wann käme der Kuhhandel aufs Tapet, der mir Klarheit verschaffen würde?

Zu diesem Zeitpunkt hoffte ich auf eine für mich tragbare

Vereinbarung mit meinem Kameraden, der, das war mir nun endgültig klar, etwas im Schilde führte.

Mühlenberg plauderte weiter, während seine Frau einen leichten Imbiss für den Abend richtete. Meine Proteste, sie nicht weiter aufhalten zu wollen, verhallten ungehört.

Während des Abendimbisses widmete sich Mühlenberg Josephs Nachfolger Leopold, der die verlustreichen und teuren Türkenkriege seines verstorbenen Bruders beendete. Österreich hatte seine gutnachbarlichen Beziehungen zu den Osmanen wieder, den riesigen türkischen Markt für seine wirtschaftlichen Beziehungen und die politisch-militärische Rückendeckung im Südosten.

»Er war ein glänzender Außenpolitiker«, konstatierte Mühlenberg, »und hatte seine kleine Toskana hervorragend regiert. Doch Österreich war eine andere Größenordnung. Er nahm vorerst einige der anstößigsten Reformen Josephs zurück, aber der österreichische Länderkomplex war nun eben nicht die sonnendurchflutete lebensfreudige Toskana, aus der er einen blühenden Musterstaat gemacht hatte. Schon der preußische Gesandte Constans Philipp Wilhelm von Jacobi-Klöst berichtete von einem langsamen, vorsichtigen, fleißigen und schwankenden Leopold, was natürlich nicht geheim blieb und in den Gazetten ausgeschlachtet wurde.«

»Ist meine Liebe zu Österreich eine Chimäre?«, brach es aus mir heraus.

»Oh nein«, antwortete Mühlenberg. »Trotz aller Widrigkeiten ist dieses Land das Herz Europas. Aber lass mich weitererzählen. Es geht mir sehr um die Doppeldeutigkeit menschlichen Handelns.«

Ich, die junge Italienerin, kam mir vor wie ein Schulmädel in Mühlenbergs Vortrag. Als hätte ich meine Rolle vergessen, meine Wut, meine Stärke und meine Tapferkeit, wusste ich auf einmal nicht die rechten Gedanken zu finden. Wo waren mein Mut, mein Scharfblick geblieben? Immer war es mir um Stärke und Belohnung und um Selbstbehauptung gegangen. Doch plötzlich hörten meine Augen mein eigenes Wesen nicht mehr. Der simple und doch so kluge Mühlenberg verunsicherte mich, während er im langsamen Tempo redete.

Im Casino wurde zwar auch vorsichtig politisiert, aber so wirklich traute sich niemand die Wahrheit zu sagen. Weder über das Gestern, noch über das Heute, und schon gar nicht über das Morgen. Meiner Generation der gebildeten Fähnrichs und Leutnants hatte man Überzeugung und Zähigkeit, Wissen und Taktik beigebracht, aber wir hatten so gut wie kein Gespür für Politik und militärische Intuition und die großen Zusammenhänge der Weltsituation. Die Stunden verrannen und ich musste noch zu Fuß in die Kaserne gehen, denn mein Pferd wurde neu beschlagen.

Während des Abendessens musste ich mich zusammennehmen, mich nicht meinen eigenen, einem Tunnel der Angst entsprechenden Hirngespinsten zu widmen. Mühlenberg sprach ohne Pause in einem fast gelehrten und deklamatorischen Stil, teils detailliert, teils proklamatorisch, was nie in einer Zeitung veröffentlicht würde. Er sprach von der Größe und den Möglichkeiten Österreichs und erwähnte auch, dass Leopold in den Dörfern seines Reiches verbotene Flugschriften, die er zum Teil selbst verfasst hatte und in denen er im Tonfall der französischen Revolutionäre für die Freiheit und die Rechte der Bauern eintrat, das Landvolk aufforderte, gegen die Grundherren Widerstand zu leisten. Da war sie wieder, die Doppeldeutigkeit menschlichen Handelns.

»Seine Spitzel und Agenten berichteten von Debattierclubs und illegalen Vereinen, die aber Leopold selbst unterstützte«, setzte Mühlenberg süffisant fort.

Woher er das alles wisse, fragte ich ihn. Sein Vater sei Landrat in Niederösterreich, da erfahre man so einiges.

»Und warum tat er das?«, fragte ich naiv.

»Dadurch und indem er die Polizei gewaltig ausbaute, versuchte er den Hochadel zu beunruhigen und die sogenannten Verschwörer, also Männer wie mich, aber auch hohe Beamte, Universitätsprofessoren und Studenten ein scheinbar gefährliches Spiel unter allerhöchster Patronanz treiben zu lassen.«

»Und die Grundherren, wie reagierten die darauf?«, fragte ich leicht verunsichert, denn dieser Leopold schien mir, Francesca, in seinem Doppelspiel sehr ähnlich zu sein. Bloß zaudernd war ich nicht.

»Die Grundherren lachten und hatten keine Spur von Angst. Weder die alarmierenden Nachrichten aus Frankreich noch die Flugschriften in den Dörfern oder die Gerüchte über die suspekten Geheimgesellschaften bewogen sie einzulenken.«

»Sehr interessant«, sagte ich, »aber nun muss ich in die Kaserne. Da ich ohne Pferd bin, dauert der Weg gut 30 Minuten. Kollege, gnädige Frau, ich darf mich verabschieden. Danke für die Gastfreundschaft.«

Nach Jahren einer ständig gefährdeten Unabhängigkeit wollte ich hier bei Mühlenberg Schluss mit dem Spuk machen. Vielleicht war er stockbesoffen gewesen und konnte sich nicht mehr richtig daran erinnern, dass er mich am See nackt sah. Zweifelte er dennoch – brachte mich das in Gefahr. Doch genug – ich wollte nicht mehr grübeln!

»Scanagatta! Ein Wort noch!« Mühlenberg hielt mich am Ärmel fest.

»Du bist doch ambitioniert, gerade du, und ich so gar nicht. Ich soll nach Galizien versetzt werden und kann es mir nicht leisten, meine Familie mitzunehmen. Scanagatta«, er machte eine vieldeutige Pause, »du bist unabhängig, reich und karriereorientiert, Scanagatta, könnten wir nicht tauschen?«

Ich sah auf sein schütteres Haar und der Ausdruck unaufhaltsamer Auflösung in seinem Gesicht erzeugte in mir spontanes Mitleid mit dem Kameraden.

Mein Problem verblasste angesichts des seinigen und ich nickte nur kurz, um ihm anzudeuten, dass ich ihm diesen Gefallen tun werde. Mein Schicksal war es wohl immer, mit einem Mann zu tauschen, zuerst mit meinem Bruder, nun mit dem Kameraden.

»Welches Regiment?«, fragte ich.

»Wenzel Colloredo 56, viertes Bataillon.«

Galizien …, nun gut – hier in Klagenfurt ängstigte ich mich maßlos, dass mein Anderssein auffliegen könnte. Eine Veränderung würde mir guttun und mein Kollege wäre dankbar und würde mich nicht verraten. Ich willigte gerne in diesen Handel ein. Umso mehr, als ich prinzipiell nicht allzu lange in einer Garnison verweilen wollte, um nicht Misstrauen zu erwecken. Mein unüberlegter Badesspass war mir eine Lehre gewesen. Ist man zu lang in einer Garnison, kommt Langeweile auf, Liebschaften entstehen und Duelle sind dann an der Tagesordnung, wenn ein gehörnter Ehemann von Stand seine Ehre zu verteidigen versucht.

Ein Leutnant, Vater von fünf Kindern, büßt gerade eine Strafe ab, weil er einen Mann getötet hat. Oder man gab sich dem Suff oder dem Kartenspiel hin. Mir ist noch die Kirche in Klagenfurt in Erinnerung, mit Trauerflor geschmückt, und in der Luft hing der Duft von Blumen und Kerzen der Trauerfeier, als die Einwohner Klagenfurts ein improvisiertes Tedeum anstimmten. Ich saß auf der Bank neben dem Oberst und bemerkte, dass er sich auf seinem Platz nicht wohlfühlte. Der Bürgermeister neben ihm, ein unerschütterlicher Mann mit krausem Haar, war in seinem Ärger auf die Armee ganz auf sich selbst bezogen. Und wieder war das Heer mehr als unbeliebt. Noch ein zündender Funke, und wer weiß, wie die Einwohner des Städtchens reagieren würden.

29

Wenige Tage später bestieg ich mein ausgeruhtes Pferd, das edel gezäumt war, wie es der österreichischen Armee anstand, und ritt in gestrecktem Galopp davon, ohne mich nach Klagenfurt umzudrehen. Ich wartete kurz bei einem Marterl, bis ich meinen Burschen mit seinem alten Schindpferd langsam herantraben sah.

Eine lange Reise stand uns bevor und wir würden wohl auch in der Nacht die Vögel über uns fliegen hören. In einem Bach neben mir schwammen riesige Fische, die sich zwischen den Sternen am Grund verirrt hatten und die mein Bursche und ich mit der Hand fangen konnten.

Wir sammelten dürre Zweige, einige Steine und machten Feuer. Dann brieten wir die frischen
Fische, die ich entschuppt und ausgenommen hatte, denn mein Hans konnte nur Kühe melken. Selten hatte mir ein Mahl so gut geschmeckt wie diese Forellen, die wir mit einem würzigen Bauernbrot und nach Kräutern duftender Butter aßen.

Von Nordosten wehten die ersten Böen der kommenden herbstlichen Fäulnis herüber. Ich musste in der Dunkelheit nichts sehen, um die süße Macht zu fühlen, die meinem Herzen das Gefühl der Freiheit eingab. Ich komme, sagte ich mir vor. Und so war es. Denn einige Tage später, wir eilten nicht und schonten die Pferde, machten wir bereits in Mährens Hauptstadt Station.

Brünn war durchaus einladend, und wir suchten uns ein bequemes Hotel, denn sowohl wir als auch unsere Pferde brauchten eine Rast. Die Wirtin sprach ein Kauderwelsch aus Deutsch und Tschechisch und war dick und schwatzhaft, während ihre Tugend nicht in der Schmackhaftigkeit ihrer Knödel lag, sondern in ihrem Instinkt dafür, wie sie ihre Gäste zufriedenstellen konnte.

Ich nahm mein geliebtes Bad aus Orangen und Fechel und schickte meinen Burschen einstweilen auf den Markt, um Proviant einzukaufen. Dann las ich meine Post in Ruhe, freute mich, dass es meinen Brüdern gut ging und Mama und Papa gesund waren, und wartete mit soldatischer Demut auf die Rückkehr von Hans, der nicht nur geistig beschränkt, sondern auch sehr langsam war in allem, was er tat. Wenigstens machte er mir das Leben nicht mit Weibergeschichten schwer und schöpfte bei mir nie Verdacht. Er kam durchnässt von Wind und Regen im Hotel an und hatte die Hälfte der ihm aufgetragenen Aufgaben vergessen. Da er weder schreiben noch lesen konnte, nützte keine Liste, merken mochte er sich auch wenig. So zog ich mich an und schlenderte selbst los, Schnupftabak zu kaufen, Lavendelöl und Konfekt. Hans blieb, bebend vor Scham, im Hotel zurück.

Brünn war belebt, die Straßen voller Kutschen, Karren und eiliger Menschen, die Hühner gackerten von den Hinterhöfen bis auf die Plätze und Gässchen, Pferdemist wartete auf den Abtransport und magere Katzen lauerten am Fischmarkt auf Abfälle. Ich sang ein italienisches Lied und wärmte mich in der plötzlich wieder erschienenen Abendsonne. Die dunklen Wolken hatten sich in einer leichten Brise aufgelöst.

Ein Spektakel am Marktplatz hatte kurz mein Interesse geweckt. Zwei Männer in Schürzen, groß an Gestalt, mit kräftigen Muskeln, waren sich in die Haare geraten und ließen die Fäuste fliegen. Die Marktleute johlten und feuerten ihren jeweilgen Liebling an. Wahrscheinlich ging es um einen strittigen Platz, um Geld oder um eine Frau. Als der Dicke mit Glatze ausrutschte und in einen Stand mit Eiern fiel, mischte nun auch die Bäuerin, die sie feilbot, im Gemenge mit, schimpfte und drohte und schrie laut nach den Wachen.

Nun verdunkelte sich der Himmel unverhofft wieder und es sah nach starkem Regen aus. Das Spektakel fand mit der Ankunft der Wachen ein plötzliches Ende, und die Standbetreiber packten angesichts der Uhrzeit und des drohenden Wetters ihre Waren ein und verließen eilig den Markt, der nun, da er leer und still war, durch zurückgelassene Abfälle verschmutzt im plätschernden Regen einem Geisterort glich.

Durchnässt kam ich im Hotel an, trank eine Tasse Kräutertee und verzichtete auf die festen Knödel der Wirtin. In meinem Zimmer schloss ich die Fenster und sah die Fledermäuse, wie sie aufgereiht an die Dachbalken des Nachbarhauses geheftet waren.

Ich träumte die ganze Nacht heftig, doch konnte ich mich am nächsten Morgen nicht daran erinnern, was mich so bewegt hatte. Als ich zum Frühstück in die Wirtsstube kam, greinten die beiden kleinen Söhne der Wirtin, deuteten mit dem Finger auf mich und schnitten Fratzen. Sie zeigten mir die Zunge und wurden von ihrer Mutter scharf angefahren. Die errötete Wirtin redete sich wortreich heraus, servierte mir Brot, Schinken und Tee und bat mich um Nachsicht für ihre Brut, der der Teufel keine Ruhe lässt, wie sie erwähnte, und versetzte den beiden einen kräftigen Schlag auf den Hosenboden.

Kinder und Narren sprechen die Wahrheit, dachte ich mir. Hatten die beiden kleinen Fratzen etwas an mir bemerkt, das Erwachsenen nicht so leicht auffiel?

Ich verabschiedete mich rasch von der Frau, die genauso schwer an ihren Kindern trug wie an ihrem aufgequollenen Leib, rief nach Hans und ließ ihn die Pferde satteln. Vor dem Hotel dampfte die Straße, denn es war wieder warm geworden und man konnte den Duft der Kräuter und Gräser aus dem Hinterhof riechen, die üppig und satt den kargen Boden bedeckten.

Kurz vermisste ich den Duft des heimatlichen Gartens, die Mandel- und Olivenbäume, Papas Parfum, Mamas duftende Salben. Dann bestieg ich mein Pferd und hatte nur mehr Galizien im Kopf. Galizien, dem ein eigener Ruf voraneilte.

30

Kein Wunder, dass unter den k.u.k. Offizieren und Beamten das Wort Galizien einen kalten Schrecken provozierte. Als wir um die schwer zu überquerenden Karpaten unseren Weg über Mähren nahmen, kamen wir nach gut zehn Tagen in Galizien an. Was mir als Erstes auffiel, war die schwarze saftige Erde, die in Österreich zu einer erstklassigen Kornkammer veredelt worden wäre.

Hier schien es mir, als ob nur jedes fünfte Korn aufginge. Von Straßen konnte keine Rede sein und unsere Pferde versanken im Morast, bis mein Wallach so tief einbrach, dass auch kein gutes Zureden, kein Zerren und Aufmuntern mehr half. Besudelt von Lehm und Schlamm setzten wir alles daran, meinen Hektor aus diesem Pfuhl zu befreien. Dann spannten wir Hans' Klepper Hektor vor und zogen ihn Stück für Stück aus dem Dreck. Hektor scheute, musste von mir beruhigt werden, und wir setzten vorsichtig unseren Weg fort. Unser Weg sollte uns nach Lublin führen zu unserem Bataillon, doch zweifelte ich, ob wir die Garnison jemals erreichen würden.

Dunkle Wälder drückten auf die Psyche, Löcher, Pfützen und Gras boten die einzige Abwechslung. Am Horizont sah ich undeutlich einen Hirten; wie ich später erfuhr, einen Watah, dem die Huzulen übernatürliche Kräfte zuschrieben. Mir war er nur ein ganz normaler Viehtreiber, der mir den Weg nach Lublin weisen sollte. Als wir näher kamen, bemerkte ich, wie klein er war, kleiner als ich, und auch sein Pferd war nicht groß und sehr behänd. Seine Herde hatte er von den nebelverhangenen Karpaten ins Tal getrieben, weiß der Geier, was er hier mit ihr wollte. Verkaufen und schlachten lassen? Sein primitives Gewand stank bestialisch nach ranziger Butter und Schwefel. Nicht einmal der Teufel wäre ihm zu nahe gekommen. Seine Schafe waren klein, aber nicht schlecht genährt. In Mähren hatte man mir erzählt, dass die Huzulen den Watah als Magier sahen, der Monate hoch oben in den Bergen verbrachte, nahe den Wolken in der Welt der Nebel und Schatten. Der Watah beschützt seine Herden vor Hexen und bösen Geistern, Waldteufeln und Kobolden und gilt den Bauern als höchste Instanz.

Nun, da ich vorerst nicht wusste, dass dieser da ein Watah war, fragte ich ihn höflich nach dem Weg, da wir uns aber in keiner gemeinsamen Sprache unterhalten konnten, wiederholte ich immer wieder Lublin, bis der alte Mann zum Horizont zeigte, ausspuckte und seine Herde weitertrieb.

Der Himmel entzündete sich über uns in einem lebendigen Feuer, das mir jede Orientierung nahm. Wir trabten vorsichtig weiter, bis wir an eine Weggabelung kamen.

Dort standen eine alte Eiche und ein polnischer Grundbesitzer, ich erkannte das an seiner Kleidung, mit einem Gewehr in der Hand. Und wiederum verstand ich nicht, was er auf Polnisch sagte, besser gesagt brüllte. Nun erblickte ich einen jungen jüdischen Mann, er dürfte fast noch ein Knabe gewesen sein, dem er befahl, auf den Baum zu klettern.

Dem jungen Mann in seiner ärmlichen Kleidung, vielfach geflickt und gewendet, war die pure Lebensangst ins Gesicht geschrieben. Ich befahl Hans, stehen zu bleiben, um zu beobachten, was sich da abspielte. Der polnische Grundbesitzer wollte wohl den jungen Mann vom Baum schießen, denn er stand grob lachend unter dem Baum, das Gewehr im Anschlag.

In der Ferne sah ich eine schlecht geschotterte Landstraße, Mais- und Getreidefelder. Dort musste es einen Rest von Zivilisation geben. Doch hier an der Weggabelung spielte sich etwas ab, das mir als Offizier bestialisch und unrecht vorkam. Lublin war plötzlich vergessen, mein Auftrag, auch das schlechte Wetter. Ich stieg leise vom Pferd, säuberte etwas meine glänzende, aber nun verschmutzte Uniform und redete den Polen auf Französisch an.

Er blickte sich grimmig um, in der einen Hand eine Wodkaflasche, in der anderen sein Gewehr. Ob es geladen war, konnte ich nicht erkennen, aber es schien mir entsichert. Er tat einen tiefen Schluck aus der Flasche und fluchte in einem Schwall auf Polnisch, bequemte sich dann aber doch, mir auf Französisch zu antworten.

»Verpiss dich, Österreicher!«

»Was tust du da, mon cher?«, antwortete ich.

»Das geht dich nichts an.«

»Und ob. Wir haben in diesem Land für Recht und Ordnung zu sorgen.«

»Was Recht und Ordnung ist, bestimmen wir hier, und nicht ihr verdammten Österreicher.«

»Wenn der Mann etwas verbrochen hat, gehört er vor Gericht.«

Der Pole spuckte aus und traf mich fast mit seinem schleimigen Auswurf.

»Wenn es mir Spass macht, erschieße ich alle von diesem Lumpenpack. Und wenn du nicht aufpasst, dann häng ich dich in meinem Kamin auf. Das machen wir oft und gerne mit ungebetenen Gästen, Bürschchen.«

Der Mann dachte wohl, dass jeder ihm mit Haut und Haar ausgeliefert sei. Dem würde ich es zeigen.

Der Junge saß zitternd im Baum und pisste sich die Hosen voll. Mein Hans stand eingeschüchtert da und hielt verkrampft die Zügel der Pferde.

Das Gewehr hing am Sattel meines Pferdes und war nicht geladen, aber mein messerscharfer Säbel hing elegant wie immer an meiner Seite. Blitzschnell riss ich ihn aus der Halterung, machte einen Ausfallschritt und schlug dem Polen sein Gewehr aus der Hand, wobei ich es in Kauf nahm, auch einige Finger seiner rechten Hand abzutrennen. Der Mann schrie auf, fluchte und wollte sich auf mich stürzen.

Doch dank meiner Ausbildung war ich ihm weit überlegen, sprang zur Seite und setzte ihm meinen nun gezogenen Degen an die Gurgel.

»Ich stech dich ab wie eine Sau!«, erklärte ich ihm ruhig und befahl Hans, ihn zu fesseln. Der langsame Tropf tat dies so ungeschickt, dass ich selbst zupackte und das Werk gründlich verrichtete.

»Komm runter, Bursche!«, sagte ich zu dem jungen Juden, der Jiddisch sprach und Deutsch daher verstand.

Zu viert brachten wir den rabiaten Grundbesitzer zu seinem Landgut, einem Herrenhaus, das auch schon bessere Zeiten gesehen hatte. Eine Allee von Kirschbäumen wies den Weg zu einem ehemals prächtigen Ansitz. Die Fensterscheiben waren zum Teil zerbrochen, die Blumen und Gemüserabatte vor dem Haus ungepflegt. Den Polen übergaben wir seiner erstaunten Ehefrau.

Frau Danuta, die weder was von den Ackerjuden noch von denen aus dem nahegelegenen Schtetl wissen wollte, zeigte sich auch nicht viel humaner als ihr Ehemann. Die ungepflegte Frau, angetan mit alten protzigen Juwelen, einer schlampigen Frisur und einem fleckigen Brokatkleid, bekam es aber dann doch mit der Angst zu tun. Angesichts meiner Überlegenheit in Ausbildung und Waffen rief sie ihre Knechte zurück und fügte sich gemeinsam mit ihrem Gatten. Sie zog sich mit ihm in die Küche zurück, um ihm seine Wunden zu verbinden. Der Pole seufzte über den Verlust seiner Macht und stürzte eine halbe Flasche Wodka hinunter, um seine seelischen und körperlichen Schmerzen zu betäuben. Ein Faden schwarzer Galle schien ihn zu durchschaudern, während sein Weib die Blutung mit schmutzigem Leinen zu stillen versuchte.

Die Anspielung des polnischen Edelmannes bezüglich seines Rauchfangs machte mich aber doch neugierig und ich inspizierte mit geladener Waffe den etwas vom Speisesaal entlegenen Ziegelbau.

Tatsächlich – dort hing ein alter rußgeschwärzter Ruthene mit verdrehten Augen und heraushängender Zunge. Ich konnte es kaum glauben. Es war grauenhaft, bestialisch, unmenschlich, was ich da sah. Ich schämte mich für den Mann, der offensichtlich meinem Stand entsprach, dass es mir die Röte ins Gesicht trieb. Seine bösen Knechte standen ihrem Herrn in ihrer List nicht nach; wenn Blicke hätten töten können, wäre ich schon gestorben. Dies war ein Haus des Horrors. Des ganzen Lebens unstillbarer Jammer hing hier im Kamin, und eine tote Seele schrie stumm über diese Ungerechtigkeit. Der polnische Edelmann war es nicht wert, ein Mensch zu sein. Am liebsten hätte ich ihn erschossen. Doch dann dachte ich an die Folgen einer solch unrechtmäßigen Tat und bezähmte meinen Zorn. Ich hoffte nur, dass den armen Ruthenen Engel voll Huld und Süße in die Unsterblichkeit geleitet hatten. Es lag nicht an mir, als kleiner Fähnrich Rache zu üben, aber Meldung würde ich erstatten und den Polen zur Anzeige bringen. Der Teufel hatte hier ein Schreckbild gemalt von unglaublicher Grausamkeit.

Der junge Jude begann zu beten, mein Hans schlug das Kreuz. Ich war zu verwirrt und wütend, um eine geistliche Übung zu vollziehen. Der Jude rang die Hände ob dieses Frevels, obwohl er gerade selbst mit dem Leben davongekommen war. Von seinem

Gesicht floss der Schweiß, während Hans unverständliches Zeug in seiner Mundart brabbelte und die Hände vor der Brust zum Gebet faltete.

Wir schnitten den armen Mann vom Seil und trugen ihn ins Freie, legten ihn auf das Pferd des Polen und ritten ohne ein Wort der Verabschiedung zum Schtetl des Juden, um ihn dort sicher eskortiert abzugeben. Der Teufel hat sich dieses Land geholt, dachte ich mir und gab meinem Tier die Sporen.

Doch was sollte ich mit diesem ruthenischen Bauern machen, dachte ich mir am Weg zum Dorf des jungen Juden. Man müsste ihn doch in geweihter Erde begraben, vielleicht kannte man ihn in der Gegend.

Scholom, wie mein Schützling hieß, deutete auf eine kleine Ansammlung ärmlicher Keuschen, unzweifelhaft Heim der hier ansässigen Ruthenen, der Sklaven des Polen. Die Siedlung lag an einem Weiher, in dem einige Enten schwammen, am Rande des graublauen Wassers schnatterten mehrere Gänse. Alte Obstbäume standen verstreut im Gras, dahinter lagen dunkelgrüne Weiden. Aus einiger Entfernung sah dies alles recht idyllisch aus, doch aus der Nähe betrachtet erfasste mich das Grauen. Die schon außen schmutzigen Häuschen waren mit altem, fauligem Stroh bedeckt und recht verfallen. Winzige Fenster ließen wohl nur wenig Licht in die Hütten. Erbärmlich lebten die Menschen in diesem Dreckhaufen.

Wir hielten an und Hans, als der stärkste Mann von uns, trug den Leichnam zur erstbesten Keusche. Eine alte Frau hörte uns kommen, sie trug einen schweren Wasserkübel, und brach in Tränen aus. Der Mann war ihr wohl nahegestanden. Scholom übersetzte, dass es sich um den Bruder der Alten handelte, die schluchzend beklagte, dass ihr geliebter Nike die Fron für den Polen nicht aufbringen konnte und deshalb abgeholt und ermordet worden war. Sie bat uns schüchtern ins Haus und ließ es sich nicht nehmen, uns Tee unter Tränen anzubieten. Wie zu erwarten, bestand ihr Heim wie wohl auch alle anderen hier aus nur einem Raum, welcher gleichzeitig Küche, Stube, Schlafraum war. Da ich länger in Galizien gelebt hatte, wusste ich, dass im Winter auch das Vieh, die Lämmer und Ferkel, Gänse und Hühner im Haus gehalten wurden. Ein Viertel des Raumes nahm ein Backofen in Anspruch, aus dessen erkaltetem Loch die Locken eines Mädchens hervorquollen. Ich erschrak ungemein, bis ich erkannte, dass dies eine Schlafstatt für die Töchter des Hauses war. Zwei Bretter dienten als Bett für die Eltern, darauf lag etwas Stroh. Basta. Wir nahmen den Hagebuttentee aus schmierigen Gläsern und erwiesen damit der alten verzweifelten Frau, die immer wieder schluchzend auf die Ofenbank sank, die Ehre.

Dann verabschiedeten wir uns rasch. Selbst Hans beeilte sich, das Dorf zu verlassen. Einige Krähen krächzten am Apfelbaum, der schon reichlich Früchte trug.

Am Weg zum Schtetl machten wir bei einem jüdischen Branntweiner Rast, und ich gab einen Trunk für Scholom und Hans aus.

»Und du, Scholom«, fragte ich schockiert, »warum wollte dieses Scheusal dich vom Baum schießen?«

»Bloß zum Spass, wie er sonst eben einen Eber oder einen Hirsch erlegt. Für die Polen sind wir Dreck, auch die Ruthenen, obwohl wir Juden im Schtetl keine Fron leisten müssen.« Mir war klar, dass in diesem Land das Recht des Stärkeren herrschte. In der Monarchie von Kaiser Franz herrschten im Prinzip Recht und Ordnung, wenn es auch immer wieder Übergriffe gab. Doch hier am Ende der Welt, einem Landstrich, der Österreich erst nach der polnischen Teilung zugefallen war, herrschte die grausame Willkür der polnischen Großgrundbesitzer.

Dennoch fragte ich nach: »Sind sie alle so?«

»Fast alle!«

»Das sind Tiere und keine Menschen!«

»Die österreichischen Beamten und das Militär sorgen sicher für Ordnung und Sicherheit.«

»Das glaube ich nicht«, meinte Scholom verschämt. »Die Beamten verschanzen sich in ihren Villen und das Militär hebt lediglich Rekruten aus.«

Dies war mein Einstieg in die Wirklichkeit, mein Einstieg in das Königreich Galizien und Lodomerien, dem die Wiener Kameralisten diesen Kunstnamen verpasst hatten.

Eine ferne, fremde Welt, in der Trunksucht, Armut, Analphabetismus und rohe Gutsbesitzer herrschten. Mir war bekannt, dass dort Ruthenen, Polen, Juden, Rumänen, Zigeuner, Huzulen, Bojken und Lipowaner zu Hause waren. Langsam wurde mir klar, dass der, der als Offizier oder Beamter nach Galizien geschickt wurde, der nach des Kaisers Willen in der Verbannung landete, sehr reich wurde oder der Trunk- und Spielsucht verfiel. Dieser Schmutz, diese Armut, diese Trostlosigkeit!

Ich kehrte nach militärischem Gruß den Bauern in der Branntweinstube den Rücken und erachtete es als meine Pflicht, als österreichischer Offizier Scholom heil in sein Schtetl zu bringen.

31

Auf dem Weg zu Scholoms Heimat machten wir Rast in einer kleinen Stadt mit unaussprechlichem Namen, wo gerade Markttag abgehalten wurde.

Ich blieb stehen, band mein Pferd an einen wackeligen Pfosten und befahl meinem einfältigen Hans, gut darauf aufzupassen. Scholom sollte mich bei meinen Einkäufen begleiten und mir sprachlich unter die Arme greifen.

Meine Stiefel versanken auch hier knöcheltief im Morast, ein tagelanger Dauerregen war gerade zu Ende gegangen. Rund um den Flecken wuchsen Obstgärten und magere Felder, Pflaumen, Flachs und Kukuruz, wie man den Mais hier nannte. Es war ein Donnerstag und da kamen ruthenische und rumänische Bauern aus nahegelegenen Dörfern oder auch von weit her, um ihre Hühner, Gurken, Zwiebeln und Äpfel zu verkaufen. Selbst Huzulen aus dem Gebirge boten Brimsen, Käse und Holzschnitzereien an. Dann sah ich auch die jüdischen Wanderhändler, die ihren ganzen Laden am Rücken mitschleppten. Ein jeder trug erbarmungswürdiges Schuhwerk, doch die Juden hatten bloß Pantoffeln, die sich nach einigen Schritten im Morast von den Füßen lösten. Wie auch ganze Familien sich im Winter ein Paar Stiefel teilten und einen abgewetzten Pelz. Dies war kein gelobtes Land, in dem Milch und Honig flossen. Weder der fruchtbare Boden noch die Bodenschätze mochten das Leid und die Armut seiner Bevölkerung lindern. Es herrschte nacktes Elend, wohin man nur sah. Bauern und

Handwerker trugen ihr Schicksal und Missgeschick so freigebig, dass man sich nur wundern konnte. Diese Menschen wurden ausgeplündert und misshandelt, um die Wechsel ihrer Grundherren zu decken. Mich wunderte, wie sie ihre Erinnerungen würdig und mit Anstand überlebten. Offensichtlich herrschte hier die unendliche Fähigkeit, sich immer wieder vergebliche Hoffnungen zu machen. Eine traurige Schläfrigkeit, die die Sinne trübte, diktierte ihr Leben. Die Schlachta, der polnische Adel, beutete die arme Bevölkerung bedingungslos und rücksichtslos aus. Der polnische Edelmann betrachtete sich als Herr seiner Untertanen und war der unmenschlichste, verabscheuungswürdigste Wüstling, den man sich vorstellen konnte.

Bauern und Schlachtschitz, diese Kombination machte die grausame Wirklichkeit in diesem an und für sich gesegneten Land aus. Man hatte den Eindruck, dass die durch die Weltpolitik verschacherten Polen sich nun an den Schwächsten rächten, an den ruthenischen Bauern. Denen blieb durch blutige Auspressung nicht einmal das Nötigste zum Überleben. Die Kleidung alte Lumpen, die Kost durch unzählige kirchliche Fasttage so eben geeignet, Mangel und Krankheiten zu verstärken. Wie ich noch erfahren sollte, bestand ihre Nahrung aus ungesäuertem Haferbrot, Hafermus, Grütze, Kartoffeln, Kohl und Rüben. Fleisch aß man nur zu Weihnachten und zu Ostern, manchmal bei einer Hochzeit. Wichtig war der Wodka, meist selbstgebrannt oder aus den Branntweinstuben der Juden, die diese im Auftrag und auf Rechnung der polnischen Grundherren führten. Wehe den Polen, wenn sich die trägen und gutmütigen Bauern dereinst erheben und ihre Dreschflügel auf ihre Peiniger niedersausen lassen. Noch besänftigte der Wodka alles, was sich an Wut und Verzweiflung angestaut haben mochte. Viele der verzweifelten Männer vertranken den kargen Lohn, worauf Frau und Kinder noch mehr hungern mussten.

Der ärmliche Friedhof dieser kleinen Stadt gab Einblick in die Lebensdauer der Menschen. Kaum einer wurde älter als 30 Jahre. Die meisten starben in meinem Alter.

Ich klopfte den Morast von meinen Stiefeln, holte tief Luft und besorgte mir Brot, Käse, Obst und einige Schnitzereien als Andenken, die ich meiner Familie schicken wollte. Scholom war indessen im Gespräch mit einem jüdischen Händler mittleren Alters, dessen krummer Rücken jahraus, jahrein seine heilige Gerätschaft tragen musste: ein ambulanter Laden an Büchern, Gebetsriemen und Schaufäden. Bei ihm ein Jüngele, dienstbeflissen Kunden anlockend, mit feurigen dunklen Augen, immer bereit, das Knäuel an Waren zu entwirren. Als ihm eine Bibel in den Morast fiel, gab ihm der Händler eine kräftige Kopfnuss und wünschte ihm, der Selmann sollte ihn holen.

»Scholom, wer ist der Selmann?«, fragte ich meinen jungen Begleiter.

Scholom zuckte zusammen, als er den Namen Selmann vernahm, und stotterte in einem Kauderwelsch aus Deutsch und Jiddisch atemlos: »Der Selmann, also der Selmann …« »Nun sprich, wer ist der Selmann?«

Scholom fasste sich und erzählte mir folgende Geschichte:

In Drohobytsch, der Hauptstadt der galizischen Zwiebelbauern, lebte etwa um 1750 Selmann Wolfowicz, ein reicher jüdischer Bürger. Er hatte alle Einkünfte der Stadt und der umliegenden Dörfer in Pacht, inklusive der ruthenischen Kirchen. Er ließ es sich angelegen sein, auch die Schlüssel zu den Kirchen zu verwahren, zu den Tabernakelschränken, Taufsteinen und Glockentürmen. Die Gläubigen mussten für Messen, Taufen, Hochzeiten und Begräbnisse an ihn bezahlen. Selmann wurde immer macht- und geldhungriger, bis ihn die Bürger aus der Stadt verjagten. Er kehrte, von Heimweh geplagt, wieder zurück und wurde zum Tod verurteilt. Um dem Strang zu entgehen, ließ er sich taufen und ging ins Kloster der Basilianer. Nach seinem Tod fand sein Geist aber keine Ruhe und wanderte nächtens zu den ruthenischen Kirchen, zerbrach Betstühle, heilige Geräte und trieb Unfug aller Art. Daraufhin gruben die Bürger Selmann aus, schlugen dem Leichnam den Kopf ab und versenkten den Rumpf in einem nahegelegenen Moor. Von da an habe Selmann frommen Wanderern als Vampir aufgelauert.

Scholom verstummte, blass um die Nase, und ich hörte das rhythmische Kratzen seiner geflickten Sandalen. Von weit her brandete das Heulen des Windes, das Kratzen der Wildtauben in den morschen Regenrinnen, manchmal ein Donnergrollen. Der Herbst nahte. »Es ist an der Zeit weiterzureiten, Scholom. Schließlich habe ich mich bald bei meiner Einheit zu melden.«

32

Während wir in Richtung Schtetl ritten, erzählte mir Scholom, dass die meisten Juden vom Handel mit dem Getreide lebten und allerlei anderen landwirtschaftlichen Produkten. Sie waren kleine Zwischenhändler, Hausierer, die bloß einige Eier für ihre Plage bekamen oder ein dürres Huhn. Man arbeitete als Schneider, Schuster, Bäcker, Pächter einer Branntweinschenke oder als Lohnarbeiter.

Als wir uns dem Schtetl Scholoms näherten, sah es nicht viel besser aus als ein ruthenisches Dorf. Auch hier reichte einem der Schmutz bis über die Knöchel, ein kleiner Bach transportierte den Unrat aus der Siedlung. Die Häuser waren kunterbunt ohne erkennbare Ordnung gebaut. Wie viele dieser jüdischen Gemeinschaften war auch Scholoms Schtetl chassidisch, wie er mir erzählte.

Sie kasteiten sich nicht und gaben sich nicht grüblerischer Gelehrsamkeit hin. Man konnte auch auf heitere Art die Liebe Gottes erwerben. Rabbi Israel Baal Schem Tow hatte diese Lehre vor einigen Jahrzehnten begründet, und zahlreiche Legenden rankten sich um ihn.

»Weißt du Österreicher, was uns gar nicht gefällt, uns kränkt und demütigt?« »Sag es mir!«

»Diese bösartige Germanisierung unserer ehrwürdigen Namen. Man zog einfach die Farbenskala heran, um uns zu benennen oder Landschaften, Vogelnamen, Bäume, je nach Lust, Laune oder Boshaftigkeit des betreffenden Beamten. Ich heiße offiziell Manuel Rosenzweig.«

Von Weitem schon sah ich die fremdartig gekleideten Bewohner des Schtetls, mit ihren Schläfenlocken, Pelzmützen und Kaftanen. Dies war das jüdische Galizien der frommen Chassiden und weisen Wunderrabbis, aber, wie Scholom mir auch anvertraute, von inneren Konflikten zerrissen, in Widersprüchen lebend. Dennoch trugen sie einen ihnen eigenen Stolz vor sich her, da sie nicht wie in den großen europäischen Städten in Ghettos verbannt waren, sondern selbständig ihr Dasein fristeten.

Galizien bot sich dar mit seinen weiten waldigen Höhen, den ärmlichen Weilern, in denen alles in Holz gebaut war, selbst die Kirchen. Galizien, das waren zahlreiche Brandstätten, marode Dörfer, kleine Gehöfte, aus denen nur mehr der Kamin ragte – die einzigen Steine, die man sah, wenn man durch das Land ritt. Auf den ungepflegten Wegen sah ich ärmliche Gestalten in Leinenkittel und speckigen Schafspelzen, denn die ersten Herbstwinde gaben einen Vorgeschmack auf bitteren Winter.

Scholoms Vater presste die Lippen zu einem Strich zusammen, als er seinen Sohn mit mir und meinem Burschen heranreiten sah. Ein österreichischer Offizier und sein Sohn, das verhieß ihm offensichtlich nichts Gutes. Vaters Augenstern in den Fängen der Rekrutierer! Mir war, als ob er mir einen bösen Blick zuwerfen würde oder wütend schrie: »Wenn du ihm was zuleide tust, so tust du's mir!«

Für Menschen wie ihn konnte ein Unglück jederzeit hereinbrechen, Unfälle, Krankheiten, Polen, Offiziere, Atemaussetzer bei kleinen Kindern. Alles lag in der Hand des Allmächtigen, wenn nicht bald der Messias käme …

»Mein Sohn hatte immer schon die Neigung, auf Entdeckungsreisen zu gehen. Als Kind versteckte er sich hinter Büschen und

Hecken, und wenn sich der Regenbogen spannte, war seine Lust, davonzulaufen, ungebremst.« Er redete und redete …

»Vater, der Mann hat mich gerettet. Der Pole wollte mich vom Baum schießen.«

Die Augen des Vaters veränderten sich. Der Zorn wich einer großen Erleichterung und Wärme. Er bat mich sogleich in die reinliche Stube, die für den nahenden Sabbat weiß getüncht, der Boden eingeölt worden war. Die Mutter servierte mir Kräutertee, Käse, Brot und ein Glas Wein. Als man alles besprochen und Scholom bis ins kleinste Detail beschrieben hatte, wie ich dem Polen die Hand abgeschlagen hatte, war es dunkel geworden und man bot mir das einzige Bett an. Ich konnte nicht ausschlagen. Sie würden mich immer lieben, denn ich hatte ihren einzigen Sohn gerettet. Das würden sie mir nie vergessen. Es lag wohl in ihrem Gemüt, nie etwas zu vergessen. Weder das Gute noch das Böse. Am nächsten Morgen verabschiedete ich mich herzlich, und es taute ihnen das Herz, wie im Frühling der Schnee schmilzt. Bald wären die mageren Felder abgeerntet, Mäuse und Ratten würden zu Kadavern werden und die große Fäulnis und Kälte würden einsetzen. Ich musste weiter.

Das vierte Bataillon Wenzel Colloredo in Lublin erwartete mich schon. Ich langte Ende September dort an und meldete mich beim Kommandanten Major Deeber.

»Nun, Fähnrich Scanagatta, hast du einen ersten Eindruck gewonnen, was dich hier erwartet?«

»Durchaus, Major Deeber.«

Deeber gab seinem Burschen einen Wink, für Ruhe zu sorgen, denn einige Offiziere schrien beim Kartenspiel in der Innengalerie der Kaserne, sie stritten aber flüsternd so lange weiter, bis es Deeber zu dumm wurde und er sie in die Quartiere scheuchte. Der Himmel trug dunkle Gewitterwolken, ein fast verdeckter

Vollmond leuchtete schwach über der Stadt, die auch schon bessere Zeiten gesehen hatte.

»Scanagatta, du vertrittst hier wie wir alle die Ehre der österreichischen Armee. Das bedeutet, dass wir hier so etwas wie Zivilisation einzubringen haben.«

»Jawohl, Major!«

»Du meldest dich beim Kinsky in Sandomir, vorher isst du hier noch ordentlich, du kommst mir sehr schmächtig vor.« Damit war ich entlassen.

Lublin war ein kleiner Verkehrsknotenpunkt zwischen Krakau und Wilna mit einer ehemals königlichen Residenz, Kirchen, Klöstern, Stadtpalais und höchstens 6000 Einwohnern. Scholom hatte sich daran begeistert, dass ich dort Station machen würde, denn für die Juden war es das östliche Jerusalem, ein gelobter Ort.

»Es ist das Zentrum des Chassidismus, eine heilige Stätte!«, jauchzte er.

Der nächste Tag versprach schön zu werden, schon heute hatte die Sonne ihr schwächer werdendes Licht noch einmal kräftig über die absterbenden Gräser gegossen. Das vereinzelte Bunt der Laubbäume setzte sich vom Blaugrün der Tannen ab.

Auf entfernten Pfaden leuchteten die roten Tuchjacken und Kopftücher einer Schar von Huzulen, roten Ameisen gleich, einander laut und fröhlich zurufend, auf ihren kleinen wendigen Pferden. Was mochten sie hier wohl machen? Märkte besuchen, Waren verkaufen?

Ich bleibe vor einer Kirche stehen, bei der es schon keinen Platz mehr für Pferde gibt. Der Küster hält ein Bündel an Kerzen. Die Leute drängen auf den Kirchhof; ob wohl eine Hochzeit gefeiert wird? Ich sehe Gaben an den Händen und Morast an den Hufen.

Weiter ostwärts sehe ich einen Cheder, die Schule der jüdischen Kinder. Ich sah in eine niedrige Stube mit fahlen Wänden und kotigem Boden, einem mächtigen Ofen und vier riesigen Tischen, an denen lernende Kinder saßen. Die Kleinsten spielten am Boden, einige aßen genüsslich Palatschinken, größere Mädchen schrubbten Töpfe und Pfannen. Die Kleider in verschiedensten Farben und Formen, oftmals geflickt. Belfer mit Peitschen sorgten für Ruhe, ein mächtiger Mann, wohl der Melamed, kreiste ruhig in diesem Chaos, seine rundliche Frau war bei den abwaschenden Mädchen. Also hier fand die Vorbereitung für das himmlische Leben statt. Eine Peitsche schnalzte, und ein Junge schrie. Ich wandte mich ab und würde wohl als einer der Gojim diese Art zu leben nie wirklich verstehen, wenn auch ein großes Faszinosum davon ausging.

Die Nacht verbrachte ich in einem improvisierten Quartier ohne Bett und Decke, wie sie für die niedrigeren Offiziere hier vor Jahren eiligst eingerichtet worden waren. Ich war, das musste ich bei all den tiefen Eindrücken, die ich schon in kurzer Zeit gesammelt hatte, fest überzeugt, dass ich in der Verbannung gelandet war. Außerdem musste ich mir schleunigst etwas Ruthenisch, Polnisch und Jiddisch aneignen, da nur grundlegende Befehle wie Rechts, Links, Halt, Rührt euch und Feuer auf Deutsch gegeben wurden, alle übrigen in den jeweiligen Regimentssprachen. Meine nun wirklich erheiternde Aufgabe war es, die jungen Rekruten zuerst in Deutsch anzubrüllen und dann in allen anderen Sprachen, die vertreten waren. Also hieß es Büffeln. Wer sich nicht vielseitig ausdrücken konnte, wurde bei der Beförderung stets übergangen.

Wer wollte das schon? Ach, die armen sprachungewandten Kameraden. Sie hatten es wirklich schwer. Mein Los war bei all den tiefen Eindrücken, die sich mir hier einprägten, nicht leicht. Hing doch das Glück in der Armee davon ab, wo man diente. War man in der geliebten Schönheit meines Italiens, in den mittelitalienischen Klientelstaaten stationiert, brachte dies durch fast ständige militärische Auseinandersetzungen militärischen Ruhm und Beförderung mit sich. Mich hätten die Hitze und so manche gesellschaftliche Isolation nicht betroffen, aber ich war nun hier in Galizien mehr in Asien als in Europa gestrandet. Eigentlich war es eine Art von Auflösung der eigenen Existenz. Keine Möglichkeit, sich militärisch hervorzutun, abgesehen davon, dass es hier die schlechtesten Straßen gab, die ich jemals sah, dass es schmutzig und staubig war, dass es Läuse, Fliegen und Geschlechtskrankheiten gab, betrunkene Bauern und schlaue Juden. Die polnischen Großgrundbesitzer wollten mit den habsburgischen Offizieren nichts zu tun haben, ebenso wenig ihre Töchter. Dieses Problem betraf mich nicht.

Andererseits werde ich nie die berauschenden Ausritte durch das weite Land vergessen oder die Teilnahme an orthodoxen jüdischen Hochzeiten. Diese Erinnerungen versüßten mir das Angedenken an meinen dortigen Aufenthalt.

Bevor man mir in Lublin noch dumme Fragen stellen konnte, warum ich nicht auch wie alle anderen ins Bordell ginge, fand ich mich in Sandomir wieder. Dieser rasche Wechsel von Garnisonsorten stimmte vollkommen mit meinem Geschmack, meinen Bedürfnissen und

Gewohnheiten überein. Längst hatte ich mich davon entfernt, das sogenannte Schickliche am Weiblichen auch nur in Erwägung zu ziehen. Daran zu denken, was man von Frauen in Hosen hält, oder mich gar von Unsinn wie der Vorstellung von Naturnotwendigem leiten zu lassen. Dennoch war ich sehr vorsichtig. Allzu leicht konnte durch Unachtsamkeit mein wahres Geschlecht zutage treten. Immer wieder kreisten meine Gedanken um dieses Problem. Vor allem dann, wenn mir alte Journale in deutscher Sprache in die Hände fielen und ich das Leben der Damen in

Österreich und Deutschland verfolgte. Höchstens noch Künstlerinnen wurde ein Mindestmaß an Selbstentfaltung zugestanden, wobei die Gesellschaft auch bei ihnen Wert darauf legte, dass sie die ewigen Gesetze der Weiblichkeit nicht vergaßen. Dann gab es noch die auserwählten Frauen, die als Geliebte, Lebensgefährtin oder Freundin eines Dichters die Mission edler Weiblichkeit erfüllten. Fehlte es mir an Empfindsamkeit, an Sentimentalität? Ich wusste es nicht. Ich hatte durchaus Feingefühl. Schließlich wollte auch ich schön und begehrenswert sein. Nur eben nicht jetzt und in naher Zukunft. Aber in der hübschen Hülle steckte nun mal kein sanftes, fröhliches, gefälliges Geschöpf, keine, die schmachtete, keine himmelsseelenvolle Tugendhafte. Ach was. Ich war nun mal keine Lotte, wie in Goethes Werther. Vor allem in deutschen Landen entwickelte sich unter den Geschlechtern eine tränentauschimmernde Mondscheinlandschaft, mit der ich als Italienerin gar nichts anfangen konnte. Die Fräuleins gingen im weißen Unschuldskleid, ein Lämmchen am rosa Seidenband führend. Empfindsamkeit war angesagt, besonders jetzt. Ein poetisch zurechtgemachtes Christentum verklebte die Gehirne der Deutschen. Anstatt dass sie sich den wirklich wichtigen Themen wie Napoleon und seiner neuen Weltordnung zuwendeten, versanken sie im puren Schwachsinn. Anmaßlicher Unsinn machte sich breit. Diese Irrlichter einer ganzen Generation waren naiv und fantastisch, während Napoleon im Laufschritt Europa eroberte. Man sagt: Helden, Dichter und Frauen gehören zusammen. Heldentum und Dichtertum erhalten durch das Frauentum erst ihre wahre Bedeutung. Ich hatte den Spieß umgedreht und war mir Frau und Held in einem. Wenigstens bewegte ich mich nicht am Rande des Wahnsinns, wie er sich in deutschen Landen breitmachte. Ich wusste, was ich tat, und war selbstbewusst und darauf recht stolz.

Mein nüchtern-rebellisches Temperament war durch die Ausbildung an der Militärakademie vor krankhafter Überreizung geschützt, die Rebellion war einer Ruhe und Gefasstheit gewichen. Die vielgepriesene milde Frauenhand konnte auch mit dem Säbel umgehen. Mir blieben hohle Worthülsen wie Liebe, Treue, unermüdliche Duldsamkeit und liebevolle Fürsorge Fremdwörter, wenn ich auch den Verlust meiner großen Liebe zu beklagen hatte.

Was mich jedoch mit meinem verstorbenen Liebsten verband, waren nicht nur echte Liebe und Leidenschaft, sondern auch Respekt, Anerkennung und das Gefühl, die zweite Hälfte, das fehlende Du, gefunden zu haben.

Ach ja, und wenn ich heute als alte Frau zurückblicke, dann schaudert mich, dass aus den fantastisch Überreizten der napoleonischen Zeit deutschtümelnde Lümmel geworden sind, die sich die Frauen als Burgfräuleins vorstellen. Was um Christi willen war dagegen an meinem Wunsch, ein ehrliches, uraltes Handwerk auszuüben, schlecht? Warum konnten Frauen nicht auch Tischler, Töpfer oder Metzger werden? War nicht ich mit meiner Verkleidung viel ehrlicher und geradliniger als die durch überspannte Dichter in Mode geratenen Frauenbilder, deren sich die Politik gerne bedient? Ich stellte mich gegen Moden, Gesellschaft und politische Unsinnigkeiten und tat eine notwendige ehrenvolle Arbeit. Bene. Nun ja, leider in Galizien. Oder vielleicht gerade erst recht in Galizien. Dort wurde wirklich jeder anständige österreichische Offizier gebraucht, denn dieses Land war teuflisch und bestand nur aus Gegensätzlichkeiten. Es war vielfältig in seinen Bewohnern, prunkvoll und elend, rückständig und manchmal doch ein wenig fortschrittlich.

Es gab mir ein Gefühl der Sicherheit, dass ich immer neue Menschen treffen konnte und keine engeren Freundschaften schließen musste. Ich rauschte von Garnison zu Garnison wie der Wind, der über die Berge kam, den man hinnahm und bald wieder vergaß.

Sandomir war schön, alt und für Galizien halbwegs sauber.

Diese historische Stadt mit dem alten Schloss auf einem Felsen, mit Klöstern, einem Dom, einer Synagoge an der Westmauer und einem einladenden Markt erfreute mich durchaus, ebenso dass ich Quartier bei einem jüdischen Rechtsanwalt fand, das auch gehobenen Ansprüchen gerecht wurde. Wie gewöhnlich legte ich Wert auf ein abgeschiedenes Zimmer, ein sauberes Bett und einen Waschzuber. Wir, die wir von zu Hause begütert waren, konnten uns diesen Luxus leisten. Die Ärmeren mussten in verwanzten Quartieren auf Strohsäcken schlafen. Das herbstliche Wetter hatte sich gebessert und ich trieb mich nach Dienstschluss im Freien herum. In der Garnison stand ich, meinem Regiment untertan, einem dem österreichischen Offizier durchaus üblichen, aber betrüblichen Problem gegenüber. Die Mannschaft sprach Ruthenisch, Hucul, Goral, Lemko, Bojko und andere bäuerliche Dialekte. Das wenige Polnische und Ruthenische, das ich mir eilig angeeignet hatte, half mir nicht wirklich weiter.

Die überwältigende Mehrheit der Habsburgerarmeen war vielsprachig, aber die Militärbehörden erwarteten von den Offizieren die Beherrschung der Regimentssprache.

Ich beobachtete eine Bettlerin mit rotem Haar, durch deren löchriges Kleid eine anmutige Gestalt durchschien. Ihr schmächtiger Körper ging stolz und zierlich vor der Garnison auf und ab, um ein Almosen zu erbetteln. Ich drückte ihr einige Münzen in die Hand und dankte dem Schicksal für meine Herkunft. Warum ließ man sie kein Handwerk erlernen?

Plötzlich sah ich im Osten der Stadt eine Feuergarbe, die vom Wind von Haus zu Haus getragen wurde. Rotgelbe Wände erhoben sich gegen den Himmel, sanken ins Dunkle herab und stiegen wieder auf. Wenn ich die Augen zusammenkniff, konnte ich halbnackte Menschen erkennen, die zu den Brunnen liefen. Haufenweise sammelten sie sich bei den Brandstätten oder schleppten die geleerten Eimer zu den Brunnen. Hier war wie immer die Welt aus den Fugen geraten. Die alten Holzhäuser brannten lichterloh.

»Die Bojken, die sich in Sprache, Kleidung und Sitten sehr von den Ruthenen der Ebene unterscheiden, bewohnen den mittleren Teil der Waldkarpaten«, schrieb ich meinem Vater, »den westlichen Teil besiedeln die Lembken, den östlichen bis in die Bukowina und Nordungarn die Huzulen.«

Iwo, der in der Ausbildung mein besonderes Sorgenkind war, entstammte einem schwerfälligen Menschenschlag, den Bojken, die Vieh züchteten und Ochsen verkauften. Iwo war trotz meiner Anstrengung, ihm etwas Disziplin beizubringen, auch ein Ochse geblieben. Er war schwerfällig in Auffassung und Gehabe und erinnerte mich an Hans. Sein Gesicht war von dunkler Hautfarbe, seine Augen leicht geschlitzt, und er trug die Haare nach orientalischer Sitte um den Scheitel rasiert. Hans aber war blond, blauäugig und hatte ein formloses teigiges Gesicht. Dumm waren beide.

Eine besondere Freude bereiteten mir die Synevidsker, Händler und Hausierer, die für Südfrüchte, Nüsse, Zwetschgen, Weintrauben und Kastanien sorgten. Das war hier wirklich etwas Besonderes, weil, wie meistens in Galizien, die Felder schmal und steinig waren und nur ein wenig Roggen, Hafer und Kartoffeln auf den kargen Speiseplan setzten, während die Gemüsegärten sich neben den aus krummen Bohlen gefertigten Hütten kargten; doch welche Freude, die letzten Sonnenblumen leuchteten, aus denen die Bäuerinnen das Fastenöl pressten!

Sandomir versetzte mir einen gewaltigen Schrecken. Ich verrichtete meine Arbeit, hielt mich verschlossen und von den Kollegen fern, musste aber von Zeit zu Zeit wie in allen Garnisonen das

Casino aufsuchen. Dies nicht zu tun wäre unvorstellbar gewesen. Doch Achtung, die Menschheit bringt eine Menge unvernünftige, tratschsüchtige und boshafte Exemplare hervor.

Statt dieses Land aufzubauen und vernünftig zu verwalten, trieben sich im Schatten des Heeres gelangweilte, unvernünftige Gestalten mit ihren borniertеn besseren Hälften herum, die in diesem Land, von Langeweile und Unrast getrieben, ohne von der Stelle zu kommen, Geld, Ansehen und Lust suchten. Und statt von ihrer großen Unwissenheit wegzukommen, ergingen sie sich freudig in übler Nachrede, in Getuschel, in boshaften Reden. Ein Zirkel von Damen, die mit ihren Ehemännern das Casino besuchten, tuschelte über mich, sei es über mein zurückgezogenes Wesen, sei es über meine zarte Gestalt. Der junge Fähnrich schien bedenklich, war ein Außenseiter und steigerte ihren Argwohn, bis sie ihn wohl recht allgemein unter meinesgleichen verbreitet hatten. Ein junger Schöngeist von Sandomir, der meinte, seine Talente überträfen sogar die klügsten Köpfe in Prag und in Wien, war wohl ihr Vertrauter, den sie restlos bewunderten und an dessen Lippen sie kritiklos hingen. Mein für sie rätselhaftes Benehmen gipfelte im Casino in folgender Konstellation: Ich stand etwas abseits am Fenster und trank ein Glas Wein, grüßte alle freundlich und dachte weder an das falsche Gift der Megären noch an sonstige Schwierigkeiten. Ich dachte an gar nichts. Aber nichts auf dieser Erde gleicht der kalten Sonne der Grausamkeit. Noch war die Luft um mich leicht, doch bald sollte sie schwer wie Blei werden. Das niedere Tier des Neides, ich war ja nicht unvermögend, zog überraschend sein Schwert, indem sich der Schöngeist vor mir aufpflanzte und mich lautstark darauf aufmerksam machte, dass die Damen von Sandomir, also die Damen der Gesellschaft, mich für ein verkleidetes Mädchen hielten.

Dies tat er so lautstark, dass alle im Casino schwiegen und mich aufmerksam fixierten. Wir standen uns wie zwei Krieger gegenüber, sein Schwert war die Wut reifer Herzen, die hierher verbannt worden waren, ich hatte bloß den Dolch der Ehre meines Geschlechtes. Ich sah mich um, sah Kerzen, sah die entflammte Gier, einen Skandal zu provozieren, und verstummte kurz in heißer Qual. Musselin und Samt hoben und senkten sich. Die Gesichter der Offiziere erstarrten. Ich nahm einen Schluck Wein und schwieg, um mich an meiner eigenen Lüge zu betrinken, und antwortete dem jungen Herrn im scherzhaften Ton:

»Die Antwort auf eine solche Frage steht natürlich nur den Damen zu. Also erlaube ich mir, Ihre Frau Gemahlin zu meiner Richterin zu erbitten.« Der Schöngeist zuckte kurz zusammen, suchte nach einer passenden Antwort und stammelte dann:

»Ich bin weit davon entfernt, müßigem Weibergetratsche Glauben zu schenken. Ich wollte dem Herrn Fähnrich nur vertrauliche Mitteilung von dem Verdacht machen, den diese oder jene Dame hegt.«

Hauptmann Tauber, ein ruhiger und toleranter Mann, trat an mich heran, erhob sein Glas, klopfte mir auf die Schulter und meinte: »Scanagatta, wenn ein Mann so harmonisch ist wie du, kann man seine Akkorde nicht lösen.«

Doch meine eigentliche Pechsträhne sollte sich erst noch entwickeln. Nachdem ich die Denunzianten pariert hatte, sollte ich am 1. Februar 1799 mit meiner Kompanie nach Kelm marschieren. Gott, war ich erleichtert, Sandomir und den bösen Blicken der Frauen zu entgehen. Ich war ja gezwungen, noch mehr männliche Attitüde an den Tag zu legen, und musste mich daher noch mehr vorsehen. So ein Versehen durfte mir nicht noch einmal passieren. Dämonisches Misstrauen hing über meiner Existenz wie ein schwerer Schatten. Dazu bereitete mir die Tränenfarce meiner schmerzerfüllten Maman in ihren Briefen nicht gerade ein Quäntchen Aufmunterung. So hielt ich mich fern von der röchelnden Dickleibigkeit argwöhnischer Matronen und bereitete mich auf meine Abreise vor.

Nichts war mir lieber, als die Garnison zu wechseln. Wir setzten uns also in Richtung Kelm in Marsch. Da spürte ich nach langer Zeit kräftiger Gesundheit das untrügliche Gefühl in mir, ernsthaft krank zu werden. Ich bekam hohes Fieber, meine Glieder und Gelenke schmerzten derart, dass ich keinen Schritt mehr gehen konnte. Man stellte fest, dass ich das gefürchtete Gliederreißen hatte.

So wurde ich, da ich dienstuntauglich war, nach Lublin zum Regimentsstab überstellt. Mein Bursche verfrachtete mich in eine passable Kammer, richtete mir mein Bett und fütterte mich löffelweise mit dem scheußlichen Regimentsessen. Ein alter Militärarzt mit wattigem Bart und Kopfhaar übernahm meine ärztliche Betreuung, sehr zu meinem Schrecken, da er sich daranmachte, mir das Hemd zu öffnen. Ich drückte ihm mit zitternden Händen eine Hand voll Silber an die Brust und verwehrte mich dagegen, dass er mich auszog. Der schlecht bezahlte Feldscher mochte sich zwar gewundert haben, nahm das Geld jedoch flugs an sich und verschrieb mir daraufhin eine übelriechende Medizin, die ich in Erinnerung an meinen lieben Haller und seine Einstellung gegen viele Tinkturen, Säfte und Mittelchen durchaus nicht einnahm, sondern meinem Burschen befahl, sie schleunigst zu entsorgen.

So lag ich denn Wochen in meinem Bett, konnte mich nicht bewegen und wurde von Hans mehr schlecht als recht gepflegt. Er reichte mir die Leibschüssel, nahm zur Kenntnis, dass ich das Hemd nicht wechseln wollte, und bemerkte nicht einmal in diesen sich immer wieder ergebenden intimen Situationen, dass ich eine Frau war. Meine monatliche Blutung erklärte ich ihm mit einer alten Wunde am Rücken, die immer wieder aufbrach, und brachte ihn dazu, mir Leinenstreifen und Baumwolltücher zu geben, die ich mir unter größten Schmerzen zwischen die Beine steckte. Der gute Tropf schöpfte keinen Verdacht.

33

Hauptmann Tauber, ein liebenswürdiger Mann in den Vierzigern, stattete mir während meines Krankenlagers regelmäßige Besuche ab und unterhielt mich auf so reizende Art, dass das Entsetzen über meine Einsamkeit und meine Krankheit ein leidliches Maß annahm.

Es ist, als würde mir mein Leib wegsterben, vertraute ich ihm an, und er beruhigte mich damit, dass ich jung genug sei, diese Prüfung zu überstehen.

Tauber trug sein Schicksal, in Galizien gestrandet zu sein, gelassen, hinterbrachte mir Klatsch und Tratsch, brachte mir Obst und Schokolade und erzählte mir von seinem geliebten Pferd, dem beim Rückritt von einer Expedition das Herz geplatzt war.

»Ich habe es so geliebt, dass ich es am liebsten in geweihter Erde begraben lassen würde«, vertraute er mir an.

Ich verstand ihn, denn auch ich liebte Pferde. Dann berichtete er mir von einer ruthenischen Familie in den Außenvierteln der Stadt, die nicht den Mut hatte, einem Fünfjährigen, der an Tollwut litt, Gift ins Essen zu schütten, um ihm das Grauen der letzten Tage zu ersparen. Also aß die ganze Familie eine vergiftete Suppe, weil keiner das Herz hatte, den Knaben allein zu vergiften.

Ich sah aus dem Fenster, relativierte meine eigene Krankheit und war froh, dem angedrohten Klistier des Feldschers entgangen zu sein, sehnte mich allerdings nach einem heißen Bad mit

Duftseifen, Blüten und Parfum. Ich begann, vor dem Schlafen um meine Gesundung zu beten, und die Jungfrau schien mich zu erhören. Das Reißen ließ nach, meine Glieder bewegten sich wieder und ich kam allmählich zu Kräften. Mein stumpfsinniger Hans lächelte vor Freude blöde und war zufrieden, seinen Dienst mehr schlecht als recht zu versehen. Wenn ich mich heute daran erinnere, so war es Hauptmann Tauber, der mir in dieser so schwierigen Zeit beigestanden war.

Ich genas, und der Regimentsarzt verschrieb mir noch einige Wochen der Rekonvaleszenz, in der ich mich zur Gänze erholen sollte.

Also bestieg ich mein Pferd und trabte an der frischen Luft, voll Dankbarkeit dafür, dass meine Gesundung voranschritt. Mein Weg führte mich zum verfallenen Schuppen einer ehemaligen Schmiede, von der nur noch die Trümmer einer Esse übrig geblieben waren.

Dieses Land war eine Provinz der Habsburger und gleichzeitig eine Vorstadt von Wien. Ich sah die im Wind flatternden Reste einer Wiener Zeitung. Der Besitzer der Schmiede mochte ausgewandert sein. Wohin?

In der Ferne leuchtete der Schlamm wie schmutziges Silber. Es wurde dunkler. Die Wege glichen trüben Flüssen, in denen sich die Sterne wie dunkle Kristalle spiegelten. Ich sah Reste von Steinen im Schlamm, Steinblöcke, Mörtel und Ziegel, das, was man hier Schotterung nennt. Doch der Schlamm behauptet sich. Der Schlamm verschlingt alles. Ich musste höllisch aufpassen, dass mein Pferd nicht bis zum Sattel im Morast versank. Am Ende der Straße war in der Abenddämmerung undeutlich ein Marktflecken zu sehen. Schmal und langgestreckt zog er sich zum Horizont. Dort leben die Familien im Sommer vom Gurkensaft und im Winter von den Totengebeten.

Endlich hatte ich mich erholt. Die Siegel der Arztgeheimnisse verstaubten in ihren Akten, als ich einer neuen Bestimmung zugeführt wurde, was meiner durch die lange Krankheit abgeklärten Seele guttat.

Ich wurde vom Hofkriegsrat zum Deutsch-Banater Regiment Nr. 12 versetzt und bekam den Befehl, mit möglichster Beschleunigung bei demselben einzurücken.

Mein Bataillonskommandant, Major Deeber, riet mir dringend davon ab, denn ich schien ihm doch sehr schwach und dünn, und er fand es brutal, mich so früh auf so eine lange Reise zu schicken.

Doch die Vorstellung, noch länger untätig zu sein, kam mir partout nicht in den Sinn. Ich wollte bloß weg. Auf zu neuen Aufgaben! So trat ich meine Reise am 10. April an und noch vor Ablauf eines Monats langte ich in Pancsova im Banat an.

Mit dem Frieden von Passarowitz war das Banat zur Habsburgermonarchie gekommen und wurde als kaiserliches Kameralgut den Wiener Zentralbehörden unterstellt.

Pancsova wurde somit zum zeitweiligen Garnisonsort verschiedener Regimenter. Die Kaiserin baute die Militärgrenze gründlich aus. Veteranen aus Wien, Budapest, Prag und Pettau wurden angesiedelt. In der Garnisonsstadt Pancsova gab es einen deutschen und einen raizischen Teil. Die slawischen Einwohner konnten sich bei dieser Konskription für den Militärdienst oder für eine finanziell entschädigte Umsiedlung mit dreijähriger Steuerfreiheit entscheiden. Doch strömten weiterhin Familien aus dem Elsass, aus Lothringen, aus Baden, der Pfalz, aus Franken, Böhmen, Mähren, aus Niederösterreich, aus verschiedenen ungarischen Komitaten nach Pancsova und Umgegend und dieses erhielt von Kaiser Franz 1794 das Stadtrecht.

Ich liebte die aus vielen verschiedenen Kulturen vermischte Stadt. Dass ich die Stadt ungarisch ausspreche, liegt an meinen sich vertiefenden Kenntnissen dieser Sprache. Man nannte sie meist Pancvevo.

Meinen Hans durfte ich glücklicherweise behalten, obwohl man mir einen anderen Diener ans Herz legte. Ein Südländer hätte mich sofort entlarvt, selbst ein gemütlicher, kaltblütiger Bewohner des Nordens wäre stutzig geworden.

Doch dann trank ich in einem Zug ein Glas Wein, um mich zu beruhigen. Mir war ein großes Unglück widerfahren, eine Zurücksetzung, die ich, da ich doch im Grunde von friedlichem Naturell war, nicht ertrug.

Eben als ich in meinem neuen Regiment einrückte, fanden in demselben Beförderungen statt. Zu meiner großen Überraschung und nicht geringem Ärger, sah ich mich durch zwei Kameraden, die jünger im Rang waren, übergangen. Ich war im guten Bewusstsein, das die von meinen bisherigen Regimentern ausgefertigten Conduitenlisten nicht den geringsten Anlass zu einem Vorwurf bieten konnten, und entschloss mich zu einer heftigen Anklage. Ich erklärte schriftlich mich nicht für würdig, die Uniform des Regiments und den Ehrenrock eines kaiserlichen Offiziers zu tragen, wenn ich das Unrecht, das man mir zugefügt hatte, ohne Widerrede ertrüge.

Ich schäumte innerlich und überlegte, ob es daran lag, dass ich feminin wirkte und Männer, die Frauen ähnelten, nun einmal immer wieder zurückgesetzt wurden. Ich wollte Lieutenant werden, denn es stand mir zu. Doch dann bekam ich zu früher Stunde Post. Mein Regiment bedeutete mir, dass die beiden meine Rechte betreffenden befördernden Vorrückungen zum Lieutenant zu einer Zeit vorgenommen wurden, als das Regiment sich noch nicht in der Kenntnis von der Übersetzung des Fähnrichs Scanagatta in dasselbe befand, dass man aber bei der ersten sich ergebenden Apertur nicht ermangeln würde, seinem Verdienst

Gerechtigkeit widerfahren zu lassen, was auch wirklich ein halbes Jahr später am 1. März 1800 geschah.

Ich, Francesca Scanagatta, eine Frau, hatte es geschafft. Ich würde nun bald Lieutenant werden. Voll Stolz schlenderte ich durch Pancsovas winkelige enge Gassen und alles, sogar der Schauder der Armut und Krankheit, kehrte sich für mich in Entzücken. Ich betrachtete die alten gebeugten Frauen, Spukgestalten gleich, verschrumpelt, krank oder verwirrt, und triumphierte. Auch mein Leib würde einst gebückt von den kalten Winden geschlagen werden. Doch würde ich nie wie diese Puppen ängstlich und scheu trippeln. Ich würde mich immer wie ein Offizier nicht schleppen, sondern schreiten. Der Despotismus der Misogynie war an mir gescheitert.

Dann läuteten die Glocken der Stadt und die Dämonen meines Geschlechtes zerrissen in ihrem vollen Klang. Die Augen der Alten waren Brunnen voll Tränen, die meinen voll von Träumen. Leuchtende Blumen belebten einen Markt und mein Innerstes. Ich kaufte einen riesigen Strauß glühender Farben und drückte sie fest an mich. Die Sonne versank langsam am Firmament und der Himmel erglühte. Der Himmel war nun bald mein Schlachtfeld. Ich lauschte in der aufkeimenden Dämmerung dem schmetternden Klang einer Soldatenkapelle, die durch zitternde Gärten schrillte. Mein Herz schwoll an vor Tatendurst. Ich kehrte zögernd um und begab mich wieder in die Unterkunft meines Regiments.

Die Regimenter wurden nun peu à peu der Zentralmacht in Wien unterstellt. aber es sollte noch einige Zeit dauern, bis die Regimentsinhaber die letzten Reste ihrer administrativen, wirtschaftlichen und juridischen Autorität verloren. Zu meiner Zeit war solch ein Feldherr noch ein Gott, ein Allmächtiger, der seine Untergebenen als unmündige Kinder sah. Regimentsinhaber war ein Fürst, ein habsburgischer Erzherzog, ein Hocharistokrat oder ein pensionierter General. Ein unterstellter Oberst übernahm dann später nach meiner Zeit diese Position.

Doch nun sehnte ich mich nach gelungenen Taten, nach Jubel, sogar Schmerz, wenn es sein musste.

Ich stand unter dem Kommando von Einsfeld und bat um die Übersetzung in eines der vor dem Feind in Italien stehenden Bataillone. Es gehörte zu der mit der Blockade von Genua betrauten Heeresabteilung und wurde von Major Paulich befehligt. So rückte ich in den ersten Tagen des Dezembers mit all meiner Leidenschaft in Italien und dann in Borzonasca ein, verließ diesen Ort aber schon einige Tage später, um endlich gegen die Franzosen zu gehen.

34

Ich stand unter dem Befehl des Hauptmannes Luzier und schwebte innerlich wie ein dunkler Engel. Endlich war ich wieder in meiner Heimat, unter meiner Sonne, bei meiner Sprache. Außerdem und vor allem durfte ich bald kämpfen, bald mich unter Einsatz meines Lebens bewähren.

Mir erteilte man den Befehl, die Franzosen aus Barbagelata, einem kleinen Dorf, gelegen wie auf einem Pass, zu vertreiben, was mir auch gelang, nachdem ich meine Mannschaft genau instruiert hatte und den Feind unter Ausnutzung der Topographie vernichtend schlug. Nun hatte ich meine Unschuld verloren, denn ich tötete viele Franzosen, die sich nichtsahnend dem dolce far niente hingaben wie Fische am Land. Die Kälte war unerträglich, die Nächte waren nass und eisig. Das Kriegsleben zwang mich, eine Spur von Blut hinter mir herzuziehen. Doch darauf war ich vorbereitet. Bewähren wollte ich mich mit allen Mitteln. Ich eilte meinem Zug voran mit geschwungenem Säbel und flammenden Augen. Wir drangen brutal in die Verschanzung der Feinde ein und machten kurzen Prozess mit den überraschten Franzosen. Die überraschten Männer schlachteten wir ab, da sie sich kaum wehrten, und nahmen den Rest gefangen. Den Angriff hatte ich genauestens geplant. Obwohl es kalt war und der Schnee die Berge zu unwegsamen Hindernissen machte, gelang uns ein Aufstieg von Osten kommend, der uns unter anderem zu unserem Erfolg verhalf. Der Krieg war ein Handwerk, dass ich erlernt hatte, und als solches sah ich es auch an. Dennoch war das bisschen Leben, das den Gefangenen und unseren Verwundeten blieb, eine deutliche Mahnung an mein Herz, dass ein Menschenleben unwiederbringlich ist und dass das Kriegsleben uns zwang, eine Spur von Verderben hinter uns zu lassen.

Nun lag es an mir und meinen Leuten, die Stellung solange wie möglich zu halten, um auf diese Weise den Rückzug der österreichischen Nachhut zu decken.

Am nächsten graudüsteren Morgen trank ich fröstelnd eine Tasse Tee, versorgte meinen im Kampf verletzten blutenden Oberarm, ein feindlicher Säbel hatte mich empfindlich getroffen, und hörte meine Männer singen, weil unsere Verluste minimal waren. Ihr Gesang verscheuchte meine gemischte Gefühlslage, angesiedelt zwischen diesem gelungenen Husarenstück und einer ungewissen diffusen Trauer über den Tod der jungen Männer, die unsere Feinde waren.

Wildkatzen schlichen durch die Dämmerung auf der Suche nach Kleingetier, setzten sich nieder und blieben längere Zeit unbeweglich neben dem kargen trockenen Buschwerk, in dem die toten Feinde lagen. Meine Männer sangen weiter, sangen an gegen die vielen Jahre des Krieges, der bitteren und gefährlichen Schlachten, der hastigen Liebschaften und des faden Wartens. Sie sangen an gegen die Syphilis, die sie sich von den Marketenderinnen geholt hatten, den leeren Magen, der oft nur von Kohlsuppe gefüllt worden war, die nicht heilenden Verletzungen und die zu Tode gekommenen Freunde und Verwandten, die toten Kameraden. Sangen an gegen Läuse und ungerechte Vorgesetzte, gegen Prügel und intrigante Militärangehörige.

Von weit her konnte ich den zittrigen Klang von Kirchenglocken hören, in der Luft hing der Geruch von Schweiß, Blut, Angst und Erleichterung.

Irgendwie war ich über meinen geradezu wahnwitzigen Wagemut noch immer erstaunt und dachte immer wieder an Major Paulich, der mit seinem Trupp ebenfalls die Franzosen angegriffen hatte, aber am Fuß so schwer verwundet worden war, dass er jenen steilen Felsen, auf dem wir uns befanden, nicht mehr bewältigen konnte. Er musste sich zurückziehen und wurde mit seinem Bataillon gefangen genommen.

Nun hieß es warten und nachdenken. Genua und seine Riviera waren wieder von den Franzosen eingenommen worden, weil die Österreicher nicht genug Munition hatten.

Da wir keinen Feldscher hatten, versorgte ich mit einem aufgeweckten Mähren, dem Sohn eines Barbiers, die Verwundeten, was nicht wenig Verwunderung beim Feind und meiner Schar auslöste. Ich nahm sie innerlich gemeinsam an Bord und ihre Augen weiteten sich in Dankbarkeit und Erstaunen. Ich wusste, dass unsere Feinde im Vorteil waren und Italien verloren ging, brachte es aber nicht übers Herz, meine Gefangenen verbluten zu lassen.

Ein röchelndes »merci« verbreitete sich in ihren Zelten und ich sah die Schatten schwarz gekleideter Witwen, Mütter und Schwester hinter ihren Verwundungen. Der feindliche Offizier, der sie überrumpelt und geschlagen hatte, pflegte sie nun. Ein Österreicher! Sie konnten es nicht fassen. Da ich diesen Dienst selbstverständlich auch den wenigen Verwundeten meiner Männer angedeihen ließ, regte sich kein Murren und wir warteten die Truppenabteilung unter dem Befehl des Lieutenant Pavik ab, die sich mit uns zusammentun sollte.

Das Essen wurde uns knapp. So gingen wir zur Jagd auf Kaninchen und Rehe, um etwas Fleisch zu beschaffen. Es mangelte uns an Salz, das Brot war schimmelig und tiefgefroren. Was sollten hier noch Talent, Fleiß und Glück zur Verbesserung unserer misslichen Lage beitragen?

Vor Weihnachten erhielt ich den Befehl, meine Stellung am 25. Dezember zu verlassen und zu meinem Bataillon zurückzukehren.

Eine unerschütterliche Gier hatte mich gedrängt, meine Aufgabe meisterhaft zu verrichten. Mein Einsatz und meine Begeisterung waren verständlich, war ich doch jahrelang darauf vorbereitet worden. Andererseits beunruhigte es mich, dass mich niemand darauf vorbereitet hatte, dass die blutige Realität junge Männer tatsächlich ins Jenseits beförderte, dass sie schrien, bluteten, dass ihre Eingeweide herausquollen, dass ich, Francesca Scanagatta, wirklich tötete. Ich ging durch das Lager der Franzosen und wusste genau, wer durch meine Hand gestorben war. Ich spürte die Bewegung meiner Hände und erinnerte mich daran, dass sie taten, was sie tun mussten, ohne an das Ergebnis zu denken.

Es regnete und ich schlief ein. Meine Männer spielten Karten und ich hörte, wie sie sich bis spät an dem ständig brennenden Feuer, das die Kälte vertreiben sollte, unterhielten. Ich träumte aus den Tiefen der Faulkammern meines Herzens, einen wirren Traum von Schuld und Erfolg, Beförderung und Mitleid.

Zu Christi Geburt machte ich mich auf den Weg nach Campiano. Franz sah wieder neuen

Aufgaben entgegen, Francesca zog sich unmerklich wieder zurück. So wie sich der Staat, der einst alles daransetzte, zu prosperieren, sich nun zurückzog aus seiner Verantwortung den Untertanen gegenüber, so zog ich mich aus meiner moralischen Verantwortung der Einmaligkeit des Lebens zurück.

35

Ich verblieb im Herzogtum Parma, bis man mich im Februar 1800 in die Garnison Livorno schickte. Dort wartete ich auf neue Aufgaben. Ein intensiver Briefwechsel mit meinem klugen Vater vertrieb mir die Zeit. Ich begann ihn zu bewundern. Einerseits war er voll Stolz auf meine Erfolge, andererseits untermauerte seine Autorität das Recht, die Philosophie und die Politik. Papa war zu klug, um dies hervorzukehren, und erging sich nur in Andeutungen. Da die Welt kopfstand, Könige und Kaiser bedrängt waren, war die Rolle des Vaters nun in Europa einem König gleichgekommen. In der Bedrängnis der Lombardei wollte man die Position des Vaters wieder auf dem Thron sehen. Die Familie sollte an Autorität gewinnen, je weniger der Staat Einfluss hatte. Musen und Madonnen knieten vor Helden und bekränzten deren Stirn.

Wie groß war der Wert der Frau?

Sehr gering. Man bedauerte die Aushöhlung der väterlichen Befugnis, zu strafen, beließ die Frauen aber in ihrem bevormundeten Elend. Frauen konnten nicht Vormund sein oder bei einem Familienrat mitbestimmen.

Papa nahm mich ernst und kehrte mir gegenüber diese gesellschaftliche Stellung nicht hervor. Er war wie immer anders und ließ sich durch solche Entwicklungen nicht davon abbringen, mich als ebenbürtig anzusehen, ja er bewunderte mich sogar und sprach mir heftiges Lob zu. Er hatte sich damit abgefunden, dass seine Söhne Weicheier waren, der Jüngste ein Tunichtgut, und dass nur ich, Francesca, Kraft und Ehrgeiz vereinte. So schrieb ich ihm, dass ich nicht einsah, warum man Frauen keine Häuser bauen und keine Güter führen ließ, warum sie nicht das Handwerk der Tischlerei erlernen sollten oder die Kunst, Kanonen herzustellen. Er schrieb mir zurück, dass wohl nur ich, seine Cara, solche Talente besaß und er daran zweifelte, dass Frauen den Hort der Familie verlassen sollten. Daraufhin antwortete ich ihm, dass mir die Ausbildung an der Theresianischen Miltärakademie in Wiener Neustadt alle Flausen vertrieben habe und mir das Rüstzeug gab, mich in jedem Männerberuf erfolgreich zu bewähren. Dass nicht nur mein Dickkopf Anteil an meiner Karriere habe, sondern die Schule und Ausbildung mir all das mit auf den Weg gaben, um erfolgreich und selbstbestimmt zu sein.

Papa schrieb mir zurück, dass die Frauen selbst mit ihrer untergeordneten Rolle zufrieden seien und alles daransetzten, dass ihre Töchter Kinder bekommen und im engen Heim ihres Hauses ein überschaubares Dasein führen.

»Ach was«, antwortete ich ihm, »es wird eine Zeit kommen, in der Frauen ein selbstbestimmtes Leben führen und das Prestige der Häuslichkeit an Attraktion verliert.« »Täusche dich nicht, Cara«, war seine Antwort, »solange Männer über das meiste Geld verfügen, werden Frauen auch nach beeindruckenden Erfolgen in der Gesellschaft mit dem Rückzug in die Häuslichkeit liebäugeln. Die Revolution hat nur Individuen zurückgelassen und die Gesellschaft wird sich zentralisieren, in Familien und Gemeinden, in Achtung und Hierarchien. Da sehe ich keinen Platz für die Entfaltung weiblicher Selbständigkeit.« Meine Antwort war: »Schluss mit der Unterwerfung unter den Ehemann!«

In dieser Zeit reiste ich in Fassungsangelegenheiten des Bataillons nach Venedig, Mantua und auch nach Mailand.

Hans, mein Diener, entwickelte eine Art von Missmut, den

selbst er nicht verbergen konnte. Irgendwann begann er offensichtlich daran zu zweifeln, ob ich ihn denn auch mochte und ob ich ihn nicht nur behielte, weil er meine Marotten stoisch hinnahm. Hans war also tiefgründiger, als ich ihm zugetraut hatte. Zuweilen murrte er und verzog sein sonst immer so stoisches Gesicht. Er folgte mir wie ein Schatten und versah seinen Dienst wie immer, doch fühlte ich bei ihm einen inneren Widerstand.

Hans wollte zurück nach Steiermark, er wollte heiraten, eine Familie gründen. Er war nun 26 Jahre alt und mochte nicht warten, bis er Mitte 40 war, um sich diesen geheimen Traum zu erfüllen. Da er kaum Geld hatte, sah ich diesem Ansinnen mit einiger Skepsis entgegen. So ließ ich ihm gegenüber der Zeit die Zügel und nahm mir vor, wenn ich dereinst den Dienst quittieren würde, ihm etwas Hilfe zukommen zu lassen. Irgendwie verstand ich ihn, meinen dummen Hans. Die wahre Macht im Leben liegt in der Kraft der Liebe. Und nach der sehnte sich jedermann.

Als ich meinen Aufgaben in Mailand nachkam, hatte ich nach Jahren endlich die Gelegenheit, meine Familie wiederzusehen.

Genauer gesagt traf ich sie in Cremona, da Papa Intendant dieser Provinz war. Cremona liegt linker Hand des Po und Papas beraterische Tätigkeit in der italienischen Republik war zwiegespalten. Man setzte auf seinen Einfluss, seine Klugheit und seine Verbindungen, während er sich weiterhin den Habsburgern verpflichtet fühlte.

Nun sah ich sie alle wieder: meine Brüder, Mama und Papa, unsere Diener. Nur Gertrude nicht, die uns besuchen wollte, weil ich mit ihr in Korrespondenz stand und wir einander in die Arme fallen wollten, um uns alles zu erzählen, was man in Briefen verschweigt.

In Mamas Augen sah ich eine große Traurigkeit. Sie war molliger geworden, tiefe Tränensäcke und zwei steile Falten an der Stirn verliehen ihr etwas Matronenhaftes, das sie bei meiner Abfahrt, meiner Flucht, meinem Entkommen noch nicht an sich hatte. Sie saß an einem kleinen Tisch und starrte auf eine rote Filzauflage. Als ich eintrat, hob sie den Blick, während die Sonne auf mich schien. Sie legte langsam ihre Stickarbeit nieder und blickte mich mit weit aufgerissenen Augen an, denn noch nie hatte sie mich in Uniform gesehen. »Francesca!«

»Mama!«

Sie stand schwer auf, ich schritt auf sie zu. Dann umarmten wir uns vorsichtig. Sie wischte sich mit einem feinen Chiffontuch eine Schweißperle vom Hals und sank wieder in ihren Sessel.

Ich kam mir fremd vor in ihrem Heim, in ihrem natürlichen Gehege, ihrer Weiblichkeit. Heiß spürte ich, wie aus den Tiefen der Vergangenheit uns Gemeinsames verband, doch wie verschieden unsere Erfahrungen nun waren. Sie hätte sich für mich das Feinste vom Feinen gewünscht und erblickte nun ein ihr völlig fremdes Wesen in Stiefeln, Hosen, mit Degen und Schärpe. Wir schwiegen betreten. Was sollte ich ihr auch erzählen? Von einem Männerleben, das ihr ewig fremd bleiben würde. Von Blut und Tod, von schreienden Rekruten, von Deserteuren, Vorgesetzten, Wind und Wetter, Läusen, Wanzen, Requirierungen …

»Woran stickst du gerade? Oh, Blumen, wie schön!«

»Immer bin ich im Begriff, dieses oder jenes zu tun …«

»Ja, Mama. Entsetze dich nicht, Mama. So wie es ist, so ist es gut.« »Ja, mein Kind …«, sie seufzte.

Wir schwiegen wieder, lächelten uns verzagt an und maskierten damit diskret den Irrtum der anderen.

»Dünn bist du!«, stellte Mama plötzlich fest. »Ich lasse dir etwas zu essen richten.«

Der Senatore kam heim und eilte in den Speisesaal.

Wir fielen uns in die Arme und fühlten beide die Stärke, die von unseren Körpern ausging. Papa wirbelte mich herum und hätte sich beinah an meinem Säbel verletzt, den ich abzulegen vergessen hatte. Er sprach ohne Pause, während ich ein Hühnchen aß, in seinem gelehrten und deklamatorischen Stil über die Republik, Napoleon und die Alliierten. Die Geschäfte gingen schlecht, und man fühle sich in die Sklaverei getrieben.

Und das Schlimmste sei, man könne niemandem mehr vertrauen. Wer ist Freund, wer Feind, wer ist neutral? Er sei gezwungen zu kollaborieren, ansonsten erleide die Zukunft des Hauses Scanagatta unabwägbaren Schaden.

»Aber du, Francesca, du kämpfst, du wehrst dich!« Stolz sprach aus seinen Worten, wiewohl er wusste, dass ich mein Leben für den Habsburgerstaat riskierte.

»Mädchen, du bist zäh und weitsichtig, ach wären die Buben doch nur ein wenig wie du. Trotzdem mache ich mir große Sorgen um dich und bete jeden Tag für deine Gesundheit.« Er war in den Mailänder Dialekt verfallen, wie immer, wenn er aufgebracht war.

»Nun sag schon, Papa. Was ist mit Guido? In deinen Briefen fand ich immer nur Andeutungen.«

»Er lernt nicht, er arbeitet nicht, er spielt und trinkt.«

Da wäre er gut in Galizien aufgehoben, scherzte ich müde und erzählte Papa von den versoffenen Soldaten in »Asien«.

»Er liegt mir auf der Tasche, schwängert unsere Dienstboten, geht ins Bordell, kurzum: Er bereitet deiner Mutter und mir nur Schande und Leid.«

»Und Giacomo?« Mein Herz klopfte, denn aus Giacomos Briefen wusste ich, dass er nicht beabsichtigte, Papas Unternehmen weiterzuführen.

Draußen zog ein Wintergewitter heran, das Zimmer verdunkelte sich und Papa zündete einige Kerzen an, als ich mein Mahl beendet hatte und mit ihm ein Glas Madeira trank.

»Aus ihm wird nie ein Kaufmann. Es fehlt ihm an Schläue und an Härte.« Papa stützte seinen Kopf zwischen seine Hände und schloss die Augen.

»Wo ist Giacomo jetzt?«

»In Mailand. Wer wird mein Lebenswerk weiterführen? Du bist Soldat geworden und die Buben taugen zu nichts. Vielleicht soll ich verkaufen?«

»Papa, du bist zu jung, um nichts zu tun.«

Der Senatore lächelte müde und ich bemerkte die tiefen Falten zwischen Nase und Mund und sein gelichtetes Haar. Nein, dachte ich mir. Er hätte sich den Ruhestand schon verdient. Seine langen und gefährlichen Reisen nagten an seiner Gesundheit und aus dem sportlichen, kräftigen Mann war ein immer noch rüstiger Herr geworden, dem es doch wohl angestanden wäre, die schönen Dinge des Lebens zu genießen, solange er noch Freude daran haben könnte.

»Wo ist Gertrude?«, fragte ich ihn, da ich seit gut sechs Wochen keinen Brief mehr von ihr erhalten hatte.

»Gertrude laborierte schwer an einer Krankheit der Lunge. Ein böser Infekt machte ihr zu schaffen, sie kuriert sich im milden Klima Siziliens aus. Wir erwarten sie jedoch bald. Von dort kommt keine Post«, lachte Papa.

Abends begleitete mich Mama in mein Zimmer, nicht ohne mir vorher heißes Wasser in einen Zuber schütten zu lassen, und reichte mir eine wohlriechende Veilchenseife. Ich streifte meine Uniform ab und legte sie akkurat gefaltet über einen Stummen Diener, dehnte und streckte mich und stieg dann in Vorfreude auf die mich erwartende Entspannung ins heiße Wasser.

Meine straffen Brüste leuchteten in allen Farben, Eiter quoll aus verkrusteten Wunden. Mama schrie entsetzt auf. Man konnte sie wohl auch auf der Straße noch hören.

»Krebs«, schrie sie, »das wird Krebs, daran wirst du bald sterben!«, und schüttelte meine Schultern, dass das Wasser auf die rosenfarbigen Marmorfliesen schwappte. Einen Augenblick später wurde sie von Papa gerufen und eilte weinend zu ihm.

Gelassen legte ich mich ins Bett, ohne mich von Mamans Ängsten irritieren zu lassen, und schlief unbekümmert ein. Die Sonne war noch nicht aufgegangen, da fühlte ich, dass mich jemand am Arm zog. Ich wachte auf und wollte mich automatisch mit einem gezielten Schlag wehren, als ich erkannte, dass es Papa in seinem seidenen Morgenmantel war. »Sprich leise«, sagte er, »alle schlafen noch.«

»Papa, warum weckst du mich um diese Zeit?«

Er setzte sich an mein Bett, holte tief Luft und erzählte mir, dass Mama ihn keine Sekunde habe schlafen lassen, weil ich doch sicher Krebs bekommen würde. »Meine liebe Francesca, was sollen wir tun? Mama hat nicht unrecht mit ihren Befürchtungen, und ich will nicht daran schuld sein, dass du elend zu Grunde gehst.«

»Papa! Ich habe diesen Beruf erwählt und werde ihm keine Schande machen. Gott wird mir seinen heiligen Schutz gewähren, ich habe mich längst an meine Schmerzen gewöhnt.

»Mir hat die Natur unfähige Söhne geschenkt und eine tüchtige, mutige Tochter. Ich könnte dir in unserem Heim alle Annehmlichkeiten bieten, du wärst nicht bevormundet, könntest reisen, wohin du willst, allein ausgehen, mit einem Wort: Ich verspreche dir das Leben eines freien, ungebundenen Mannes in Frauenkleidern.«

»Ach Papa«, und Liebe schwang in meiner Stimme mit, »du bist so gut zu mir, aber ich werde meiner Berufung treu bleiben. Höre nicht auf Mama, meine Salben sind mir hilfreich, mein Leben ist mir vorbestimmt. Ich werde kämpfen, bis es Frieden gibt, und dann frohen Herzens zurückkommen.«

Vater sah so unglücklich aus, dass er mir so richtig leidtat. Er verließ ängstlich gebückt mein Zimmer und schien plötzlich um vieles gealtert zu sein. »Lass dir meinethalben keine grauen Haare wachsen«, raunte ich ihm noch zu und bestieg nach dem Frühstück mein Pferd und erledigte meine weiteren Aufträge.

36

Während ich die vom Bataillonskommandanten erteilten Befehle ausführte und wieder zu meinem Truppenkörper zurückkehrte, der im April 1800 Befehl erhielt, zur Blockade von Genua zurückzukehren, dessen Übergabe bevorstand, fiel mir mein Vater in den Rücken.

Mein Bataillon hatte bei Monte Becco in der Nähe von Monte Fiacco eine feste Stellung bezogen, als ich ohne Vorwarnung, eben an dem Tag, als Genua übergeben wurde, von meinem Bataillonskommandanten den Befehl erhielt, mich auf Anordnung des Höchstkommandierenden der Armee zu meinen Eltern nach Mailand zu begeben. Das Kommando behielt sich jede weitere Verfügung über mich vor. Noch während ich diese Zeilen las, die Buchstaben vor meinen Augen sprangen und mein Herz donnerte, dachte ich sofort an meinen Vater, verdächtigte ihn, die Gleichförmigkeit meines Soldatenlebens torpediert zu haben, und verfiel in einen Zustand großer Hoffnungslosigkeit. Hatte er mich verraten? War mein Schwimmen in Kärnten etwa publik geworden oder gab es andere Gerüchte über mich?

Und so war es: Mein Vater Don Giuseppe hatte sich, wie ich noch erfahren sollte, nach Mailand begeben und sich offen dem Grafen Cocastelli anvertraut, einem guten Freund, der ihm hilfreich war in seiner Stellung als Generalkommissar des Kaisers in der Lombardei und bei der italienischen Armee in so einer delikaten Angelegenheit sehr nützlich sein konnte. Der Graf dachte zuerst an einen Scherz seines Freundes, bis ihm klar wurde, dass es der Senatore durchaus ernst nahm.

»Francesca heißt nun Franz und ist ein überaus tüchtiger Offizier. Doch ihre Gesundheit ist gefährdet, Cocastelli, mein lieber Freund, rate mir!«

»Mein Gott, das ist ein Skandal. Eine Frau in Waffen, und noch dazu deine Tochter!«

»Das war so«, erwiderte mein Vater und erzählte ihm meine Geschichte. Diese wenigen Worte genügten offenbar, den Plan zu entwickeln, dem Höchstbefehlenden der österreichischen Armee, General der Kavallerie Freiherr von Melas, ein Schreiben zu schicken, indem sie ihm die Mitteilung machten, dass eine junge Frau, eine »Kriegerin«, in seinem Heer stehe und sie den General dringend baten, mir, Franz, Francesca Scanagatta, einen ehrenvollen Abschied zu gewähren.

Noch ehe mir Papa die ganze Wahrheit gebeichtet hatte, ahnte ich Böses. Alles umsonst – die Schinderei, der Kampf, alles sollte umsonst gewesen sein? Bitterkeit, Hass, Wut und Enttäuschung legten sich wie ein zu enger Gürtel um mich. Ich hob die Hände zum Himmel und sank in einen Sessel, der hinter mir stand. Hans lächelte wie immer sein Lächeln, doch reichte er mir ohne Aufforderung ein Glas Wein und bedeckte meine Beine mit einer Decke. Dann salutierte er und zog sich zurück. So lag ich wie gelähmt, unfähig, mir meine Zukunft vorzustellen, und zitterte innerlich, meine Seele schrie vor Angst. Man wollte mir mein Leben wegnehmen. Man würde mich wieder dorthin stellen, wo ich nicht sein wollte. Nach Hause in Mamas Feenreich. In den nächsten Tagen wagte ich niemandem in die Augen zu schauen. Wer wusste was? Welche Gerüchte gingen um?

Für mich war die Aussicht, in Mailand ein freies, ungebundenes Leben zu führen, kein Trost. Ich speiste schweigend im Casino und konnte mir ein Leben ohne Reisen, Befehle, Kampf und Verantwortung nicht vorstellen. Das Reich der Habsburger hatte mir eine hervorragende Ausbildung angedeihen lassen, und als Offizier gehörte ich zum Nervenzentrum und Geist der Armee. Jeder von uns hatte seine eigene ethnische Herkunft, aber der Dienst für den Monarchen und der Kampf gegen Napoleon verbanden uns alle. Das Reich bestand aus einer Unzahl von Königreichen, Fürsten- und Herzogtümern, Markgrafschaften und Grafschaften. Die Vielfalt der Monarchie bestand trotz einer überwältigenden Fülle an Hindernissen. Wir waren ein vereinigtes Europa in einem größeren, zerstrittenen Europa. Wir sind eine Vielvölkerarmee, in der keine ethnische Gruppe dominiert und wo in der jeweiligen Verkehrssprache gesprochen wird. In meiner Armee kämpfen auch Juden, Protestanten und Orthodoxe, ohne dass es besondere Überlegungen auslöst.

Liest man historische Schriften, beschäftigen sich die Autoren meist nur mit Kriegen, Herrschern und den Gräueltaten der Armeen. Niemand interessiert sich für das Korps der Offiziere, die im Laufe der Zeit immer besser ausgebildet wurden. Mein Österreich ist ein militärischer Staat, wie Preußen und Russland. Somit habe ich eine gehobene soziale Stellung, die ich zwar als Adelige nicht suchte, dennoch behaupte, nicht von Geburt aus, sondern durch meinen Beruf. Wäre ein adeliges italienisches Mädchen wie ich jemals nach Galizien gekommen? Wohl nur als Tochter eines abgehalfterten Offiziers. Ich habe diese unglaubliche Erfahrung aus eigener Leistung geschafft und bin darauf sehr stolz. Ich habe die verschiedensten Länder gesehen, schöne und hässliche Städte, unendliche Weiten, seltsame Menschen, reizende Menschen und Bestien auf zwei Beinen. Und immer habe ich im Prinzip eine Art von Rechtsstaatlichkeit erlebt. In Galizien vielleicht ein wenig geringer. Wenn auch überall in hohen Verwaltungskreisen die

Angst vor dem Umsturz herrschte und der Staat nun von seinen Beamten einen jährlichen Treueeid verlangte.

»Papa, die Angst geht um!«, schrieb ich ihm, meine Angst, meinen Beruf zu verlieren, und die Angst vor einer jakobinischen Verschwörung. Man vermutete sie in Wien, Tirol, Ungarn, Kärnten und der Krain. Papas Antwort war ausweichend, offensichtlich saß ihm die Angst im Nacken, dass unsere Briefe geöffnet würden. Außerdem wollte er nicht zugeben, dass er mir in den Rücken gefallen war, mich verraten hatte. Ich dachte an meine aufgeklärten Lehrer und war gewiss, dass die durch die Obrigkeit Verdächtigten die Existenz des Reiches keinesfalls in Frage stellten. Doch meine Existenz war wohl nun wirklich fraglich. Mama hatte nun, was mich betraf, Oberwasser.

Sie würde es wohl nie verstehen, dass ich es als meine größte Pflicht sehe, für die Verteidigung der Monarchie zu sterben. Ja, wir haben einen Ehrenkodex, der mir in Fleisch und Blut übergegangen ist. In Friedenszeiten sind wir wie Fische, die an Land gehen. Das ist unser Schicksal. Entweder rot von Blut und zerfetzt oder auf Bällen tanzend.

In Südamerika sind die Blüten der Wandelröschen bekannt dafür, das Unglück zu bannen.

Solch eine wundersame Pflanze könnte ich wohl nun auch gut gebrauchen. Andernfalls würde ich wohl wirklich noch auf die andere Seite des Meeres gehen. Wenn nicht ein Wunder geschah, würde ich mich wieder in der Feenwelt unseres Palazzos in Mailand wiederfinden. So wanderten meine Gedanken hin und her. Unruhig und ungeordnet. Wie hasste ich es, wenn mein Gedankenfluss nicht methodisch planend war.

37

Also gab ich Hans zum Abschied einen kleinen Beutel mit, der ihm einst helfen sollte, eine Familie zu gründen, und drückte ihn entgegen jeder militärischen Regel fest am Arm. Hans stotterte verlegen und überrascht, dass ich ihn »verstieß«, ihm Geld gab und ihn berührt hatte. »Herr Lieutenant, sehr wohl, ich verstehe nicht, herzlichen Dank …«

»Schon gut, Hans, versuche lesen zu lernen. Das wird dir im Leben noch nützlich sein.« »Sehr wohl, Herr Lieutenant.«

Er packte seine Sachen, und ich sah ihn nie wieder.

Ich verließ im bittersten Schmerz das Lager, ohne mich, wie es sich eigentlich gehört hätte, von meinen Kameraden zu verabschieden. Keinesfalls hätte ich es vertragen, mich ihren neugierigen Blicken auszusetzen. Ich fühlte mich verfolgt, weil ich nicht wusste, wer über meine wahre Existenz Kenntnis hatte. Ich ritt im Schritt und dachte, um mich abzulenken, auch an Guido, meinen leichtfertigen, gedankenlosen, unfähigen Bruder. Ob ich ihm die Disziplin beibringen könnte, die Vater nicht durchzusetzen vermochte? Wenn es sein musste, mit der Peitsche? Doch unser Palazzo war kein Kasernenhof. Mama würde sich auf Guidos Seite stellen. Wo käme man denn hin, wenn die Schwester den Bruder prügelte, um ihn zur Arbeit anzuhalten? Papa, der unsere gegensätzlichen Anlagen durchaus erkannt hatte, würde mir freie Hand lassen und diese Art der Erziehung tolerieren, wusste er sich doch sonst nicht mehr zu helfen. Wegen seiner Herzensgüte war

Papa Guido gegenüber immer viel zu nachsichtig gewesen, was sich nun rächte. Ich war der ganze Stolz des Senatore, doch leider hatte ich das falsche Geschlecht. Ob ich kaufmännisches Talent besaß, wusste ich nicht, da diese Anforderung nie Teil meiner Ausbildung war. Und ob Papas Geschäftspartner eine Frau akzeptieren würden, war mehr als ungewiss.

Mein Leben lag vor mir wie eine endlose graue Wüste. Was sollte ich tun, wenn ich nicht Offizier sein durfte?

»Mein lieber Senatore«, würden ihm seine Geschäftspartner sagen, »verschonen Sie uns mit Ihrer Amazone. Verheiraten Sie das Fräulein, bevor es zu spät ist. Oder, nun gut, versuchen Sie es und fallen Sie ruhig dabei auf die Nase.«

Im Übrigen würde ich eine Menge Theorie zu lernen haben, Details der Glasherstellung, Kostenvoranschläge und Berechnungen. Und doch wäre es nicht gesagt, dass die ehrenwerten Kaufleute mit einer Frau Handel treiben würden. Wäre ich Papas Geschäftspartnerin, könnte ich wenigstens meiner Leidenschaft des Reisens nachgehen. Ach wäre, könnte, sollte … Der Indikativ meines Lebens war dem Konjunktiv gewichen.

Ich machte abends in Nervi Station und wurde von Korpskommandant Feldmarschall Lieutenant Freiherr von Gottesheim an seine Tafel geladen, der jeden Hinweis auf mein Geschlecht unterließ und mich wie selbstverständlich als Offizier behandelte. Die Speisenfolge war erlesen und der Wein von bester Qualität.

»Nun, Scanagatta«, fragte mich der Feldmarschall, »Sie waren doch in Galizien stationiert. Erzählen Sie uns davon. Man hört ja so einiges über die Unbilden, die man dort erdulden muss.«

Ich entspannte mich ein wenig und war den anwesenden Offizieren sehr dankbar für ihre Diskretion. Weder beäugten sie mich neugierig noch machten sie Scherze oder anzügliche Bemerkungen. Somit erzählte ich in bunten Farben von dieser merkwürdigen, fremden Welt.

Man stellte mir immer wieder interessierte Fragen, und das Abendessen verlief, wie es unter Offizieren zu verlaufen hatte. Sie sprachen mich mit meinem Rang an und erwähnten lobend meine Verwundung am Oberarm, die ich mit Kräutersalben zu lindern suchte.

Der Feldmarschall tupfte sich Bratensaft mit der Serviette ab und lenkte das Gespräch auf Napoleon, den so mancher deutscher Schriftsteller als Übermenschen bezeichnete. »Nun«, sagte er, »er hat, und das war kühn, Frankreich durch Vernichtung des nur durch Schwächen demolierten Direktoriums aus dem Wasser gehoben.« »Deutschland dämmert«, warf ich ein.

»Und Frankreich«, so der Feldmarschall, »heilte durch seine Revolution weder den Staat noch das Volk.«

»Wie kommen wir zum Frieden?«, fragte ich.

»Der ist ein Ideal«, meinte der Feldmarschall lapidar. »Und die Franzosen streben das Lob auf den Weltbürger an. Aufklärung und Demokratie werden auch keine Kriege verhindern können. Und Paris ist ein mit Blumen überwachsener Sumpf.«

»Wohl, wohl«, stimmten im Aufbruch alle Offiziere ein, die Tafel war aufgehoben, und mein Schlaf ein einziges Martyrium.

Am dritten Juni setzte ich meine Heimreise in bitterstem Groll fort.

Am Achten des Monats war ich in Bologna, wo ich erfuhr, dass die Franzosen wieder in das Mailändische eingerückt waren, und begab mich daher in Richtung Verona, wo sich der Generalstab der österreichischen Armee aufhielt. Da ich wusste, dass Papa sich in Venedig befand, bat ich um eine neue Marschrichtung und verweilte dort bis 1801, monatlich meine Gage ausfassend.

Ich langweilte mich gründlich, obwohl ich Zeitungen und Gazetten las, mir Sorgen um meine Lombardei machte und meinem Bruder Guido mahnende Worte schrieb, der auch den Waffenrock genommen hatte und als Kadett im Infanterieregiment vacat Belgioioso stand. Vielleicht würde ihm das Heer ein Mindestmaß an Disziplin vermitteln, vielleicht würde er aber auch einer dieser versoffenen, hurenden Offiziere werden.

Mit dem Frieden von Lunéville konnte ich dann meine Heimat in Sicherheit aufsuchen. So trocken und kurz ich diesen Abschnitt meines Lebens beschreibe, so wütend und aufgebracht war ich, dass ich weder die Schönheiten und Vergnügungen der Serenissima wahrnahm, noch bereit war, meine Uniform auszuziehen. Einzig die Gespräche mit Papa, die nicht ohne Vorwürfe und Tränen endeten, unterbrachen mein trostloses Einerlei. Wie würde es nun mit mir weitergehen? Amerika rückte immer weiter aus meinen Gedanken und eine ungeahnte Leere lähmte schleichend meine Entschlusskraft. Ich starrte stundenlang aus meinem Fenster und konnte mich nur zum Nötigsten aufraffen. Schuldgefühle begannen mich zu plagen, wenn ich an die Toten dachte, die ich zu verantworten hatte, Tränen rannen mir über die Wangen, ich verlor an Gewicht, denn das Essen schmeckte nach Sägespänen, der Wein nach Essig. Mein Magen übersäuerte und ich brachte keine Kraft mehr für meine üblichen gymnastischen Übungen auf. Papa versuchte mich zu überreden, mit ihm zu fechten und zu reiten. Ich lehnte matt ab. Zu allem Überdruss erstattete der Hofkriegsrat seiner Majestät Kaiser Franz dem ersten Bericht über meine militärische Laufbahn, was angeblich für allgemeine Belustigung in höchsten Kreisen führte. Der Kaiser verfügte gnädig, dass mir eine Pension zustehe und dass ich dieselbe auch im Ausland verzehren durfte. Das war nobel und versöhnte mich ein wenig, weil dies ein Zeichen seiner Anerkennung war.

Doch dann war ich wieder zu Hause im Kreis der Meinen und ließ es über mich ergehen, dass Maman eine Horde an Schneiderinnen und Putzmacherinnen bestellte, um mich zumindest optisch in eine Frau zu verwandeln. Und während ich den Eifer meiner Maman stoisch über mich ergehen ließ, überlegte ich, wie ich meinem Leben eine sinnvolle Wendung geben konnte. Papa hatte mir jede Freiheit versprochen und die wollte ich auch vernünftig nutzen. Das Kriegshandwerk konnte ich nun nicht mehr ausüben, doch meine Kenntnisse der Medizin ließen mir keine Ruhe. An ein Studium an der Universität war nicht zu denken, aber eine gründliche Pflege der im Kriege Verwundeten schien mir unabdingbar. Ich fand mich langsam wieder und wurde meinem Wahlspruch gerecht: Einer wahrhaft entschlossenen Seelenstärke ist nichts unmöglich.

So begann ich, junge, vom Schicksal benachteiligte Frauen in der Kunst der Pflege Verwundeter auszubilden, ihnen grundlegende hygienische Maßnahmen beizubringen, Kräutermischungen herzustellen, Verbände anzulegen und Brüche zu schienen.

Maman war wieder entsetzt, dass ich mit solchem Gesindel Verkehr pflegte, getraute sich aber mir gegenüber nichts zu sagen. Schließlich war ich ein österreichischer Offizier im Ruhestand mit all den damit verbundenen Privilegien. Ich war nunmehr nicht mehr der elterlichen Gewalt unterstellt und hatte überdies mein eigenes Einkommen. Ich hatte in meinem Geschlecht eine einmalige Position.

So schlich ich nachts durch die verrufenen Viertel Mailands in Männerkleidung zu meinem eigenen Schutz und vielleicht auch zum Schutz aufdringlicher Galane, die ich leicht, mit den damit verbundenen Blessuren – ihren Blessuren –, hätte abwehren können.

Ich ging in verrufene Lokale und sprach die jungen Frauen an, die noch nicht dem Alkohol und den Rauschmitteln verfallen waren. Gina, Maria, Lutetia, Mathilda und wie sie alle hießen, schauten nur verwundert auf diesen merkwürdigen jungen Mann, der ihnen Geld gab für ein Gespräch, an dessen Ende die meisten nur eine Frage hatten: Und wer bezahlt uns für diese Arbeit? »Ich setzte mich bei den Regimentern für euch ein. Man wird einsehen, dass man sich nicht so viele Verluste an noch zu rettenden Soldaten leisten kann.« Gina, eine aufgeweckte Rothaarige, wog recht vernünftig Vor- und Nachteile meines Angebots ab.

»Bene«, sagte sie, »ich muss mich nicht mehr verkaufen. Ich bekomme eine Ausbildung und ein bürgerliches Leben. Doch was wird nach dem Krieg sein, wo werden wir dann Arbeit finden? Wieder hier im Puff, wenn man uns beim Heer nicht mehr braucht?« »Man wird neue Asyle bauen, Krankenhäuser, Seuchenstationen. Ihr werdet gefragt sein«, antwortete ich überzeugend.

Gina überlegte und an ihrem Beispiel lag es, ob auch die anderen mein Angebot in Erwägung zogen. Billiger Fusel ging im Kreis, schmalzige Musik wurde von einem sehr südländischen Barden geboten, und der Zuhälter, der diese Spelunke regierte, näherte sich mir mit in die Hüften gestemmten Händen. Er war ein großer Mann mittleren Alters mit derben Händen und einem noch derberen Gesicht.

»Was willst du hier?«, fragte er mich. »Vögeln oder abwerben?«

»Abwerben!«, antwortete ich ihm kalt. »Die Damen sollen Pflegerinnen werden.«

»Du scherzt, Bübchen«, lachte er, »wer hat dich geschickt?«

»Gottes Gerechtigkeit und Barmherzigkeit.«

Er starrte mich an, fühlte sich nicht ernst genommen und holte mit seiner Faust zum Schlag aus. Ich parierte mit einem Ausfallschritt seinen Angriff, und die Wucht seines Schlages warf ihn auf den fleckigen alten Holztisch, an dem die Mädchen saßen, die angsterfüllt in Deckung gingen. Er rappelte sich zornerfüllt auf und stürzte sich erneut auf mich. Ich sprang wieder zur Seite und griff ihn von dort an, legte meine Hände um seinen Hals und blockierte mit einem geübten Griff jeden Widerstand. Wütend wand er sich unter meinen geübten Fingern und griff nach einem Messer in seinem verdreckten Stiefel. Ich stieß es mit meinem rechten Fuß weit weg von uns und versetzte seiner Halswirbelsäule einen Schlag, von dem er sich nicht mehr so schnell erholte. Er kippte um und lag wie ein prall gefüllter Sack am Boden.

Plötzlich war es ganz still im Etablissement, auch die Musik verstummte. Ich wurde verängstigt angestarrt, nur der Sänger murmelte: so zart und doch so stark. Das Lokal leerte sich alsbald, bis nur mehr der Bewusstlose, die Mädchen und ich zugegen waren. Mathilda schenkte mir ein Glas Schnaps ein, die Mädchen kicherten verlegen. Dann zog ich meinen Rock aus und zeigte ihnen, dass ich eine Frau war.

»Ein weiblicher Zuhälter«, flüsterten sie entsetzt. »Nein«, sagte ich lachend, »nein, also wirklich nicht!« Nun erzählte ich ihnen, so gut ich mich erinnern konnte, die Stelle aus der Bergpredigt, auf die ich es abgesehen hatte, um sie zum Nachdenken zu bringen.

Jesus aß bei einem Pharisäer und eine Sünderin war in der Stadt. Sie kam dorthin und brachte ein Glas mit Salbe und salbte unter Tränen seine Füße und küsste sie, trocknete die Tränen, die ihn benetzten, mit ihrem langen Haar, dann erklärte er Simon, dass diese Frau alle Wohltaten an ihm vollbracht hatte, die Simon ihm nicht zuteil hatte werden lassen. Somit war der Sünderin vergeben.

Die Mädchen hörten sich diese Geschichte an und überlegten. Man sah, wie es in ihnen arbeitete. »Und wenn wir lernen und pflegen, werden uns unsere Sünden vergeben?«, fragte die Jüngste. »Ja, ihr beginnt ein neues Leben, arbeitet rechtschaffen und könnt euch eine Zukunft aufbauen. Niemand wird euch mehr nach eurer Vergangenheit fragen, und wer Dienst tut am Menschen, tut Dienst an Gott.«

»So habe ich das noch nie gesehen«, sagte Gina und blickte sich in der Runde um. »Wagen wir es?«

Die jungen Frauen blickten auf den Zuhälter, der langsam zu sich kam.

»Und er?«

»Er wird euch nichts mehr tun. Diese Lektion hat er gelernt.«

So fing ich an. Ich engagierte einen Medikus, der den jungen Frauen alles beibrachte, was man brauchte, um einen Verletzten zu versorgen und zu pflegen. Sie stellten sich geschickt an, trugen weiße Kleidung, der ältliche Mann mit viel Erfahrung behandelte sie wie seine Kinder. Die verhungerten Mädchen bekamen genug zu essen und die blauen Flecken an ihren Körpern verschwanden langsam. In der Zwischenzeit nahm ich Kontakt mit Bataillonen und Generälen auf und bot meine Pflegerinnen dem Heer an. Sie waren willkommen. Beim Abschied lagen wir uns tränenreich in den Armen und nur ich wusste, was sie erwarten würde. Grauen, Grauen und wieder Grauen. Aber ich setzte darauf, dass sie in ihrem jungen Leben schon so viel an Scheußlichkeiten erlebt hatten, dass sie dieses schockierende Leben, diese abstumpfende Arbeit gut überstehen würden.

Meine Gedanken kreisten dennoch immer wieder um die Weltpolitik und was sich alles in Frankreich ereignet hatte »Papa«, sagte ich zum Senatore, »Papa, die Lage Österreichs ist zum Verzweifeln. Im innersten Kreis der Regierung in Paris bereitete sich der alles entscheidende Staatsstreich, während ich kämpfte, vor. Direktor Sieyès lenkte ihn aus dem Hinterhalt. Ihm fehlte nur das lang gesuchte Schwert zur Ausführung seiner Pläne. Er fand es bei dem aus Ägypten heimgekehrten General Bonaparte, dessen zu langer Abwesenheit die Nation ihr Unglück zuschrieb, dessen Name Erfolg und Sieg bedeutete. Als der Sturz am 9. November 1799 geglückt war, stand Bonaparte über den Siegern als erster Konsul. Die Franzosen waren begeistert durchdrungen von ihrer Sehnsucht nach Frieden und Ordnung.«

Papa nickte, nahm einen Schluck Marsala aus einem geschliffenen Baccaratglas und legte eine Gazette zur Seite.

»Ja«, sagte er, »sie feierten, zumindest die meisten unter ihnen, seine Alleinherrschaft. Die hohlen Phrasen über Freiheit und Brüderlichkeit wollte man nicht länger hören. Die Frage nach der Regierungsform stellte sich die Masse nicht.«

Ich ordnete meine Pensionsunterlagen akkurat, Papier auf Papier, und meinte: »Zunächst musste aber Napoleon die stolze, in ihren Grundfesten erschütterte Nation auf neue Siege vertrösten. Ein sofortiger Friedensschluss hätte die Preisgabe der Schwesterrepubliken und des eroberten Rheinlandes bedeutet: ein Zurückgehen hinter die Linien von Campo Formio. Da hätten der Grande Armee die Subsistenzmittel aus Italien, Holland, der Schweiz und den deutschen Gebieten gefehlt. Das konnten sie nicht riskieren. So bereitete der erste Konsul den Feldzug des Jahres 1800 sehr gründlich vor.«

»Ich weiß noch, die Geschäfte gingen schlecht und jedermann verbarg sein Geld, niemand wollte investieren«, erinnerte sich der Senatore.

Ich warf einen Blick in die Zeitung, die Papa eben gefaltet weggelegt hatte, und wurde richtig traurig. Alle wurden eingezogen, und es ging ihnen in der Armee meist besser als in ihren Dörfern oder in den armen Vorstädten. Also kamen sie ohne nennenswerten Widerstand. Aber holla, nunmehr konnten sich Begüterte bei den Franzosen freikaufen, wenn sie die Mittel für einen Ersatzmann zur Verfügung stellten. So gestärkt besiegte Napoleon die

Österreicher bei Marengo, indem er in großer Eile die Alpen überschritt, wobei er gar nicht so genial operierte, sondern seinen knappen Sieg der Kopflosigkeit meiner Kameraden verdankte. So fand der Italienfeldzug mit einem schnell ausgehandelten Waffenstillstand sein Ende.

Papa schüttelte sein weiß gewordenes Haupt und seufzte.

Unser Kaiser in Wien war aber erst dann bereit, auf die vertraglichen Bestimmungen einzugehen, als auch General Moreau seine zweite Armee in Süddeutschland bei Hohenlinden total geschlagen hatte. *Porca miseria*, dachte ich mir, während mir Böses schwante. »Ach Papa, ich bin in Pension geschickt und kann nun meinen Teil zu Verteidigung und Angriff nicht leisten. Meine Talente liegen brach trotz meiner Tätigkeit als Schwesternausbildnerin, die mich wirklich erfüllt.«

»Sei nicht traurig, Kind«, tröstete mich Papa, »deine Arbeit mit den Pflegerinnen ist unendlich viel wert. Ich bin sehr stolz auf dich. Gäbe es doch nur mehr so tüchtige Leute, die sich um die Nöte anderer kümmern. Du saugst das Leben auf und machst was daraus, mein Respekt ist dir gewiss. Carissima, mein Augenstern.«

Durch den Nebel flimmerte lieblich da und dort ein Stern, und ich zog die Vorhänge zur Seite, um in die dunkle Nacht zu blicken. Mir war es, als ob der blasse Mond Zauberfäden spänne. Die Träume meiner Kindheit zogen an mir vorbei. Ich schloss die Vorhänge mit einem kräftigen Ruck und setzte mich wieder zu Papa.

Der von mir schon erwähnte Friede von Lunéville übertrifft das Resultat vom Campo Formio und war Frankreichs glorreichster Triumph. Es herrschte nun über Italien bis zur Etsch, auch die Batavische und Helvetische Republik anerkannten ihn, der Rhein wurde endgültig deutsch-französische Grenze, und unser Kaiser hat kein Reich mehr. Napoleon vertrug sich mit Russland, und die Engländer fanden sich damit ab, dass Belgien und Holland französisch blieben. Papa streckte sich gähnend und pflichtete mir müde bei. »Francesca, die Zeiten verschlingen uns.«

Napoleon stieg in Frankreich auf wie ein Komet, seine Popularität übertraf alles. Er festigte seine Macht im Inneren, beendete die Revolution, ordnete den Staat nach moderner Art, gesundete Frankreich und machte sich Finanzen, Kultur und Administration untertan. Und dennoch war er in meinen Augen ein Despot, regierte wie ein absoluter Monarch und klärte von oben mit aller Härte auf.

»Es bringt nichts, zurückzublicken«, meinte Papa, »wir müssen uns nun mit den neuen Gegebenheiten arrangieren.«

»Meinst du?«, fragte ich ihn und stützte meinen Kopf in die linke Hand. »Im Unterschied zu Maria Theresia liebte er seine Untertanen nicht, ich glaube sogar, dass er sie verachtete. Dann ließ er sich 1802 als Konsul auf Lebenszeit wählen. Und er gab Bauern und kleinen Angestellten die Chance, Berufssoldaten zu werden, sich eine Existenz zusammenzusparen und damit im Alter eine Perspektive zu haben. Das war ein genialer Schachzug.« »Du solltest unterrichten, Francesca«, lachte Papa.

»Lass uns lieber schlafen gehen, Papa. Wir können nichts dazu beitragen, diesem Schrecken ein Ende zu setzen. Wer nicht aktiv kämpft, über den wird ohne Federlesens regiert.«

»Uns sind die Hände gebunden«, meinte Papa. »Die Welt wird von einigen wenigen regiert oder usurpiert, wir können uns nur fügen.«

Wir umarmten uns und ich fühlte, wie ich ihm langsam seinen Verrat an mir und meiner Zukunft zu vergeben begann. Dann schritt ich durch den heimatlichen Feenpalast, in dem nur Güte und Schönheit regierten, und begab mich zu Bett.

38

Und plötzlich fanden wir uns ineinander verschlungen. In der Casa Villata blieb alles still und nach Wochen voller Befangenheit und Andeutungen fand die Zärtlichkeit Oberhand. Zärtlichkeit und Gier, müsste ich sagen. Keine Umarmung glich der nächsten. Seine kräftigen Arme umschlangen mich und unsere Erregung steigerte sich ins Unermessliche. Spini, genauer gesagt Lieutenant Spini, mein ehemaliger Kamerad aus der Theresianischen Miltärakademie, hielt mich so fest, dass wir uns klar darüber wurden, uns nie mehr zu trennen. Und so geschah es. Ein Jahr später heirateten wir. Unsere Vermählung fand 1804 in Mailand statt. Für das Fest bot Papa all den Pomp und die Herrlichkeit auf, die sich Maman für mich schon immer gewünscht hatte, Giulio und ich belächelten ihren Eifer.

Violenspieler und Sänger kamen aus Cremona und spielten uns die lieblichsten Weisen von Monteverdi, Mozart, Peri und wie sie alle hießen.

Als sich der große Saal unseres Palazzos mit Musik füllte, versanken wir beide in eine sanfte Träumerei, in der es keinen Platz zwischen uns und den anderen gab. Es gibt wohl mehr unglückliche denn glückliche Ehen. Doch unsere Köpfe waren wie eine einzige Frucht, die reifte und reifte und viele Blüten trieb.

»Ich bin stolz darauf, eine Frau wie dich zu haben«, flüsterte mir Giulio ins Ohr. »Keine Frau kann dir gleichen, keine Frau wird mich so verstehen wie du mich, keine Frau verfügt über deine Fähigkeiten. Wir werden uns nie miteinander langweilen. Ich werde dich immer um Rat fragen, mit dir diskutieren und mich von dir auch leiten lassen, wenn du es besser weißt. Und ich bin mir sicher, dass unser Primus vieles besser weiß.« Er lachte und küsste mich.

Unsere Angelegenheiten verliefen ohne große Dramatik, ohne Schmerz, ohne Groll. Wir wussten, was wir aneinander hatten, und das pflegten wir. In uns schäumte das Leben, das zwei Söhne und zwei Töchter hervorbrachte und einen Enkelsohn, der in unsere Fußstapfen trat und die Theresianische Militärakademie besuchte, der ich immer treu blieb.

Nach glücklichen Ehejahren verstarb mein geliebter Mann und hinterließ eine Lücke, die ich nicht schließen konnte. Ich verwaltete unsere Güter, erzog die Kinder und pflegte innige Freundschaften, vor allem mit den Kameraden meines Mannes, die mir so manche Interna heimlich zukommen ließen.

Zwei Pensionen beziehe ich, welch eine Einmaligkeit, eine nach meinem Mann Major Spini, eine für mich, Oberleutnant Franz Scanagatta, und werde wohl die einzige Person in der Armee sein, der dieses Privileg zusteht.

Man hat mich als Heldin bezeichnet, doch was ist schon ein Held? Im herkömmlichen Sinn ein tollkühner Dummkopf, der sein Leben riskiert. In Wirklichkeit gibt es keine Helden, es gibt nur Menschen, die ihren Weg trotz aller Hindernisse gehen, die anpacken, sich bilden, sich überwinden und nicht zurückschauen. Ich war einen langen Lebensweg gegangen, der mir diese Einsichten beschert hat. Ich gebe zu, dass ich die Armee vermisse, dass mein Leben als selbständige Gutsherrin und Mutter eben auch seine eintönigen Seiten hatte und dass ich bisweilen mit Nostalgie auf meine aktive Zeit als »Kriegerin« zurückschaute. Dafür konnte ich nun ungehindert Freundschaften pflegen und eine Familie gründen, die mir jetzt im Alter Stütze ist und mir Liebe erweist. Auch das ist ein kostbares Geschenk. Traurig stimmt mich nur, dass man nach 1815 in Österreich versäumte, eine neue Gesellschaft zu forcieren. Wien verhinderte jede Reform. Vorbei die Zeiten, da man einen Musterstaat schaffen wollte. Die Adeligen in den Kronländern machten erneut ihre Machtansprüche geltend und beriefen sich auf ihre nationalen Rechte. Doch die Lebensweisen der Menschen änderten sich, ohne dass die Regierung in Wien davon Notiz nahm.

Als das Jahrhundertfest der Akademiestiftung in Wiener Neustadt gefeiert wurde und ich der Einladung auf Grund meines Alters nicht folgen konnte, schrieb ich folgenden Brief:

Unterzeichneter Lieutenant Scanagatta hat die Ehre gehabt, zu den Zöglingen der Theresianische Militärakademie zu Wiener Neustadt von 1794 bis 1797 gezählt zu werden.

Da das Jahrhundert der oberwähnten Akademiestiftung gefeiert wird und Unterzeichneter seines Alters wegen sich nicht dahin begeben kann, so bittet er untertänigst, gnädig die Wünsche annehmen zu wollen, die Unterzeichneter hegt, das ist, dass die obgesagte Militärakademie immerdar dauert und bilde auch in Zukunft, wie sie bis nun gebildet hat, tüchtige berühmte Offiziere; mögen sie künftig die Stütze des Österreichischen Kaisertumes sein und in die Fußstapfen folgen der versammelten Helden, welche beitrugen zur Größe und zum Glanz Seiner Majestät des ruhmvollen Kaisers Franz Joseph.

Unterzeichneter hat die Ehre, mit aller Achtung zu sein Dero Franz Scanagatta m.p. Lieutenant Major Spinis Witwe

Mailand, den 16. Juni 1832

Und nun geht mein Leben dem Ende zu und der rebellische Geist meiner Jugend ist einer stillen Gelassenheit gewichen. Manchmal denke ich daran, dass es noch viele Generationen brauchen wird, bis Frauen ihren Talenten gemäß ausgebildet werden, dass noch Jahrhunderte vergehen werden, bis eine echte Gleichberechtigung die Geschlechter einander näher bringen wird. Hätte ich meinen Busen nicht verstecken müssen, hätte ich es vielleicht bis zum General gebracht. Doch dann hätte ich meinen geliebten Giulio nicht heiraten können, keine Kinder gehabt, was doch auch ein erfüllendes Dasein ist, solange es nicht Unterdrückung bedeutet. Schade, dass ich nicht in die Zukunft schauen kann. Schade, dass meine Erfahrungen eine Ausnahme sind, Gott segne alle, die unbeirrt ihren Weg gehen.

Nachwort

Manfred Gänsdorfer

Man muss schon ein wenig historisches Interesse am eigenen Lebensraum haben, um da und dort in der Chronik benachbarter Städte zu schnuppern. Die Autorin hat dies getan und aus dem Schnuppern ist mehr geworden. Sie ist dabei auf Außergewöhnliches gestoßen – auf die Mailänder Familie Scanagatta, insbesondere deren Tochter Francesca. Mit ihr als Grundlage und mit den tatsächlichen Ereignissen des auslaufenden 18. Jahrhunderts baut Dr. Susanne Dobesch den vorliegenden Roman auf, in dem sie uns auch erkennen lässt, dass staatliches Auseinanderstreben und Zusammenwachsen in Europa keine Erscheinung unserer Tage ist, sondern das Spannungsfeld zwischen Großmacht oder Staatenbündnis und Nationalismus bzw. Nationalstaat ein ständiges Merkmal unseres Kontinents war.

Bemerkenswert dabei ist das Bild vom Militär, das dabei von einer Dame gezeichnet wird, die fernab eines Teils des staatlichen Gewaltmonopols erfolgreich ihren Bildungs- und Berufsweg gegangen ist und bislang keine Berührungspunkte mit dessen Subkultur hatte. Auch hier ist es ihr großartig gelungen, in einem historischen Tatsachenroman einstige oft bis heute bestehende Spannungsfelder darzustellen.

*

Vor mehr als 200 Jahren hat es Francesca Scanagatta geschafft, in eine »Welt«, die in unserem Kulturkreis ausschließlich Männern vorbehalten war, einzudringen. Und dies in einer ganz besonderen

Form: als Kadett an der von Maria Theresia am 14. Dezember 1751 mit dem Auftrag an den ersten Akademiekommandanten *»Mach' er mir tüchtige Offiziers und rechtschaffene Männer darauß«* gegründeten und seit dem Jahr 1752 bestehenden Offiziersausbildungsstätte des Militärs. Sieht man kriegs- und okkupationsbedingten Unterbrechungen ab, der ältesten kontinuierlich der Offiziersausbildung gewidmeten Ausbildungsstätte der Welt, die bereits zur damaligen Zeit mit ihrer Gründung und dem sich aus dem Gründungsmotto ableitenden Anspruch bei gesellschaftlichen und politischen Eliten für Aufsehen und Anerkennung sorgte.

So auch im Hause des Mailänder Senators Don Giuseppe Scanagatta, zu einer Zeit, als Mailand zum Kaisertum Österreich zählte, wo man sich als Nachkommen einer erstgeborenen Tochter und eines Sohnes erfreute. Einer Tochter, die am damaligen Rollenbild der Frau bereits als Heranwachsende nichts Erstrebenswertes fand und sich lieber Themen widmete, die eher der männlichen adulescens zuzuordnen waren – sämtlichen Abenteuern, die mit Reiten, Fechten, Jagen und Fischen verbunden waren. Zum Gefallen ihres Herrn Vaters, zum Missfallen der Frau Mutter. Der jüngere Bruder hingegen schien sich eher in Richtung weniger männlicher Tugenden zu entwickeln. Es war daher kein Wunder, dass sich die Eltern entschlossen, die Entwicklung ihrer Kinder durch die Erziehung und Ausbildung an der angesehenen Wiener Neustädter Militärakademie bzw. durch einen Klosteraufenthalt bei den Franziskanerinnen in Wien zu fördern. Doch wie oft im Leben entwickelt sich eine Sache anders, als man als Eltern vorher gedacht hatte.

Zumindest für Francesca, die ältere der beiden Geschwister, ist dokumentiert, dass sie (und nicht ihr Bruder) Aufnahme in die Militärakademie finden konnte und dort im Jahr 1797 die Ausbildung zum Offizier der k.k. Armee erfolgreich abgeschlossen hat. Nicht nur das, auch die Stationierungen des als Francesco Scanagatta getarnten jungen Offiziers finden sich in den Archiven. Häufige Versetzungen innerhalb eines großen Reiches waren damals in der Laufbahn eines Offiziers keine Seltenheit und so erlebte auch Francesca mehrere Garnisonen, deren Subkultur im Offizierskorps und so manchen Feldzug. Stets mit der Gefahr lebend, als Frau erkannt zu werden und von einem Skandal begleitet aus dem Militärdienst entlassen zu werden.

Als sie drei Jahre nach ihrem Dienstantritt, mittlerweile befördert, stolz ihre Eltern in Mailand besuchte – Vater Don Giuseppe war seit einem Besuch an der Neustädter Akademie Mitwisser ihres Geheimnisses – konnten sie diese mit Mühe überzeugen, die militärische Laufbahn aufzugeben. Ausschlaggebend mögen hier wohl Hinweise auf mögliche gesundheitliche Beeinträchtigungen, die sich aus dem ständigen Zusammenschnüren ihrer Brust hätten ergeben können, gewesen sein.

Francesca wurde daraufhin nach einem schriftlichen Ersuchen ihres Vaters an den zuständigen Armeekommandanten zunächst auf unbestimmte Zeit beurlaubt und im Jahr darauf mit dem Anspruch auf eine Leutnantspension in den Ruhestand versetzt. Im weiteren Verlauf ihres Lebens heiratete sie einen ehemaligen Kameraden aus gemeinsamer Studienzeit an der Akademie, der inzwischen erfahren hatte, dass sein ehemaliger Kommilitone eine als Franz getarnte Frau war. Als ihr Ehegatte, Major Spini, nach mehr als 20 Jahren Ehe starb, erhielt sie als dessen Witwe eine Majorspension – als einzige Person in Österreich, die durch kaiserliches Dekret zwei Offizierspensionen zugesprochen erhielt.

Francesca blieb dem Militär verbunden und engagierte sich beispielsweise bei der vorübergehenden Räumung Mailands im Jahre 1848 in der Betreuung zurückgebliebener Verwundeter.

Anlässlich der 100 Jahr-Feier der Theresianischen Militärakademie übermittelte Francesca brieflich ihre »gehorsamsten Glückwünsche«. Ihr Schreiben, das heute noch im dortigen Traditionsraum aufliegt, zeichnete sie als »Franz Scanagatta, Lieutenant. Major Spini Witwe«.

*

»*Una verace risoluta virtù non trova impresa impossibile a lei!*« (Wahrhaft entschlossener Seelenstärke ist nichts unmöglich) war wohl das Lebensmotto einer Frau, die sich über geschlechtsspezifische Rollenbilder hinwegsetzte und der, eingeschränkt mit den Behinderungen der Zeit, mit ihrer List und Glück Selbstverwirklichung gelang. Im Gespräch betont die Autorin die wichtige Rolle des Vaters, der – selbst zunächst hinter das Licht geführt – stets seine Tochter unterstützt hat. Bis hin, seine guten Kontakte nutzend, um ihre Beurlaubung anzusuchen. Senatore Scanagatta hat als honoriger Mann das Risiko eines Skandals in Kauf genommen, weil ihm das Glück seiner Tochter wichtiger war, als Eigeninteresse oder das Ansehen der Familie.

Wenn auch Susanne Dobesch in ihrem Buch diesen väterlichen Wesenszug mit sehr feiner Feder schreibt, scheint er ihr doch eine wesentliche Botschaft zu sein und versteht sie die beschriebene Vaterrolle als Appell an alle Väter. In ihrem Epilog drückt sie dies, wohl in Erinnerung an ihren eigenen Vater, explizit aus und fordert gleichzeitig die Frauen auf, mit entschlossenem Willen und Intelligenz auch in »männlichen« Berufen Erfüllung zu finden. Dazu könnte Francesca Scanagatta als Beispiel dienen.

Dieser gesellschaftlichen Entwicklung wünsche ich gutes Gelingen, dem Buch eine gute Verbreitung und eine gute Aufnahme, die über den Kreis militärhistorisch interessierter Leser hinausgeht.

Manfred Gänsdorfer, Im Juni 2018

Epilog

Francesca Scanagatta oder Franz Scanagatta ist eine schwer zu fassende historische Persönlichkeit. Die mageren offiziellen Daten über ihr Leben in der Theresianischen Militärakademie und ihre Zeit als Offizier in der k.u.k. Armee orientieren sich an wenigen Eckpunkten. Somit war ich genötigt, gesicherte Daten mit Vermutungen und Spekulationen zu mischen. Mein Dank gilt dem Historiker Oberst Dr. Steiger von der Theresianischen Militärakademie in Wiener Neustadt, der mich mit einschlägiger Literatur versorgt hat, und Brigadier Manfred Gaensdorfer, der mir diesen Zugang überhaupt erst ermöglicht hat. Francesca möge mir meine Interpretation ihres Lebens verzeihen, wenn ich ihr nicht gerecht wurde, dennoch hoffe ich dem werten Leser, der werten Leserin, Einblick in eine Zeit gegeben zu haben, die Österreich und Europa vor größte Probleme, ungeahnte Kriege und einen Bruch mit gewohnten Herrschafts- und Lebensformen gestellt hatte. So wie Francesca Scanagatta einen Bruch mit ihrer Lebensform vollzog und einen für Frauen damals ungewöhnlichen Weg ging. Immerhin musterten die ersten weiblichen Berufsoffiziere erst 2003 an dieser Akademie mit Renommee ab. Francesca Scanagatta verdankte ihre Karriere nicht nur ihrem entschlossenen Willen und ihrer Intelligenz, sondern auch der Ermunterung und Unterstützung durch ihren Vater. Mögen in Zukunft viele Frauen vor allem in technischen und klassisch männlichen Berufen ihre Erfüllung finden, um ihrem Leben und Weiterkommen eine dauerhafte und einträgliche Absicherung zu ermöglichen. Vielleicht kann ihnen das Leben der Mailänderin ein wenig Vorbild sein.

Bad Sauerbrunn im Februar 2018

Zur Autorin

Susanne Maria Dobesch-Giese. Absolventin des akademischen Gymnsiums in Wien. Promovierte Juristin, Präsidentin des Niederösterreichischen P.E.N.Clubs. Lebt und arbeitet in Bad Sauerbrunn im Burgenland.

Werkverzeichnis

- **Dracula**, sinnlich, genüsslich, erotisch: eine kulinarische, literarische Reise durch burgenländische Restaurants. Dieses Buch wurde auch als Theaterstück aufgeführt. 2012
- **Die geheimen Erinnerungen des Joseph Haydn**, Romanbiographie, Edition Va Bene, 2008
- **Auf Eis gelegt**, Ideen aus der Dämmerzone, Gedichte, Uranusverlag.
- **Die Weinmacherin von Rust**, Roman, Edition Vukowitsch, 2012
- **Sauerbrunn**, Gerichte aus der Sommerfrische, Rezepte und Erinnerungen, Bibliothek der Provinz, 2009
- **Von der Seife ins Fettnäpfchen**, Businesscodes und andere Stolpersteine, Edition Rösner, 2010
- **Göttlicher Wein**, Wien, New York, Edition Nemsovzky
- **Johann Grander,** Biographie, Wien, Uranus Verlag, 2001
- **Die Liebe der Claire Mulier**, Roman, Verlag Löcker; 2014